社会保障与社会政策研究
Social Security and Social Policy Research

社会福利体系研究

周沛 著

中国劳动社会保障出版社

图书在版编目(CIP)数据

社会福利体系研究/周沛著. —北京:中国劳动社会保障出版社,2007
社会保障与社会政策研究
ISBN 978-7-5045-6337-8

Ⅰ.社… Ⅱ.周… Ⅲ.社会福利-研究-中国 Ⅳ.D632.1

中国版本图书馆CIP数据核字(2007)第089988号

中国劳动社会保障出版社出版发行

(北京市惠新东街1号 邮政编码:100029)
出版人:张梦欣

*

北京人卫印刷厂印刷装订 新华书店经销
787毫米×1092毫米 16开本 18.25印张 1插页 292千字
2007年6月第1版 2007年6月第1次印刷

定价:29.00元

读者服务部电话:010-64929211
发行部电话:010-64927085
出版社网址:http://www.class.com.cn

版权专有 侵权必究
举报电话:010-64954652

总　序

当前，全国上下都在认真贯彻落实"以人为本"的科学发展观，为实现"全面小康"、构建"和谐社会"而努力奋斗。民生问题引起了政府和民间的高度关注，公平、正义日益成为社会的核心价值观，相应地，社会保障、社会政策、公共政策等领域既成为政府工作的重点，也成了学术界研究的热点。

社会保障、社会政策、公共政策属于同一系列的范畴，它们之间既有联系，也有区别。

先看社会政策与社会保障。通常认为，社会保障是国家或社会通过立法和行政手段对国民收入进行再分配，以社会消费基金的形式，为因年老、疾病、伤残、死亡、失业及其他不幸遭遇而使生存出现困难的社会成员提供一定的物质上的帮助，以保证其基本生活权利。社会政策分为狭义和广义两类：狭义的社会政策仅仅涉及劳工及贫民的生活，而广义的社会政策则包括各类社会事业政策和社会管理政策，如人口政策、劳动就业政策、社会保障政策、医疗卫生政策、环境保护政策、文化与体育事业政策、社会服务政策、教育政策、居民收入分配与消费政策、社区服务与管理政策、社会治安政策、社会行政管理政策等，但是其核心是社会保障与社会福利，其涵盖面又比社会保障与社会福利的范围要宽泛。

再看社会政策与公共政策。公共政策是以政府为主的公共机构为确保社会朝着政治系统所确定、承诺的正确方向发展,以法令、条例、规划、计划、方案、措施、项目等形式,对社会成员的公私行为、价值、规范所做出的有选择性的约束与指引,它的范围更加广泛,几乎涵盖了政府的全部活动领域,不过其主要的部分还是社会政策,而且其发展的态势是社会政策的领域与公共政策的领域越来越趋于一致。正如有学者所说:"在政策科学的研究中,由于社会政策与公共政策的研究对象在社会问题的领域内是重合的,其研究方法接近,其政策落实的手段更是相同,在理论研究方面也已经出现相互借重的现象,所以,社会政策与公共政策成为相互交叉与相互融合的两门学科。"①

  政策的本质究竟是什么?学界众说纷纭。制度学派非常看重人为制定的,正式的法令、规则、程序,而行为主义学派则把政策解释为各种权力力量相互作用的过程及其结果。按照制度学派的观点,社会保障、社会政策、公共政策都是一国宏观的制度安排和政策设计;按照行为主义学派的观点,社会保障、社会政策、公共政策都是政府、非政府公共部门、各种利益集团之间互动、博弈的过程和结果,它们没有什么本质性的差别。近年来,越来越多的学者认为社会政策与公共政策只是用词不同,它们的发展趋向是类同的。有鉴于此,美国学者威廉·N·邓恩(William N. Dunn)教授所著的经典教材《公共政策分析导论》(Public Policy Analysis:An Introduction),以及国内多本标以《公共政策分析》《公共政策案例》《社会政策》书名的教材,在其章节标题中都干脆直书"政策""政策分析",而略去了"公共""社会"等字样。

---

① 唐钧主编. 社会政策:国际经验与国内实践. 北京:华夏出版社,2001.3

早在1873年，德国的一批学者为研究德国当时面临的社会问题，发起成立了"社会政策学会"。1891年，德国学者华格纳（Adelph Wagner）给"社会政策"下了第一个科学定义，认为社会政策是"运用立法和行政的手段，调节财产所得和劳动所得之间的分配不均问题"。后来，英国费边社将"社会政策"简要定义为"影响社会福利的一系列的政策活动"。米德格累（Midgley）将社会政策重要结果（社会福利）操作化为对社会问题的控制、社会需要的满足及社会机会的保障。沃尔克尔（Walker）则将社会政策界定为社会资源和社会关系（地位及权力）的再分配，认为社会政策"关系到政府生产和分配的、影响社会福利的社会资源序列的原则和价值。这些社会资源序列包括收入、财产、安全、地位和权力等"。

社会政策以及作为其核心的社会保障与社会福利，是人类社会发展和进步的结果，从英国1834年颁布并实施的《新济贫法》算起，已有170多年的历史，即使从1883年德国推出最早的现代社会保险制度算起，也有120多年的历史。它已经成为现代社会文明的重要标志，成为当今世界上绝大多数国家都在运用的社会政策，尽管各国在保障的对象上或普遍或特殊，在保障的范围上或宽泛或狭窄，在保障的水平上或很高或较低。社会保障与社会福利制度的实行，极大地改善了各国民众的民生状况，促进各国民众共享经济繁荣和社会进步的成果，也在经济社会运行方面发挥着重要的"减震器"和"安全网"的作用。

新中国建立以后，我们曾经构建了同当时实行的高度中央集权的计划经济体制相适应的劳动与社会保障制度，正是由于这套制度的有效运行，许多被称为"社会主义优越性"的正向功能才得以彰显，诸如"广就业、低工资、多福利"，"生老病死有依靠"等，尽管当时所能保障的水平还很低下。1978年中共十一届三中全会以来，伴随着由计划经济体制向市场经济体制的改革过渡，劳动与社会保障制度自20世纪90年代以后也开始了改革之旅，原有的建立在计划经济体制基础之上、与计划经济体制相适应的劳动与社会保障制度，已经不能适应时代的要求，所以，建立健全同社会主义市场经济体制相适应的新的社会保障制度，确保劳动者的基本权益，成了当务之急。

环顾四周，有关"矿难"的报道不断，我国煤炭产量占全世界总产量的1/3左右，矿难所导致的死亡人数却占到全世界矿难死亡总人数的80%，有些地方的"黑矿主"与弱势的矿工签订所谓"生死合同"，花几万元就能"买"一条命，"私了"；终年劳苦的农民工不仅难以与其他职工"同工同酬"，而且常常面临工资被"拖欠"的窘境，甚至需要国家总理亲自出面为农民工"讨工资"；面对许多城市特别是大中城市飙升的房价，无数的无房者担忧何时才能实现"居者有其屋"，为数不少依靠贷款购得住房的居民则成了名副其实的"房奴"，还贷几乎花去了他们的全部收入；医疗市场化的结果，导致"看病难、看病贵"，人们"无病时怕生病，有了病怕进医院，进了医院怕出不去"；教育产业化引发学杂费上涨甚至"乱收费"，高校"扩招"成了"扩大内需"（又被称为"撬开老百姓的钱袋子"）的"妙招"，读书受教育对于相当一部分收入不高的城乡家庭来说就意味着"致贫"；女大学生就业常常难于同等条件的男大学生，性别歧视依然存在；农民、残疾人等在就学、就业、就医以及各项社会权利的行使方面，更是遭到或明或暗的歧视。所有这些都表明，我们的社会保障制度还不健全，现有的社会政策领域的改革思路与政策设计还有缺陷，劳动者的基本权利和合法权益还未得到有效的维护！

毋庸讳言，当今的世界正处在由工业经济社会向知识经济、信息社会的过渡之中，现代服务业在整个国民经济当中所占的比重已经超过工业经济时代的支柱——制造业，灵活就业即非正规就业逐渐替代大规模集体就业成为新的用工趋势，这就打碎了"产业工人大军"，大大降低了劳动者与雇主进行讨价还价的能力；劳资关系方面呈现出"强资本、弱劳动"的博弈格局，资本到处都在指挥劳动、欺负劳动、压榨劳动，并运用软硬兼施的手段诱使权力为其服务；经济全球化的浪潮日益高涨，资本在世界范围内的流动，无论是在其规模、频率还是在其后果、影响方面，都大大超越劳动在世界范围内的流动，这又固化了"强资本、弱劳动"的格局；加上随着经济全球化的发展，一国政权和法律的权威性和强制力同过去相比也打了不小的折扣，这就使得权力和法律即使保护劳动的利益而对资本施加必要的限制往往也会事倍功半。这种大趋势对于各国、各地区完善公平正义的社会政策，推进社会保障制度建设，保护劳动者和弱势群体成员的基本权利和合法权益，都是十分不利的。

然而，所有这些不利因素，不仅不能成为各国、各地区政府放弃社会政策（特别是作为其核心的社会保障与社会福利制度）的借口，恰恰相反，它们要求各国、各地区政府顺应信息社会、知识经济和全球化的发展趋势，针对"产业工人大军"被打碎和非正规就业日益普遍的新特点，通过社会政策领域的制度创新、政策创新、组织创新、服务创新，在"强资本、弱劳动"的格局下更加有效地保护劳动者的基本权利和合法权益。以此要求反观我国，不仅社会政策的完善、社会保障制度的改革与重建、覆盖农民工的劳动保护法规的落实、包含农村居民在内的最低生活保障制度的完善，以及住房、医疗、教育改革的调整等，都不可或缺、迫在眉睫，而且行政体制改革、财税体制调整、政府职能转换、政绩考核创新等，也都成了时不我待的大事。值得欣喜的是，进入新世纪以后，党中央连续提出了实现全面小康、构建和谐社会的奋斗目标，认真贯彻落实"以人为本"的科学发展观，大力推进社会建设和新农村建设事业。我们相信，随着中央这一系列决策落到实处，随着经济发展和社会进步的深入，公平正义的理念与原则将会进一步确立，劳动者的基本权利和合法权益将会得到更有效的保护，包括弱势群体成员在内的社会公众一定能够共享繁荣发展的成果。

在中国劳动社会保障出版社的关心与支持下，本套"社会保障与社会政策研究"丛书得以出版。由于社会政策的研究在我国尚处于起步阶段，加上作者队伍的水平有限，本套丛书定有浅陋不足之处，敬请读者批评指正。

童　星

2007年4月于南京大学

前　言

　　有关社会福利的相关论著，近年来在国内学界已有所见。学者们或是从社会学角度研究福利社会学，或是从经济学角度研究福利经济学，或是从某种特定角度把社会福利等同于社会保障制度展开研究。但是，如何结合我国实际，建立符合中国国情的社会福利制度？建立完善的社会保障制度是否就是建立完善的社会福利制度？社会福利和社会保障之间的关联是什么？从理论上说，社会保障制度的目标是保障公民的基本生活，而社会福利的目标是什么？社会福利体系有哪些子系统？社会福利的主体、实施方式和社会保障制度有什么不同？如何推动社会福利的多元化和社区化？这些问题还没有得到较为系统的研究。

　　在我国，一般在三个层面上理解社会福利：一是把社会福利看成是社会保障制度中的一个部分，即狭义上的社会福利；二是把社会福利等同于社会保障；三是把社会福利看成是包括社会保障在内的所有福利制度，即广义上的社会福利。第一种理解的社会福利之含义过于狭窄和单一，不能适应我国社会发展对福利事业的需求；第二种理解的社会福利没有和政策性、制度化的社会保障区别开来，没有凸显社会福利特定内涵；而第三种理解的社会福利之内涵则较为宽泛和含混。

　　社会福利，特别是我国的社会福利是一个有待深入研究的领域。本人深深感到，学术研究和现实工作中社会福利和社会保障混用的状况，以及对社会福利理解的多样化，不仅对建立完善的社会保障制度不利，并且也影响和制约了其他相关社会福利事业的发展，比如专业性的社会工作、网络化的社会服务以及政府公共福利事业的发展。因为，无论从福利价值取向还是从福利实施水平以及福利提供方式等角度看，社会福利体系和社会保障制度是不一样的。为此，有必要结合国外研究和国内实际，把社会福利的内涵具体化，并从"福利提供和福利提升"角度，深入探讨社会福利体系的构建问题。这对于社会福利的学术探讨，对于社会主义和谐社会构建，必将具有十分重要的理论意义和实践意义。本书试图在社会福利体系构建基础之上，从社会福利概念辨析入手，就社会福利体系内各子系统以及福利社区化、福利多元化、社会福利行政等方面做深入系统研究，以推动社会福利研究的不断深入，发挥社会福利在社会主义和谐社会构建中的重要作用。

本书把社会保障、社会工作、社会服务以及政府公共福利等几个方面构建成一个社会福利体系，是一种探讨性的研究，希望能够推动我国社会福利研究的不断深入，促进社会福利事业的不断发展。同时，也真诚欢迎同行不吝赐教。

我的研究生易艳阳、秦培艳、温敏婷、周进萍参加了资料收集和部分章节初稿的写作工作，对此深表谢意。

作者
2007.5.22

目录 Contents

- 1 第一章 绪论
- 5 第二章 社会福利概念
  - 5 第一节 社会福利
    - 5 一、福利与社会福利
    - 8 二、社会福利的分类与意识形态基础
  - 14 第二节 社会福利追求与社会福利目标
    - 15 一、需要与社会福利追求
    - 17 二、社会福利目标
  - 19 第三节 我国社会福利事业的历史与现状
    - 20 一、计划经济时代我国的社会福利制度及其特点
    - 24 二、社会转型时期我国社会福利体系改革的必要性
    - 25 三、我国福利体制的"单一保障性"缺陷及"福利系统性"分析
- 30 第三章 社会福利的体系构建
  - 30 第一节 社会福利体系辨析
    - 30 一、社会福利体系与社会福利制度

I

35	二、社会福利体系框架
37	第二节　社会福利体系之一：政策性、制度化的社会保障体系
38	一、社会保障的基本内涵
41	二、社会保障的福利功能
44	三、社会保障的政策性和制度化基础
49	四、社会保障制度的建立、发展以及"保障缺陷"
61	第三节　社会福利体系之二：专业化、职业化的社会工作体系
61	一、社会工作是专业化和职业化的助人活动
67	二、社会工作的非单一物质性服务
69	三、社会工作的功能特征
71	第四节　社会福利体系之三：多元化、专门化的社会服务网络
71	一、社会支持与社会服务网络
79	二、社会服务形式及其产业化
84	三、社会服务的网络主体与主要内容

92	第五节 社会福利体系之四：政府福利制度
93	一、福利国家与国家福利
100	二、政府福利的主要内容

108 第四章 社会福利体系中社会工作和社会保障的同源性分析

108	第一节 社会工作和社会保障发展的同源性和异轨性
108	一、社会工作和社会保障的共同思想基础
112	二、社会救助与社会工作的历史渊源关系
118	三、社会救助与社会保障的历史渊源关系
120	第二节 社会工作和社会保障对象的同一性与交叉性
120	一、社会工作的对象
123	二、社会保障的对象
124	三、社会工作和社会保障对象的同一性与交叉性
125	第三节 社会工作和社会保障的同旨性与功能互补性
125	一、社会工作与社会保障的功能
129	二、社会工作与社会保障功能的互补性
132	第四节 社会工作与社会保障制度协调发展是构建和谐社会的客观要求
132	一、社会保障制度与构建和谐社会

133	二、社会工作与构建和谐社会	
137	三、社会工作与社会保障制度的和谐发展	

140 第五章 社会福利思潮交锋、政策选择与模式比较

140 第一节 社会福利思潮

140 　　一、自由主义社会福利思想

149 　　二、社会民主主义社会福利思想

155 　　三．保守主义的社会福利思想

157 　　四、凯恩斯主义的社会福利思想

159 第二节 社会福利的政策选择

159 　　一、贝弗里奇报告的政策导向——凯恩斯主义的充分体现

161 　　二、俾斯麦的"想得到养老金的人最容易被驯服"的政策依据——保守主义福利观的体现

163 　　三、瑞典社会民主党的"人民之家"的政策选项——社会民主主义的具体实践

165 　　四、"里根革命"的政策改革——自由主义的复兴

167 　　五、中国福利体系的政策构架

169 第三节 社会福利模式比较

170	一、"自由主义"福利体制
171	二、"保守主义"福利体制
172	三、"社会民主主义"福利体制
173	四、社会福利模式的比较
177	五、社会福利四类型与中国的社会福利模式架构

181 第六章 社会福利体系中的专业社会工作

181	第一节 专业性和职业化的社会工作
181	一、社会工作的由来与发展
185	二、社会工作的基本要素
189	三、社会工作的特征
192	四、社会工作的功能
195	第二节 社会工作与社会福利哲学基础与价值伦理的一致性
196	一、社会工作与社会福利的哲学基础
199	二、社会工作价值观和社会福利价值观的一致性
203	第三节 社会工作在社会福利体系中的作用
203	一、社会工作方法
206	二、社会工作与社会福利

212	三、社会工作推进过程就是社会福利的提供与提升过程
217	第四节 社会工作介入中的"自我提升"效果
217	一、以优势视角推进积极福利
219	二、"公民参与"理念的正态福利
222	三、"帮助网络"的福利扩大化
224	**第七章 福利社会化、福利多元化及福利社区化**
224	第一节 福利社会化
224	一、福利社会化释义
226	二、我国福利社会化的动因及兴起
227	三、社会福利社会化是我国社会福利发展的必然趋势
229	第二节 福利多元化
230	一、福利主体的多元化
239	二、福利客体的多元化
240	三、福利内容的多元化
241	四、福利实施手段的多元化
241	第三节 福利社区化
242	一、社区

246　二、社会福利社区化

248　三、社区是实现福利社会化的最佳载体

251　四、福利社区化的实践途径

255　**第八章　社会福利行政**

255　第一节　社会福利行政概念及意义

255　　一、社会福利行政含义

258　　二、社会福利行政与社会工作行政的关系

259　　三、社会福利行政概念的理论意义和现实意义

261　第二节　社会福利行政中的社会政策和立法

262　第三节　社会福利行政的主要领域及管理

263　　一、社会保障系统中的社会福利行政

264　　二、社会工作中的社会福利行政

265　　三、社会服务中的社会福利行政

266　第四节　社会福利行政的组织构架

266　　一、社会福利行政的纵向组织构架

268　　二、社会福利行政的职能组织构架

269　　三、社会福利行政的主要内容

# 第一章
绪论

在工业化、城市化和现代化进程中，出于政治的、经济的、文化的以及社会的等多方面原因，由于资源占有的差异性和制度安排的冲突性，必然会出现各种各样的社会问题。如贫困问题、失业问题、医疗问题、老年人问题、残疾人问题、心理问题以及其他相关的依靠自己的能力不能很好解决的一系列问题，等等。为公民提供必要的社会保障和社会福利，是一个负责任的政府所必须努力做到并且要做好的公共事务。随着社会的发展与进步，公民对社会保障和社会福利的需求也越来越高。为此，构建一个完善的社会福利体系，是社会健康发展之必需，也是和谐社会构建中的题中应有之义。

工业社会发展的经验表明，解决和克服各类社会问题，为公民提供较为全面的、高水平的社会福利，其最为有效的方法当为推进制度化的社会保障与专业化的社会工作之发展，二者的合力，极大地推动了社会福利体系的建立，有力地提升了社会成员的社会福利水平。

社会保障是一个社会政策选项，也是一项社会价值理念选择，更是一种社会制度安排。社会保障是任何一个政府制定社会经济发展计划的重要考量依据，也是评价一个国家和社会发达与否的重要标志。以社会保障为主要内容的社会福利水平的高低，不仅取决于经济发展程度，还取决于执政者的基本理念，取决于对社会保障的理论认识和研究，取决于社会保障的制度性设计和安排，取决于社会大众的认识。任何一方面的偏颇和偏废，都会影响和制约社会福利的实施和提升。

社会工作是一门需要爱心和专业化理念的专业，是一个建立在专业手法基础上的助人工作，与社会保障制度一样，社会工作也是一项社会政策选项和社会价值理念选择。社会工作以有关社会和人的科学理论为指导，在一定的制度和社会政策框架下，运用多样化的科学方法和专业手法，帮助有困难、有需要的人提升能力，克服困难。社会工作的本质是"助人"，其基本理念就是"助人自助"，其直接功能是通过专业化的手法，为人们提供和提升社会福利。专业化、职业化的社会工作开展得如何，是衡量一个国家和地区解决社会问题的能力与效果，以及社会服务与社会福利水平高低的重要标志。

从目前我国对社会保障的界定看，社会福利是社会保障系统中处于最高层面的内容[①]，是狭义意义上的，属于社会保障制度内的社会福利。本书所讨论的，是包括社会保障、社会工作、社会服务以及公共福利等在内的广义上的社会福利体系。

就目前国内学术界和实际工作来看，在社会福利问题上，客观上尚存在着重社会保障而轻社会工作的倾向。具体表现为：在学术界，作为管理学科的社会保障专业有众多的相关教材供教学之用，有相关杂志作为社会保障的研究阵地，在众多学科中，社会保障保持着其一席之地。而作为法学学科社会学下面的二级学科，社会工作的发展则表现为举步维艰。这不仅表现为相应教材稀少，师生研究成果难有发表的阵地，而且，由于其自身强调实务性的特点，致使在同类学科中往往被看成是"学术性不强"，"缺乏理论性"。

再看社会工作在实际工作部门的境遇。从总体上看，目前国内除北京、上海等少数城市外，在绝大部分地区，大多数人对社会工作的性质和意义并不了解。即使在实际工作中需要社会工作的介入，或者正在开展着类似的社会工作，都还不是严格意义上的专业性、职业化的社会工作。造成这种状况的原因是多方面的，而整个社会没有相应的社会工作职业，没有社会工作的一席之地，则是最为重要的原因。

建立完善的社会保障制度以解决公民的后顾之忧，已经成为全社会的共识，而对于推动和发展社会工作，以专业化的手法来帮助人，提升他们的能力，则还远远没有为社会所认识。尽管我国的社会保障制度建设还存在着许多需要不断加以解决的问题，但是，构建完善的社会保障制度已经为社会各界所重视。无论是学界还是实际工作部门，对于社会保障制度的研究和推进，越来越成为一种社会热点问题。相比较社会工作，社会保障在近年可谓得到了快速发展和高度重视。

---

① 我国社会保障制度由四个方面或层面构成：基本层面的社会保险、最低层面的社会救助、最高层面的社会福利、特殊层面的社会优抚。

从社会福利角度看，这种重视社会保障而轻视社会工作，以及割裂社会保障和社会工作之有机联系的状况，直接导致了十分负面的后果：

第一，过低的保障水平。从理论上讲，社会保障的基本目标是保障公民在因各种原因而发生生活困难时给予的物质帮助，以保障其基本生活，确保其不因特定事件发生而陷入生存困境并体现出公平性。① 正是因为其保障公民"基本生活"或"基本生存"的特征，就从根本上决定了社会保障不可能有很高的福利水准。特别是在像我国这样的发展中国家，试图通过本不完善的社会保障制度来提升公民的社会福利水平是不现实、也是十分困难的。如果我们在实际工作中只是把社会保障看成是单一的社会福利手段，那么，必然会造成低水平的社会保障不堪重负的现象。

第二，影响社会进步和社会福利的提升。随着社会的进步和发展，人们对于福利的追求也必然会越来越迫切，要求也必然会越来越高，社会福利水平之高低，从一个重要的方面反映了社会的进步与否。社会福利与社会发展和社会进步之间存在着密切的正相关关系。在以社会保障为社会福利的单一载体或主体的条件下，仅仅依靠低水平的社会保障制度，只能给予公民保持其基本生存的低水准保障，把专业化的社会工作和社会服务以及公共福利置之在外，这必将不利于社会的进步与发展，不利于社会福利的提升。

第三，影响社会保障、社会工作与社会服务的协调发展。国际经验表明，制度化、政策性的社会保障与专业化、职业化的社会工作，以及全面化的社会服务是密切相连的，在社会福利的提供过程中，它们分别担当着十分重要的角色，其相互之间的功能整合，推动了整个社会的发展和进步。如果人们只是重视制度化的社会保障，而轻视专业化的社会工作以及社会服务等等，人为地把本来就有千丝万缕联系的、功能互补的社会保障和社会工作以及社会服务割裂开来，就会打破三者之间的协调发展，最终影响社会福利增进和社会进步。

发展和提升社会福利，是一个为绝大多数国家和地区所关心和发展的重要议题。对于社会福利概念，学术界一直存在着不同的理解。我们认为，从福利提供、运行以及效果看，社会福利是由制度化、政策化的社会保障，专业化、职业化的社会工作以及社会服务等所构成的一个完整的系

---

① 孙光德，董克用. 社会保障概论. 北京：中国人民大学出版社，2000. 4；郑功成. 社会保障学——理念、制度、实践与思辨. 北京：商务印书馆，2004. 10

统。即使是西欧一些所谓的"福利国家",作为结果的福利,也是通过制度化的、高水平的社会保障制度以及专业化的社会工作与社会服务来保证的。换言之,我们可以把社会福利作为一种目标和结果,而把社会保障和社会工作及社会服务作为一种手段和过程来看待。

究竟什么是社会福利?社会福利体系是什么?在我国,建立完善的社会保障制度的同时是否需要构建完整的社会福利体系?我国的社会福利体系究竟包括哪些要素?如何提供和提升公民的社会福利水平?专业性的社会工作在社会福利体系中具有什么样的地位和作用?如何建构社会福利行政系统以充分发挥社会福利体系的功能?这正是本书所试图探讨的内容。

第二章
社会福利概念

社会福利是现代社会较为广泛使用的一个概念，是文明社会发展过程中的必要内容和必然结果，是个体、群体以及社会所孜孜追求的理想并为之实践的目标，社会福利水平的高低是衡量一个社会发展程度的重要标志。随着社会经济的不断发展，社会福利的涉及面必将越来越广，福利程度和水平也将越来越高。那么，究竟如何理解社会福利，人们对其的认识并不一致，本章试图就社会福利概念做一探讨。

第一节 社 会 福 利

社会福利作为社会制度的一个重要组成部分，其主要目标和功能在于推动社会发展和社会进步，促使社会的公平和正义。

一、福利与社会福利

福利（welfare）是由英文的"好"（well）与"生活"及"处境"（fare）组合而成的，客观上，是指好的或者幸福的、快乐的、健康的生活状态，一种好的生活状况或满意的生活质量，是个体或群体以及社会所追求的一个理想目标。当然，什么是"好"和"幸福"，什么是"健康"与"快乐"，则是一个相对的概念。一方面，福利是一个客观的现状，在某一时期或某一地域，某些或某种物质生活待遇提升，对于接受福利的客体确实能够起到"好"和"幸福"或"健康"与"快乐"的作用，这是客观的，也是相对的。说其客观，是因为起到"幸福""健康""快乐"作用的物质性与精神性的供给是外在于福利接受者而客观存在的；说其相对，是因为任何物质性和精神性的供给总是特定历史时期和社会条件下的公共物品，伴随着时代的进步和社会的发展，无论在质的方面还是量的方面，都是有条件、有限制地向福利接受者提供的。

另一方面，福利也是主观的感受，对于不同的人和不同的群体，相同的物质性和精神性的提供，其主观感受是完全不一样的。就如福利经济学家庇古所言，对于一个穷人和一个富人而言，一个英镑的价值和效用是完全不一样的。① 因为个人之间、群体之间的物质生活包括精神生活质量不尽一致，对能够激起他们的满足感、幸福感的需求也就不一样。在这里，满足感的获得，不仅有自身物质条件的影响，还有心态、认知、修养、品味等方面的影响。犹如孔子夸奖其得意门生颜回所言："在陋巷，一箪食，一瓢饮，人不堪其忧，回也不改其乐。"颜回有良好的心态，在他看来，住在很差很狭小的地方，有饭吃、有水喝就满足了，这也是一种快乐和幸福。

福利的客观现状是个体和群体取得幸福和快乐的重要物质基础；而福利的主观感受则在很大程度上决定着对"福利"供给的评价与认可，二者缺一不可，是有机地联系在一起的一个问题的两个方面。就像马歇尔所言："福利与对状况良好、幸福的体验和良好状况的形成条件有着复杂的联系。说一个人活得好，是指他实际生活得好并且感觉也好（doing well and feeling well）。"②

福利的客体对象是社会上的个体和群体，供给主体是相对于福利客体的他人和团体，其明显的特征就是社会性，因此，福利的表现形式就是社会化或社会性的福利，即社会福利。

在巴克尔主编的《社会工作词典》中，关于社会福利的界定有两个部分：一是指一国用来帮助人们以满足经济、社会、教育和健康需要所推行的项目、津贴和服务体系，从而维护社会的正常运行；另一界定是指一个社群或社会的集体福祉的状态。在美国社会工作者协会1977年出版的《社会工作百科全书》中，帕弗瑞将社会福利定义为："所有由志愿机构和政府推行的，目的在于预防、减轻和致力于解决社会问题的，或是改善个人、团体和社群福祉的有组织的活动。"③

---

① 庇古在其《福利经济学》中认为，同样一个英镑，对于富人和穷人的效用是不一样的。对穷人来说是雪中送炭，对富人是锦上添花。显然，一英镑的效用对穷人要比富人更高。

② T. H. Marshall, *Social police in the Twentieth Century*. London: Hutchinson, 1985, p. 12.

③ 转引自：王思斌. 社会工作导论. 北京：高等教育出版社，2004. 54

很明显，社会福利是以"福利"为基础，但是又超越了个体"福利"的范围，它不仅仅是个体所过的"好日子"，也不只是个体自我的精神感受。作为社会制度和社会政策，社会福利的推进就成为调整社会关系的手段，因为福利一旦具有社会性，就要求人们在社会层面上来考虑和解决如何使包括个体和群体在内的社会群体过上"好生活"的问题。这就涉及以什么政策依据、什么福利制度、什么运作机制、什么实施方法来提供福利的问题，这里不仅超越了个人的范畴，而且也涉及社会的、政治的、经济的、道德的等诸多范畴。

美国学者威廉姆·H·怀特科（Willianm H. Whitaker）认为，"社会福利是指社区或社会的满意状况。在此意义上，社会福利是社会不断追求的结果，在这一追求过程中，人们对生活质量是什么及应该是什么进行了界定，并且努力把之变为现实"，"社会福利是指对一国的社区或社会的满意状况做出贡献的社会福利计划的总和"。怀特科同时又借用巴克的定义，指出社会福利"是一种由社会福利计划、社会福利津贴和社会服务构成的，帮助人们满足对维持社会运转必不可少的社会需要、教育需要和健康需要的国民制度"[①]。怀特科据此对社会福利的定义是："社会福利的目的就是帮助人们在其社会环境中更有效地发挥作用，包含两层意思：（1）满足人们的基本生存需要（充足的营养食品、衣服、房屋、医疗保险，清洁的水和空气）；（2）满足人们必须的心理的、精神的社会交往需要……社会福利还应该包括以下内容：为使人们参与经济建设而提供充分的教育，提供咨询以认识并处理个人所遇到的困难，提供就业门路和其他社会活动"[②]。

从怀特科等学者对社会福利的解释和定义可以看出，社会福利首先表现为其福利的社会性，是整个社会的满意状况和满足程度。其次，社会福利是一个体系，包括社会福利计划、社会福利津贴和社会服务以及帮助人们克服困难的措施，还包括精神方面的支持等等。第三，社会福利是社会发展中一项必不可少的社会制度和社会政策。第四，社会福利是社会运行中的必需，是社会个体和群体提高生活质量的永恒追求。

鉴于此，我们可以把社会福利定义或归纳为：社会福利是以政府及社会为主体，以全体社会公民与社区居民为对象，以制度化与专业性为基本

[①②] ［美］威廉姆·H·怀特科，罗纳德·C·费德里科. 当今世界的社会福利. 北京：法律出版社，2003. 29, 30

保证，以保障性与服务性为主要特征，以社会支持网络为主要构架，以物质资助和精神支持为主要内容，以解决社会问题为目的，旨在不断完善和提升公民和居民的物质与精神需求，提高社会生活质量的社会政策和社会制度。

社会福利是人类社会发展的内在要求和必然结果，随着时代的进步和社会的发展，社会福利必将范围越来越广，内容越来越多，水平越来越高。社会福利状况不仅直接反映着个体生活水准和幸福指数，而且还直接反射出一个国家或地区的社会发展水平。福利从早期的家庭性或家族性发展到社会化和制度化的福利社会或福利国家，从一个方面反映了人类社会从初级到高级的发展过程。在现代社会，社会福利的提供主体必然是国家以及相关的机构，每一个公民都有得到福利的权力，社会福利的实施在很大程度上体现了社会的公平与公正。为了发挥社会福利的最大化功能，必须把其建立在制度化与专业性的基础之上，以保证社会福利的最大化的实施。

二、社会福利的分类与意识形态基础

（一）社会福利分类

从不同的角度对社会福利进行分类，不仅是界定社会福利概念的理论需要，更是福利实施过程中的实践需要，具有重要的理论意义和实践意义。

1. 从社会福利范围和内容角度的分类

很多学者和实际工作者都倾向于把社会福利分为狭义的和广义的两类。有学者认为，广义的社会福利是指一切有助于公民生活质量和社群福祉改善的活动、服务及资源，它们既可以是有形的物质与金钱支持，也可以是无形的精神帮助；既可以是实物形式的帮助，也可以是现金形式的支持。而狭义的社会福利是指为社会中最不能自助的弱势群体提供的、满足其最基本的生存需要的资源和服务。一般说来，狭义的社会福利是应急性的，具有很强的针对性，其目的在于满足弱势群体的基本需要。[1]

在不少国家和地区，社会福利是被广义上来理解的，是一个内容十分

---

[1] 王思斌. 社会工作导论. 北京：高等教育出版社，2004. 54

丰富的概念。比如美国流行的定义是：社会福利是为了保证个人及集团成员拥有平均的生活水准和身体健康而提供的各项社会服务和有关制度的组织体系，弗里德曼教授认为，社会福利包括社会保障（Social Security）、公共援助（Public Assistance）、房屋津贴（Housing Subsidies）和医疗保健（Medical Care）等。① 英国对社会福利的定义是为了保障全体国民物质的、精神的社会最低生活水准而由政府和民间提供的各项社会服务的总和，包括国民保险制度、非缴费性收入支持、国民卫生服务、住房福利、社会服务等等一系列"福利产品"。② 在我国的台湾省，社会福利被定义为包括医疗保健、国民就业、社会保险、福利服务、社会救助、国民住宅、环境保护等体系。③ 在香港特别行政区，有社会福利署专门负责各种社会服务、综合援助金制度等的实施和落实。很明显，这些定义和理解都是广义上的社会福利。我们可以简要地把广义的社会福利概括为：是涉及全体人们的物质生活和精神生活的各个方面，是国家和社会为改善和提高全体社会成员的物质生活和精神生活而采取的政策措施和福利设施提供及相关服务。

至于狭义的社会福利，则是特指对特殊群体和特别情况的救助和照顾，如对于老年人、残疾人、妇女儿童、失去生活来源群体的救助和照顾等。

另有学者认为，狭义的社会福利存在于包括古代社会在内的一切文明社会，因为在所有形成国家公共权力的社会，以国家或社会的名义实施对弱势群体的救助，既是公共权力存在的合法性要求，也是国家实现其统治所必需的措施。所以，追寻世界上各个文明古国，救助式的社会福利出现的历史几乎同国家出现的历史一样长。而广义的社会福利则是近代以来伴随工业社会的发展而出现的，其主要特征，是以制度化的、普遍性的、社会性的福利提供取代传统社会家庭式的、分散的和自发的福利供给。④

本书认为，从社会福利与社会发展的关系以及社会福利的目的来看，从广义或宏观的角度来定义或理解社会福利是较为合适的。在这里，社会福利被看成是维护社会正常运转的不可或缺的社会安全网，是社会成员物质生活和精神生活不断提高的需求得以基本满足的必要手段。正因为如

---

① 郑功成. 社会保障学——理念、制度、实践与思辨. 北京：商务印书馆，2000. 21
② 孙炳耀. 当代英国瑞典社会保障制度. 北京：法律出版社，2000. 1～3
③ 于宗先. 台湾经济成长与社会福利. 见：中国社会保障体系改革. 北京：经济出版社，1999. 473～474
④ 钱宁. 现在社会福利思想. 北京：高等教育出版社，2006. 3

此，在一些国家和地区，往往就把这种宏观上的社会福利作为给公民带来福利（Welfare）和保障（Security）的有效社会政策和公共产品供给。

在我国，长期以来习惯于使用社会保障（Social Security）概念，实际上，"中国内地的大社会保障概念与一些西方国家或地区的大社会福利概念，其实是基本相通的"[①]，由于表达的习惯以及相关职能部门的传统名称设定及工作（如劳动与社会保障局，建立完善的社会保障制度等），我国内地还较少有人从广义上来理解和运用社会福利，而只是把社会福利作为社会保障系统中的子系统[②]，即所谓狭义的社会福利来理解。

2. 从实施目的分类

社会福利的实施不仅受制于经济社会发展水平，而且受制于相关意识形态偏好与社会政策的价值取向与价值选择，社会福利的目的不同，也就决定了其分类的不同。

从实施目的进行分类之典型代表是社会福利的二分法。美国学者威伦斯基（Harold Wilensky）和李宾士（Charles Lebeaux）在1958年的《工业社会和社会福利》（*Industrial Society and Social Welfare*）一书中，首先把社会福利划分为剩余性福利（residual welfare）和制度性福利（institutional welfare），以致成为社会福利研究领域的经典论述。

剩余性福利是为社会无法自助者提供的暂时性和补偿性的社会救助，是对"不幸者的慈善"。[③] 其理论假设是，无论在什么时代，社会上总有一些不能依靠自己的力量而维持正常生活的群体存在。一般情况下，家庭和市场是满足个人需求的自然渠道，但是在特殊的情况下，比如发生一些天灾人祸、较大范围的经济萧条以及年老、疾病等，家庭和市场就不能很好地发挥作用了。在这种情况下，就需要社会性的支持系统——社会福利发挥作用。很明显，这时的社会福利是在家庭能力缺失、市场作用减弱的情况下，由政府和社会提供的福利援助，是社会失常后必要的补充与服务。当社会的通常制度——家庭、市场重新正常运作之后，这种社会福利实施就会暂时退出。由于其明显的暂时性、临时性和救济性，剩余性社会福利往往和施舍及慈善联系在一起，而且，政府对此一般都要进行严格的家庭

---

① 郑功成. 社会保障学——理念、制度、实践与思辨. 北京：商务印书馆，2000. 23
② 郑成功教授明确持社会福利是社会保障的子系统的观点，这和当前我们的社会保障体系是一致的。这里的社会福利就是大社会保障系统中的子系统，属于狭义上的社会福利。
③ [美] Charles Zastrow. 社会福利与社会工作. 台北：洪叶文化事业有限公司，1998. 13

调查，带有明显的羞辱性。

制度性福利是指政府为所有公民而不是为少数有特殊需求的公民所提供的福利。与剩余性福利不同，制度性福利不是在家庭和市场不能满足个人需求时才介入，而是现代社会结构中制度化的常规机制和常态性的社会制度。换言之，制度化福利并不是在出现天灾人祸的时候、在个人不能自我帮助的时候出来"救急"与"救济"的，而是一种常态性的提升公民生活质量的社会制度。制度化福利把接受和享受福利的对象从剩余性福利的弱势群体扩展到社会中的全体公民，把"被保护者"或"非正常人"扩展到"普通人"，从而实现了由选择性福利（selective welfare）到普遍性福利（universal welfare）的转变。① 很明显，制度化福利通过为全社会所有人提供相应的社会福利和资源，以促进全民福祉和社会发展为目标，具有很强的全民保障特点②，应该是现代社会福利政策的首选。

3. 从福利实施手段分类

英国社会政策学者蒂特马斯（Richard Titmuss）在其《福利的承诺》中认为，社会福利从概念上可以分为三种：第一种是以社会服务为主要标志的剩余性社会福利；第二种是财富福利，即通过税收渠道安排的相关津贴和待遇；第三种是职业福利，它是以就业为基础的福利和服务。在1974年出版的《社会政策导论》中，蒂特马斯再次将社会福利总结为三种模式：第一种仍然是剩余性社会福利；第二种是工业成就—表现模式（Industrial Achievement-performance Model）；第三种是制度再分配模式（Institutional Re-distributive Model）。此中，第一种和第三种相当于威伦斯基和李宾士的剩余说和制度说，无非第三种模式是以需要为原则，在市场外通过再分配的渠道为所有人提供社会服务和社会援助。而第二种模式则是将社会福利界定为经济的附属物，主张资源按成绩、工作表现和生产力来分配，认为社会福利是同经济发展紧密关联在一起，社会需要的满足应该以工业社会发展的业绩和生产力的表现为前提。

可以看到，蒂特马斯的福利分类不仅发展了威伦斯基和李宾士的分类法，更为重要的是，他把社会福利的供给放在整个工业经济发展的大环境下加以考虑，把社会福利和经济发展有机地结合在一起，具有很重要的现实意义。

---

① 范斌. 福利社会学. 北京：社会科学文献出版社，2006. 15～16
② 王思斌. 社会工作导论. 北京：高等教育出版社，2004. 55

4. 从福利追求角度分类

卡恩（Alfred Kahn）和罗曼尼克因（John Romanyshyn）认为，应该从更为广泛的意义上来讨论社会福利，这就是发展社会福利（Developing Welfare）。他们认为，即使制度性社会福利的观点，也仅仅是把社会福利作为预防或矫正社会问题的制度。发展性社会福利的视角，则是要求社会建立起一套旨在提高人们的生活质量和满足人类发展需要的福利制度，而不是仅仅去解决社会问题，为此，发展社会福利的概念就应运而生。1968年在纽约召开的联合国第一届国际社会福利部长会议，其最为重要的议题就是认识并强调"发展型社会福利"的观点，认为发展型社会福利的原则和目标是：以提高全民生活水准来加强人类福利；确保社会正义及公平分配国家的财富；加强人们的能力，以便更好地参与健康、教育和社会发展。1979年，联合国经济及社会委员会通过了第18项决议案《加强发展性社会福利政策活动方案》，重申了"发展性社会福利"这一新理论，并制定了相关的实施战略。①

可以看到，与前面的福利分类法不一样，发展性福利超越了具体福利实施方法设计，撇开了社会福利是剩余性还是制度性的操作性理念争论，而是把福利定位在人类的永恒追求的目标，把社会福利和社会发展与人类进步联系起来，这是当代社会发展的核心指标和重要目标追求。

（二）意识形态基础

作为一种社会制度，社会福利从早期的家庭和邻里为主的非正规支持逐渐发展到一种以国家和社会及各种 NGO 为主的正规性支持，都是以一定的理念为其基础的，无非是，家庭邻里之间的福利供给是建立在伦理道德和互帮互助的理念之上，而国家和社会的福利提供则是建立在一定的意识形态基础之上。社会福利的意识形态特征决定了社会福利的目标实施、对象选定以及福利水平的差异性和特殊性，为此，意识形态特征是左右社会福利走向的重要基础理念。

从哲学层面看，意识形态指政治法律、道德、宗教、艺术、哲学等各种思想观点体系，又称之为思想上层建筑，是为一定的经济基础服务的。我们这里涉及的社会福利意识形态，既和一般意义上的意识形态有关联，是社会思想观点体系中不可或缺的有机组成部分，又不简单等同于一般意

---

① 范斌. 福利社会学. 北京：社会科学文献出版社，2006. 16

义上的意识形态，而是对社会福利制度构建和实施、社会福利对象的确定和帮助等具有直接影响的价值观和理念，是社会政策制定的指导思想。作为一种国家政治的附属物，意识形态本身对社会福利的内涵和运行方式产生着深刻的影响。尽管社会福利在不同的社会发挥着相似的功能，但是其背后的价值理念和政治信仰却各不一样。

《礼记·礼运篇》中的社会福利思想应该是我国很早的社会福利意识形态的完整表述："大道之行也，天下为公，选贤与能，讲信修睦。故人不独亲其亲，不独子其子，使老有所终，壮有所用，幼有所长，鳏寡孤独废疾者皆有所养。男有分，女有归。货恶其弃于地也，不必藏于己。力恶其不出于身也，不必为己。是故谋闭而不兴，盗窃乱贼而不作。故外户而不闭，是谓大同。"从福利意识形态角度看，这是孔子所希望的"均无贫，和无寡，安无倾"的大同社会，是以天下广大民众为主要对象的社会福利体系构想，体现了他"大同"理想下的福利价值选择和政治信仰。

意识形态直接影响和制约着社会福利的制度构建。当今发达的工业化国家在跨进福利国家的过程中，都有其意识形态的先导作用，以致形成了不同类型的福利模式。20世纪40年代的英国等西欧国家，在凯恩斯和贝弗里奇的政策主张的影响下，主张以实用主义的方式对社会问题进行国家干预，"不情愿的集体主义"成为主流的价值观。这种社会价值观的基础是通过解决失业、贫困等社会问题来保障社会的稳定，认为资本主义并非是一个自我调控的系统，但是对于市场失败进行必要的国家干预修复活动是可以有效的，为此，国家就有必要对公民提供必要的福利。

贝弗里奇在其著名的《社会保险与相关服务》的报告中明确指出，社会保险[①]的提供需要遵循若干原则，其中就有"广泛保障"原则和"分门别类，适合不同人群"原则。

所谓"广泛保障"原则，是指不论从社会保障覆盖的人员还是从满足他们的各种基本需要角度看，社会保险都应当是全方位的，社会保险应该具有广泛性和统一性。所谓"分门别类，适合不同人群"原则，是指由于社会保险的广泛性和统一性，决定了必须考虑全社会不同阶层不同的生活

---

① 贝弗里奇在这里讨论的是社会保险（Social Insurance），但是从保险的主旨是为公民提供服务和保障角度看，我们认为可以看作是和社会福利（Social Welfare）一样的含义。

方式,"社会保险方案对所有公民只有一个,而不管其经济状况如何"[①]。这种为广大民众考虑的社会福利理念,一旦为政府部门接受而成为社会政策,就是直接关乎社会福利制度的意识形态。

20世纪50—60年代以来,由于费边社会主义发展起来的民主社会主义思想成为西方福利国家一些政党推行社会政策的基础,它强调通过普遍主义的社会福利和服务来确保公民的平等,通过将福利同公民权进行必要的联系来实现社会的整合和公正。在这种价值观的影响下,60—70年代,西欧社会福利进入了一个黄金时期。当今,西方福利国家也面临着一系列的调整和改革,其流行的意识形态被归结为"第三条道路",强调资本主义市场自由的作用,同时也重视计划的国家干预。在充分保障公民自由的前提下,主张积极推行自由的竞争经济,在社会福利领域实行改革,将福利同工作价值联系起来,将福利改革同社会团结基础的扩大联系起来。

在我国,社会福利和社会保障的状态也是受意识形态所影响和决定的。在计划经济时代,"社会主义的优越性"决定了我们必然是依靠国家和集体的福利,对于广大城镇职工而言,就是以就业为基础的"职业福利"和以需要为基础的"社会福利"为典型模式。即使在农村,广大农民也会享受到哪怕十分低水平的"集体福利"(集体劳作方式下的劳动成果集体分配等等)。改革开放后,我们的社会保障政策也随之变化,"职工福利"的成分越来越少,个人的责任也越来越大,市场的作用越来越明显,进入了一个"社会福利社会化"以及"建立完善的社会保障制度"的时代,这都是由相应的意识形态决定的。

第二节 社会福利追求与社会福利目标

从制度上看,社会福利是社会政策的具体体现,而从源头看,社会福利则是人们需要的不断满足与提供。社会福利是人们的永恒追求,是社会发展的目标。

[①] [英]贝弗里奇. 贝弗里奇报告——社会保险和相关服务. 北京:中国劳动社会保障出版社,2004. 137~138

一、需要与社会福利追求

人们为什么需要社会福利？一个社会为什么要构建社会福利制度？这都是源于人的需要和社会的需要。

需要是人的生存、幸福以及充实所必须的物质的、心理的、经济的、文化的以及社会的等方面的要求，任何个体和任何社会，都有其必然的需要。怀特科指出，需要的出现以及表现因群体不同而不同，对人的共同需要的满足有影响的因素有：人的生理和成长特性；物质环境和社会环境；人们基于其最大利益所做出的选择。人的共同需要是基于个人生存和发展的、为所有人所具有的需要，包括物质条件、个人发展、情感变化、智力形成、人际关系和精神需求等等。[①] 需要的存在，决定了满足需要就是个体、群体以及社会的必然追求和为之努力的工作，而社会福利就是最好的社会政策选择。

著名的美国人本主义心理学家马斯洛在其《激励与个人》一书中发展了亨利·默里关于人的需要的思想，把人的需要按照发生的顺序由低级到高级呈梯状分为五个层次：（1）生理的需要，如饮食男女、衣食住行、基本生活保障等等。（2）安全的需要，如人身安全、职业安全、经济安全等等。（3）社交的需要，如友谊、情感、归属等等。（4）尊重的需要，如自尊、能力、权威、地位等等。（5）自我实现的需要，如胜任感、成就感等等。马斯洛认为，在低层次需要获得相对满足以后，才能发展到更高层次的需要，同时，高层次的需要发展后低层次的需要仍然继续存在，只是对行为影响作用降低而已。马斯洛还认为，人们一般按照这个梯级从低级到高级追求各种需要的满足和实现，但是这并不是说不同层级的需要不能在同一时间里发挥作用，而是在某一特定时期总有某一层级的需要发挥着独特的作用并处于主导地位，其他的需要则处于从属地位。

在马斯洛的需求层次理论中，越是较低层级的需求越是容易得到满足和实现，越是较高层级的需求越是难以满足和实现。他估计，在现代社会中，生理上的需要之满足率大约为85%，安全上的需要之满足率大概为70%，社交上的需要之满足率大概为50%，受人尊重之满足率大约为40%，而自我实

[①] [美]威廉姆·H·怀特科，罗纳德·C·费德里科. 当今世界的社会福利. 北京：法律出版社，2003. 66

现的需要只能满足10%左右。① 马斯洛的等级需求层次理论反映了大多数人的一般需求规律，中国人民大学郑功成教授认为，需求层次理论也显示了社会保障的重要性。他认为，对于第一层次的需求，可以通过相应的社会保障如食物救济、住房福利、交通津贴等来满足，其对象主要是低收入阶层社会成员。对于第二层次的需求，可以通过疾病保险、老年保险、就业保险、工伤保险等等提供一种安全性和制度性的社会保障，以解决社会成员的后顾之忧。对于第三层次的需求，可以通过家庭、社区及团体组织来为社会成员提供精神交流和精神慰藉，通过社会保障工作为部分孤寡残障者提供相应的服务。对于第四层次的需求，可以通过教育福利给社会成员提供知识与能力使之具备尊严。"由此可见，在现代社会里，社会成员的需要的满足，客观上离不开社会保障；社会保障制度的建立，正是促使社会成员的需要获得满足并由低级向高级转移的良好的社会机制。"②

郑功成教授是从社会保障制度的角度来解析马斯洛的需求层次理论的。不可否认，社会保障制度确实为社会成员提供物质性的支持以满足社会成员的需求，免除了他们的诸多后顾之忧。但是，如果从我国的社会保障制度体系看，社会保障的功能发挥只能解决和满足社会成员较低层次的需求，充其量只能解决马斯洛五个需求层次中的前两个，即"生理的需要"和"安全的需要"。因为，我国的社会保障制度体系是由社会保险、社会救助、（狭义上的）社会福利与社会优抚构成的，处于基本层面的社会保险和处于最低层面的社会救助明显提供的是低水平的物质性保障，而狭义上的社会福利是对特殊人群如孤、老、残、障人士的基本生活与生存的保障。所以，我国的社会保障体系所提供的仅是低层次、低水平的保障，只能从一般意义上满足社会成员的低层次需求。至于较高层面的需要，如马斯洛所说的社会交往的需要，被尊重的需要，或者是超越低层次的物质性保障的精神性、心理性援助，高层面的物质生活和精神生活条件的改善等等，就必须由广义上的社会福利来承担。

人的需求是有层次的，同时人的需求也是相对的、不断发展的。随着原有需求的解决和满足，新的需求必然会随之形成。就是最低层次的衣食住行等"生存"需求，也是随着时代的发展、社会的进步而不断变化的。我们不可以用若干年前的"生活标准"来要求和衡量现在的"生活标准"，

---

①② 郑功成. 社会保障学——理念、制度、实践与思辨. 北京：商务印书馆，2000. 86~87，87

以至于把"最低生存标准"绝对化和固定化，同样，也不可以把随着社会发展一起提高了的当代基本生活现状"拔高化"，通过"忆苦思甜"的形式使之僵化而不再发展和提高。可以认为，即使维持基本生存和基本生活的低层次的需求，在质和量上，也是随着时代的发展而发展的。至于较高层次意义上的需求，则更是具有明显的"时代特征"。特别是在现代社会，广大社会成员，包括一些暂时属于所谓的"弱势群体"的成员，往往并不满足于一般的生存标准，他们还必然要形成和产生与时代一致的需求。为此，只有社会福利才能够充分地满足社会成员随着社会的发展和时代的进步而不断形成的需求，社会福利是人类社会永恒的追求。

二、社会福利目标

美国学者怀特科认为，社会福利制度是通过三条途径来满足人们的需要的：减少困难、增强人们克服困难的能力、提供所需的资源，这也是社会福利制度的主要功能。[①] 怀特科的观点说明，社会福利不仅是一个"给人以鱼"的问题，更是一个"给人以渔"的问题，社会福利在其实施过程中的一个十分重要的内容是提高人的能力建设。[②] 可以认为，与社会保障制度不同，社会福利并不是一个仅仅给社会成员提供基本生活保障的社会制度，它的"福利特征"决定了其必然具有一个复合的、与社会发展相一致的目标。

Charles Zastrow 认为，社会福利的目标是促使社会中的每个人都能满足社会、经济、健康与休闲的需求。社会福利企图使社会中各种年龄层的人，且不论贫富都能增强社会性功能的运作[③]，这一目标定位大致勾画出了社会福利满足人们各种需求的功能，换言之，满足人们的社会、经济、健康以及休闲等需求，就是社会福利的目标。

人类社会的福利追求和实践历史表明，社会福利作为一种制度安排，并非是脱离社会发展而孤立发展的，它总是以解决某些社会问题为出发点，以多种多样的手法，协助社会成员解决他们的生计问题和发展问题。

---

① ［美］威廉姆·H·怀特科，罗纳德·C·费德里科. 当今世界的社会福利. 北京，法律出版社，2003. 82

② 能力建设（Capacity Building）是社会工作中的重要概念。本书把社会工作纳入社会福利体系，就有提升福利对象能力的含义。

③ ［美］Charles Zastrow. 社会福利与社会工作. 台北：洪叶文化事业有限公司，1998. 4

社会福利在其运作中,始终与社会、经济、政治甚至文化有着密切的联系。为此,我们可以分别从宏观和微观角度来设定社会福利目标。

(一)宏观意义上的社会福利目标

对一个国家和社会而言,社会福利是社会经济发展过程中的润滑剂和稳定剂,也是社会经济不断提升发展的激活剂。对于社会成员来说,社会福利体系不仅提供了基本生存保障,而且还不断提高生活质量,使其充分享受到社会经济发展的成果。从这个意义上说,宏观意义上的社会福利目标就是促进社会公平与公正,提升社会成员生活质量,推动社会经济的协调发展。

社会福利并非是促进社会经济发展的唯一要素,但是,社会福利制度在社会经济发展过程中发挥着不可替代的作用,是社会经济发展中不可或缺的重要组成部分。社会福利的实施过程就是从制度层面以及专业层面服务于社会成员,最大程度地解决影响社会公平、公正发展的各类社会问题,推动社会有序平稳发展。联合国在第二个发展十年(1970—1980)活动纲要中指出:"发展的最终目的是为所有的人民能更好地生活提供日益增多的机会,其实质就是对收入和财富实行更平等的分配,以促使社会公正和生产效率,提高实际就业水平,更大程度地保证收入并扩大和改善教育、卫生、营养、住房及社会福利设施,以及保护环境。"[①]尽管这里涉及的是社会经济发展目标,但是,从内容和目标上看,和我们所讨论的社会福利宏观目标应该是不谋而合的,这就是:提升社会成员生活质量,促进社会经济的协调发展。

(二)微观意义上的社会福利目标

要达到保障社会成员基本生存、提升其生活质量、促进社会经济协调发展的宏观目标,就需要通过具体的社会福利的实施来实现,这里就涉及社会福利微观意义上的福利目标。

Charles Zastrow认为,现代社会是一个发展很快的时代,我们的商业、工业、政治、教育及宗教等制度变得越来越庞杂,但也逐渐非人性化。很多人生活在都市社区中,远离了其他亲属,且和自己的邻居也关系生疏。加上流动率高,对自己生活的社区所知有限,更显出无根的感觉。在工作方面,因为专业化的关系使得相互依赖增强,但也使我们对生活的

---

① 郑功成. 中国社会保障论. 武汉:湖北人民出版社,1994. 370

许多方面失去了控制的能力。快速变迁的社会，使过去的社会病态加速恶化，同时也衍生新的社会问题。① 在这种情况下，传统的社会救助模式以及社会保险等已经不能适应时代的要求，就必须用具体的社会福利举措来解决复杂的社会问题。

Charles Zastrow 从十分具体的层面设定了社会福利的目标，包括：

为没有父母的孩子找到安居之所；
帮助有情绪困扰的人；
使老年人的生活更有意义；
协助酒瘾者与药物滥用者生活重建；
满足低收入户的财务需求；
为上班的父母提供托儿服务；
遏止家庭暴力，如儿童虐待与婚姻暴力；
帮助因天灾人祸而陷入生活困难的家庭；
为各种年龄的人提供休闲服务；
为缺乏技能与失业者提供职业训练与就业辅导；等等。②

可以看到，Charles Zastrow 的福利目标十分具体，而且他的目标和具体内容差不多，有混淆目标和内容之嫌。不过，我们也可以从中看出，社会福利就是要在生活、工作、学习、心理、休闲等方面保证社会成员的基本生存和提升其生活质量，可以通过一系列的手段来达到这个目的。

为此，微观意义上社会福利的目标可以表述为，以保障社会成员的生存为基础，以提升社会成员的生活质量为追求，以专业化手法和政策性制度为保证，以各种网络化与社会化服务为内容，为社会成员提供和谐的生活、工作、学习及休闲环境。

第三节 我国社会福利事业的历史与现状

中国的社会福利思想和福利制度源远流长，以"大同"理想为代表的"福利理念"和福利制度，在某种意义上构成了中华传统文化的一部分。

---

①② ［美］Charles Zastrow. 社会福利与社会工作. 台北：洪叶文化事业有限公司，1998.5

1949年中华人民共和国的建立以及1956年社会主义制度的确立，我国逐渐建立了不同于古代传统福利制度的新的社会福利体系。这个福利体系突出了计划经济的特征，体现出社会主义制度对劳动者福利关怀的基本理念和制度安排，同时也继承了中国传统福利思想和福利理念的特点，如大同思想、家长式关怀、整体主义等等，反映出明显的中国特色。改革开放之后，以计划经济为核心的传统福利理念和福利制度受到大挑战，面临着前所未有的矛盾和问题，计划经济特征的传统福利制度已经不适应时代的要求，面临着新的变革。

一、计划经济时代我国的社会福利制度及其特点

社会福利是一定时代下的产物，必然受社会、经济发展的制约，带有明显的时代特征。改革开放之前我国的福利制度就是计划经济体制下的特定产物。

（一）改革开放前我国社会福利体系

我国的计划经济时代的社会福利体系建立于新中国建立之初，一直到改革开放的30年时间里，逐渐形成了一套以集体主义为核心，以人民的基本生活保障为主要内容，以劳动者保护为基本特点，初步覆盖劳动就业、医疗卫生、教育、退休养老和伤残等领域的社会福利体制和救济救助制度。

1949年新中国成立后的最初几年，面临着旧社会遗留下来的大量难民、灾民、游民、乞丐和失业者等而形成的严重城市社会问题，人民政府除了通过恢复生产和发展生产、促进就业，以及以工代赈、生产自救、回乡生产等途径加以解决以外，还针对那些需要帮助的困难群体的社会服务，逐渐建立了常规性、制度化的救助体制。同时，政府针对恢复和发展生产，建立以公有制为主体的城市工业化体系的紧迫问题，在1951年就由政务院颁布了我国第一部全国统一的劳动保险法规《中华人民共和国劳动保险条例》。

该条例对职工生、老、病、死、伤、残时的生活待遇、医疗待遇和集体福利事业作了具体规定，并在随后的修订案中加以修订。1956年，全国总工会颁布了《职工生活困难补助方法》。1957年，全国总工会发布《关于职工生活若干问题的指示》，又对职工生活必需品、困难补助以及发展

职工福利的经费等问题做出具体规定。1958年，国家还颁布了《救济失业工人暂行方法》，对城镇失业工人的救济工作、解决重新就业和失业期间的生活保障问题做出了规定。

从对象的区域划分看，计划经济条件下我国社会福利体制主要反映在城市、农村两大区域居民的福利保障上。

1. 以计划经济为基础的城市社会福利体制

1956年，随着三大改造的完成，我国的公有制和计划经济模式形成，进入了社会主义社会，以计划经济为特征的社会福利制度也随之逐步形成。在城乡二元社会结构下，我国社会福利体系的实施对象主要是城市居民，具体表现为：

第一，户籍制度的福利保障基础。中华人民共和国成立之初，城乡之间的户口迁移还不受限制，随后，农民向城市流动的问题逐渐加剧。为此，1957年12月18日中共中央、国务院联合发出《关于制止农村人口盲目外流的指示》，要求城乡户口管理部门密切配合，通过严格的户口管理，切实做好制止农村人口盲目外流的工作。1958年1月9日全国人大常委会第91次会议通过《中华人民共和国户口登记条例》，对农村人口进入城市做出了约束性的规定：凡没有城市劳动部门录用、学校录取证明或城市户口登记机关准予迁入证明者，都不能由农村迁入城市，这标志着我国严格限制农村人口向城市流动为核心的户口迁移制度的形成，也为以城市居民为主要社会福利对象提供了户籍制度保证。

第二，基本生活福利。随着户籍制度的形成，对城市居民的基本生活品定量、低价供应制度的粮油供应制度也相应建立起来。这一制度规定，国家负责城市非农业户口居民的粮油供应，不负责农业户口的粮油供应。这样，广大城市非农业户口居民就能够在计划经济的条件下享受到农民可望而不可及的基本生活保障。

第三，基本就业福利。与粮油供应制度相联系，自20世纪50年代起，政府负责城市非农业人口在城市的就业安排，甚至也有规定，即使临时工，也必须在城市人口中安排。城市经济公有化程度的提高，企业越来越被赋予了解决就业问题的社会职能，以至于在相当长的一段时间里，我国事实上形成了政府计划安排非农业人口工作并充分就业的制度。

第四，基本社会福利。在计划经济时代，政府不仅给城市非农业人口提供低价粮油、安排工作，还为他们提供一系列的社会福利，如公费医疗、带薪休养、退休养老金发放直至丧葬费、抚恤金等等。此外，城市居民还享受名目繁多的补贴,在单位所有制下还享受单位提供的几近无偿的住房等等。

第五,基本社会救助制度。从20世纪50年代开始,城市社会救助逐渐演化为针对特殊群体的社会救助制度,可以给因各种原因而导致生活困难者救济。

总之,在二元社会结构中,国家和单位给城市居民提供了较为完备的社会保障和社会福利,建立了计划经济条件下城市社会福利制度。尽管是低水平的福利,但是城市居民基本处于"生、老、病、死有依靠"的"普遍性"、全方位的福利保障体系之中。

2. 以集体经济为基础的农村社会保障体制

在以自然经济为基础的传统农村,农民的福利自古就是建立在家庭和个人自我保障的基础之上。中华人民共和国成立之后,1956年国家颁布《高级农村生产合作社示范章程》,规定农村生产合作社对于缺少或完全丧失劳动能力、生活没有依靠的老、弱、病、残、孤、寡的社员,应该给予生产上和生活上的适当安排和照顾,使其生、养、死、葬都有依靠。随着土地集体所有制的确立,农村也逐渐实行了以集体经济为基础的,以集体保障、家庭保障和国家救济相结合的社会保障体系。具体内容为:

第一,集体所有制为农民提供了基本的就业保障和基本生活保障。在人民公社体制下,所有农村劳动力都是人民公社社员,他们的职业天生就是农民,工作自然就是种地,从事农业生产,而且是在集体所有制条件下的集体劳作、集体分配。这就"规定"了农民享有"集体土地保障",没有失业之虞,也没有因无地、少地而带来的生活无着落之忧。

第二,一定层次的农村公共医疗卫生体系。以集体经济为基础,以赤脚医生为主体,以广大农民为对象的农村合作医疗制度,在一段时间内为减缓农民的小病小痛起到了很大的作用,从某种意义上说,农民也享受到了合作医疗的保障。

第三,农村社会救济体制。农村社会救济是新中国农村社会保障制度中的重要内容,从20世纪50年代后期起,政府对农村灾害救济不再只是传统的救荒模式,而是在粮食统购统销制度和集体经济基础上建立了"减免公粮"和"返销粮"模式,对于因自然灾害造成歉收而带来的生活困难进行救济。同时,对于缺乏劳动力的农户进行适当照顾和帮助,而"五保户"制度则对农村中的孤寡老人提供保吃、保穿、保住、保医、保葬的基本社会保障。

与城市居民的社会福利体系相比，农村居民的保障和福利明显处于低水平状态，没有城市人享有的粮油低价供应，免费医疗、住房等福利，充其量只能说是保障了基本生存，而且在特殊年代，基本生存也受到极大的挑战。不过，在"以粮为纲"，把农业发展作为唯一战略选择的时期，在政治斗争取代生产的岁月，农村集体所有制基础上的社会保障体系也只能如此，何况也起到了一定的历史作用。

（二）改革开放前我国社会福利体系特点分析

从新中国建立到改革开放的30年时间里，我国的社会福利体系对于保障公民的基本生活，促进社会生产，维护社会稳定，起到了很大的作用，特别是对于我国50年代后的工业化过程以及城市化进展，都有很大的意义。其特点可以概括为：

1. 以公有制和计划经济为保障的基本制度基础

新中国的建立，决定了生产资料的公有制是我国的基本经济制度，计划经济是我国的基本经济模式，也决定了社会福利是以建立在公有制和计划经济的基础之上的价值选择。这不仅因为人民是国家的主人，应该享受到社会的福利和保障，也因为国家在公有制的基础上，对社会福利资源的调动和运用更加有效，从而能使国家和集体经济能够在经济比较困难的时期也能提供和维持福利性事业。

2. 以城镇职工为主要对象的非"全民化"社会福利

计划经济时代我国的社会福利体系是以城镇职工为核心对象，实行城镇居民和农民的差别化原则。对于城镇职工由通过区分"所有制身份"而区别福利水平，比如国营企业职工的福利待遇就要比集体企业或其他企业的职工之福利待遇要高。这种以"身份"来决定福利的体制在不同的社会成员中形成了很大的差别。从整个社会看，城乡差别使得农民成为"二等公民"，以至于"跳农门"成为许多青年农民的理想追求；从城市职工福利待遇看，也存在着因不同"身份"而导致的在养老、医疗、住房等方面的"不平等"。

3. 以政府和单位为主体的"国家—企业运行模式"

计划经济模式决定了政府必须为福利"买单"，而接受福利的社会成员不需要承担任何经济的责任，从而实施的是一种政府大包大揽并通过企业来输送的福利模式。即政府通过制定基本法规和政策体系，通过资源和财力的支持，将社会保障和福利服务的运行交给企业去执行，企业按照政府的规定负责具体实施社会保障和福利服务。即使在农村，十分低水平的社会保障和福利服务也是由政府制定政策，由人民公社集体经济负责实施。

4. 福利内容和实施手段的单一性

作为一个体系，社会福利的内容应该涉及物质的、精神的、服务的等多方面的内容，其实施手段也是多元的。而在我国计划经济时代的社会福利，从内容上看，主要包括基本的社会保障、社会救助和对城市居民的倾斜性福利供给，以及农村"五保户"的救助。从实施手段上看，主要是社会政策的行政执行过程，缺少网络性、专业化的社会支持和社会服务。因此，从现代社会福利概念看，计划经济时代一系列的举措还不是严格意义上的社会福利。

二、社会转型时期我国社会福利体系改革的必要性

改革开放之后，我国逐渐进入了社会转型时期，特别是20世纪90年代后，我国确立了社会主义市场经济目标，原来计划经济时代的福利体制明显不适应时代的要求，建立一个新时代的，适应市场经济要求的社会保障体制成了社会各界的共同呼声。

我国的社会福利改革是随着经济社会发展的步伐而进行的。20世纪80年代开始的社会福利体制改革之直接动因，就是解决社会问题，及时调整相关社会政策之必需。

20世纪70年代末、80年代初，改革的大潮开始打破了计划经济时代的僵化格局，原来的大锅饭机制面临着危机。与此同时，城市中也出现了就业困难，住房紧张等新的问题，随着农民流动的解禁，更加大了城市就业压力。计划经济时代的劳动就业制度和住房制度已经很难解决这些问题，因此，需要通过改革过去较为僵化的劳动就业制度去解决日渐严重的就业压力，并且通过改革住房制度而解决城镇住房供严重小于求的问题。二元社会结构下城市居民的各种福利待遇正日益受到极大的挑战。

更为严重的是，计划经济下以政府和单位为主体的"国家—企业运行模式"也随着改革的深入逐渐退出历史舞台。例如，在20世纪80年代初期，在最初的全民所有制的企业通过改革而增大自主权以后，原来的"国家—企业"保障福利体系下的劳动保险制度就难以适应新的经济体制，出现了各个企业在退休金和医疗费负担方面"苦乐不均"的现象，严重影响

了企业进一步的改革和发展。为此,对计划经济时代的包括劳动保险在内的福利体制进行改革,建立适应新时代要求的福利体制就是必然的了。

我国在20世纪90年代确立市场经济体制后,企业在市场经济中的主体地位明确化,原来"单位人"制度下职工对企业的"福利依赖"也受到越来越大的挑战,职工不必承担责任的"免费福利"时代也一去不复返。在这种情况下,政府和社会的社会福利责任主体就更为重要,新的社会福利保障模式呼之欲出。原有的全民所有制的劳动保险制度逐渐改革为由国家、企业和个人共同负担的社会保险模式;原来范围狭小的城乡社会救济制度改革为以最低生活保障为主要内容的社会救助制度。而且,随着社会经济的发展,在一些条件具备的农村地区,也实行了最低生活保障制度,这比以前的"五保户"救济制度无论在内容上还是在手法上都有了很大的提高。简单地说,市场经济的确立和政府职能的转变,我国的社会福利更加向"社会化"方面发展。

20世纪90年代中期,中国共产党第十四届三中全会通过的《中共中央关于建立社会主义市场经济体制若干问题的决定》,在总结80年代以来的经济改革实践的基础上,提出了我国社会保障制度改革的目标。即要建立适应社会主义市场经济体制要求的,适用于城镇各类企业职工和个体劳动者,资金来源多渠道,保障方式多层次,社会责任与个人责任相结合,权利与义务相对应,管理和服务社会化的社会保障体系。针对市场经济的快速发展,2003年10月,中国共产党第十六届三中全会通过的《中共中央关于完善社会主义市场经济若干问题的决定》再次强调"推进就业和分配体制改革,完善社会保障体系"。2004年以来,党中央又提出了科学发展观与建设社会主义和谐社会的任务,强调以人为本,以解决关系人民群众切身利益的现实问题入手,扩大就业加快发展社会事业,促进人的全面发展;注重社会公平与公正,使全体人民共享改革发展的成果,注重经济社会的协调发展。所有这些都反映出,构建完善的社会保障制度是我国新形势下的历史必然。

三、我国福利体制的"单一保障性"缺陷及"福利系统性"分析

任何社会福利体系的设定都要受社会政策的制约和影响。改革前,我国的社会政策与经济政策交织在一起,社会福利制度与经济制度基本重

合,社会行政事务也基本上由企业等经济组织来承担。20世纪80年代之后,我国逐渐形成了相对独立的社会政策体系,社会保障和社会福利制度也逐渐从经济体制中独立出来,成为一个相对独立发展的领域。① 但是,不管是改革前的与经济政策联系在一起,还是改革中的相对独立,我国的社会福利体系基本上还是以社会保障为主,尚不能说是严格意义上的社会福利。从某种意义上说,我国长期以来建立的是一套"单一的社会保障体系",而非"完整的社会福利体系"。

(一)福利体制的"单一保障性及其缺陷"

从概念上看,在许多国家中仅仅意味着社会保险和现金救济的"社会保障"(Social Security)一词在中国反而成为包含一切的总称。相反,社会保险、社会福利服务、社会救助和优抚安置等重要的项目则变成了这一"社会保障"制度的组成部分,从制度上被降低到福利体系之较为次要的组成部分。尤其是当主要负责社会保险的劳动部被改组为"劳动和社会保障部"之后,代表普遍性原则的、与工作历史相联系的社会保险得到加强,而主要为弱势群体提供帮助的其他福利和救助工作却没有得到相应的发展。这样的变化方向与国际福利国家的改革方向背道而驰。② 很明显,我国目前的社会福利体制之主要特征就是以各种社会保险为主要内容的、单一的"保障性"。

之所以说我国福利体系是单一的社会保障性,是因为我国的福利设置均是保障公民(在计划经济时代主要是城市居民和城镇职工)的基本生活和工作条件,如就业、医疗、退休等社会保险以及社会救助等等项目。至于二元社会结构下城镇职工所享受的福利待遇,仅是计划经济条件下的一项和当时经济制度高度相关的政策选择。城镇居民可以无条件分配工作,可以低价享受国家的基本生活物品的供给,也仅是和当时的社会环境高度相关的政治、社会选项,是集体主义条件下的自然现象,很难说就是那种在基本生活安定下来后的生活质量提升的政策性举措。至于农村中的合作医疗制度以及以"五保户"为主要标志的社会救助制度,也仅是一种基本的保障与保险措施,不能与社会福利相提并论。而且,事实上,我国的社会保障体制还是处于低级发展阶段,涉及面不广,水平不高,其基本功能

---

① 钱宁. 现代社会福利思想. 北京:高等教育出版社,2006. 333
② 尚晓援. 社会福利与社会保障再认识. 中国社会科学. 2001,3

只是提供维持基本生活的物质保障，还谈不上提升人们生活质量的社会福利。

当然，在社会经济发展水平还很低的社会主义初级阶段，在社会转型时期，建立完善的社会保障制度是社会发展的基本要求，也是社会稳定发展、人民安居乐业的基本前提和基本保证，"单一保障性"的机制已经起到并且继续起着重要的作用。不过，其缺陷也是明显的。

1. 社会福利体系的不完全性

社会福利体系涵盖物质的援助、精神的支持、网络的构建、服务的提供等多方面的内容，以社会保险为主要内容的社会保障只是其中的一个部分，而且只能通过制度化运作来解决社会成员的基本生活问题，如果社会运行过程中仅仅依靠唯一的社会保障发挥其功能，这样的福利体系是不健全的，我国城乡社会发展现状也可以证明这一点。就城市居民而言，那些由于各种原因而处于弱势状态的群体，其实很难有真正意义上的社会保障；而广大农村居民接受社会保障的机会和水平就更低。为此，他们更需要有与社会保险相适应的其他相关服务和帮助。

2. 社会福利水平的低层次性

福利是人类社会发展的永恒目标追求，提升公民的生活质量是社会的责任、过满意的生活也是老百姓的期盼，社会福利必将随着社会经济的发展而不断提高其层次。由于社会保障制度的基本目标就是"维持公民的基本生活"，因此，决定了在"单一保障性"的社会保障制度下，社会的福利水平不可能有很大的提高。在社会保障不能兼顾的方面，一些弱势者的物质和精神生活状况就会面临更大的问题。

3. 社会工作、社会服务等的滞后性

社会福利是目标，可以通过制度化、政策化的社会保障，通过专业化、职业化的社会工作以及网络化、多样化的社会服务等手段来实施。社会福利实施主体包括国家、社会、团体、社区、机构等，而非单一的以政府为主体。在欧美国家以及我国的港台地区，专业化、职业化的社会工作以及网络化、多样化的社会服务不仅丰富和优化了社会福利实施手段的机构，而且通过其运作过程，本身也起到了社会福利的"发送"和提供作用。社会工作本身不仅是一门专业和职业，其实施的过程本身也是一种福利的提供，"两者都是解决工业社会的社会问题的组织化的努力"，"社会工作从社会福利制度需要代理人来实施日益增长的福利项目这一事实中发展起来"①，它和社会福利的发展是密不可分的。在单一性的社会保障制度下，我国的专业社会工作和社会服务的发展受到明显的影响和制约，其对社会福利提供和提升的功能并没有得到很好的发挥，甚至，社会对专业社会工作还了解不够、认识不清，以至于社会工作的发展举步维艰。由于社会工作发展的滞后，也导致了与之相联系的网络性和多样性的社会服务发展也相当落后。许多本该在社区通过社会工作和社会服务得到很好解决的问题，由于不属于社会保障的内容而没有及时有效地得到缓解，最终发展成严重的社会问题。

（二）社会福利系统性分析

鉴于社会福利认识和实施中存在的实际问题，我们认为，需要把社会福利构建成一个有若干子系统组成的体系。

美国著名社会学家米基利（Midgley）认为，社会福利的主要制度安排包括：

第一，非正式社会福利制度。包括个人、家庭、邻里和社区为增进社会福利、履行文化和道德责任所承担的各种活动，如个人帮助和照料家庭成员的活动，帮助周围需要帮助的人的活动，社区在这个方面的集体努力等等。

第二，正式的社会福利制度。正式的社会福利制度安排是由非正式的社会福利制度产生出来的，其最重要的内容是宗教的慈善活动。宗教信仰使个人和家庭相信人们应该从事慈善活动，增进社会福利。所有主要的宗教都鼓励对穷人的赞助。有些宗教组织承担了对穷人、残疾人和被遗弃者提供照顾的责任。除了宗教慈善活动，非宗教的慈善活动在19世纪迅速扩大。在发达的工业国家，非宗教的慈善活动是提供社会福利的重要制度安排。非营利组织大量地参与了多种多样的社会福利活动。有组织的宗教和非宗教的慈善活动组成了社会福利的志愿部门，又被称为"第三部门"。

第三，国家的社会福利制度。主要指政府或国家承担主要的社会福利责任。一般认为，国家社会福利制度注重"五大服务"：一是社会保障或收入保障服务，包括社会保险和社会救助；二是医疗服务；三是教育；四是住房；五是社会工作服务和对个人的社会服务。

除了上述的社会服务之外，政府还通过税收制度影响社会福利状态，

---

① 王思斌. 社会工作概论. 北京：高等教育出版社，1999. 47

如对有儿童的家庭和残疾人提供税收减免以促进有关群体的福利。很多学者还把米基利定义中所没有的就业作为社会福利制度的一项重要服务，这样，社会福利制度的主要项目就是六项服务了。[①]

按照米基利等学者的观点，这一社会福利体系把福利对象扩大到了全体公民，具体福利项目包括针对弱势群体的社会救助、社会福利服务、社会保障、教育和医疗等项目，而福利的提供主体也扩大到全社会。由是观之，相对于单一化的社会保障，体系化的社会福利的目标更为远大，内容更为丰富，手法更为多样，是现代社会中理想的福利制度安排选项。

我国目前正着力构建完善的社会保障制度，这是和建设社会主义和谐社会同步的战略目标，是维护社会稳定发展的必要政策措施，也是让广大群众分享改革开放成果的重要举措。鉴于我国经济社会发展极不平衡，各地发展差异大的现实，我国的社会保障的基本原则是广覆盖、多层级、低水平，这是符合我国具体实际的政策选择。但是，社会保障的属性决定了其必然以物质性的社会保险和社会救助为主要内容，这虽然能够起到一定的作用，但是对于提升社会成员的生活质量，解决他们包括心理问题在内的非物质性问题，其所能起到的作用还是十分有限的。

事实上，由于概念认识和使用上的偏差，我国的社会福利制度很大程度上就是社会保障制度，二者之间并没有多大的本质差别。这种现象的存在不仅不利于社会福利事业的发展，也不利于社会保障功能的强化，更不利于城乡社会成员的福利提升。为此，构建一个符合我国实际的社会福利体系既是必需的，也是必然的。

---

① 尚晓援. 社会福利与社会保障再认识. 中国社会科学. 2001，3

第三章
社会福利的体系构建

构建社会福利体系不仅仅是理论概念的需要,更是社会福利实施的需要。由于认知上的差异以及政策实施过程的不同,加之各国、各地区之间社会历史背景的特殊性,社会福利的体系构建和具体内容实际上存在着很大的差异性。由于社会福利体系决定了福利的具体内容,影响和决定着社会福利的价值选择与实施方式,牵涉到福利对象的确定和认定,也涉及社会福利的学术研究,为此,构建一个符合中国实情的社会福利体系是十分重要的。

第一节 社会福利体系辨析

本书提出构建适合我国国情的社会福利体系,主要是针对目前我国的社会福利体系较为混杂,存在着不统一、不规范的实际情况而考虑的。为此,本节首先在概念的认知上对社会福利体系进行探讨。

一、社会福利体系与社会福利制度

(一) 目前关于社会福利制度的观点

在通用的概念上,目前很多文章、专著和教材绝大多数运用的是社会福利制度这个概念。如钱宁的《现代社会福利思想》一书认为,社会福利是一种制度,是使人类社会为达到一定的福利目标而建立的某种制度设置。① 再如范斌的《福利社会学》一书认为,社会福利制度是社会福利实

---

① 钱宁. 现代社会福利思想. 北京:高等教育出版社,2006. 4

践的直接表现，包括体制和政策两个层面："社会福利制度是指国家和社会为实施社会福利所做的有关制度安排，是实施社会福利所需要的体制和政策的总和，包括一定的法律制度和社会政策。"①

又如尚晓援在其《"社会福利"与"社会保障"再认识》一文中认为，社会福利制度是为达到社会福利状态而做出的集体努力（包括政府的努力）。作为制度的社会福利，可以被理解为制度实体，亦可以被理解为一种"制度化的集体责任"，即一个社会为达到一定的社会福利目标所承担的集体责任。在现代国家大规模地承担起社会福利的责任之后，社会福利成为"制度化的政府责任"。②

在明确了社会福利是一种制度之后，学者们还就社会福利制度的广义和狭义理解做了分析。认为广义的社会福利制度是国家为保障公民的基本生活需要和社会权利，通过法律和政策法规的形式为社会福利的实施所做的制度安排，比如社会保险，公民的住房、教育、医疗服务保障及社会服务等等。狭义的社会福利制度是特定范围和领域的社会保障制度，通常指由国家立法确定的、专门为特殊群体或弱势群体提供的福利性保障制度，如儿童福利制度、老人福利制度以及残疾人福利制度，等等。③

按照这样的思路，一些学者就把工业化之后的西方社会以及1949年后中国的社会保障、社会福利的发展进程看做是社会福利制度的发展过程。特别是西欧福利国家的建立和发展，更说明了社会福利制度的发展脉络。"制度化的福利是面向全体国民并且是把提高他们的物质文化生活水平、实现人的全面发展作为政策目标来推行的；制度化的福利是真正意义上的社会福利，它使福利保障的范围从针对少数人的反贫困方案扩展到全民的教育、医疗保健、住房、就业、养老和收入保障等关系人们生活安全和生活质量诸方面的政策措施和服务上。"④

可以看到，目前关于社会福利制度的观点大多与我们说的社会保障制度是相似的，或者说基本是等同的。在绪论中我们已经提及，我国的社会福利是属于社会保障制度系统中的最高层面，从概念外延看，是小于社会保障的。国（境）外学者大多没有把社会福利和社会保障加以严格区分，甚至有混用的情况。国内学者则一般把社会福利置于社会保障制度的大框

---

①③ 范斌. 福利社会学. 北京：社会科学文献出版社，2006. 96~97
② 尚晓援. 社会福利与社会保障再认识. 中国社会科学. 2001，3
④ 钱宁. 现代社会福利思想. 北京：高等教育出版社，2006. 5

架下来认识，虽很少有人把社会福利和社会保障等量齐观，但反过来把社会福利的外延看成是大于社会保障的，则更为少见。

对于把社会福利看成是社会保障的观点，也有学者提出了不同的看法。如尚晓援专门撰文研究探讨社会福利和社会保障的概念问题。作者认为，社会福利可以从"作为状态的社会福利"和"作为制度的社会福利"两方面去理解。社会福利状态实际涉及人类社会生活非常广泛的方面，包括社会问题的调控、社会需要的满足和实现人的发展潜能。而作为制度的社会福利，可以被理解为制度实体，亦可以被理解为一种"制度化的集体责任"，即一个社会为达到一定的社会福利目标所承担的集体责任。在现代国家大规模地承担起社会福利的责任之后，社会福利成为"制度化的政府责任"，但这种责任的内涵则因国家和地区而异。由于社会福利概念的宽泛和模糊，也由于政府大规模地承担起促进社会福利的责任，很多政府部门都承担着提供某种社会福利的功能，在大多数国家和地区，已经很难把社会福利作为一种制度实体来考察。因此，有些研究者把社会福利作为"制度化的政府责任"来对待。①

由是观之，目前有学者认为社会福利是和社会保障制度相同等的社会制度，他们所说的社会福利制度在很大程度上就是社会保障制度。同时，也有学者认为，社会福利是一种状态。而作为一种状态，随着政府责任的加强，也很难说就是一种制度实体了。

（二）社会福利体系与社会福利制度的差异性

根据社会福利的实际内涵以及我国的具体情况，我们可以用"社会福利体系"来"设定"包括社会保障在内的多种社会福利内容。"社会福利体系"和"社会福利制度"不仅在概念上存在着差异，而且在社会福利的具体实施中，在福利主体的确定、福利客体的认定、福利手法的选择、福利内容的设计、福利效果的完善等方面，都具有完全不同的特点和特征。

从词源上看，体系（System）是指"若干有关事物或某些意识互相联系而构成的一个整体"，从这个角度上说，体系和系统是同一个层面或同一个意义上的概念，是一个由若干个相互联系的组成部分而构成的有机整体。由此，我们可以把社会福利体系看成是由若干具有福利性和利他性特征的制度性、专业性、服务性的，能够为公民的物质生活带来保障、

---

① 尚晓援. 社会福利与社会保障再认识. 中国社会科学. 2001, 3

精神生活带来慰藉、提升他们生活质量的若干举措或手段构成的"福利整体"。

制度（Institution）是指"一定历史条件下政治、经济、文化等方面的体系"。虽然这里仍然有"体系"二字，但是，这里的体系已经不是上面单独讨论体系时所具有的整体意义。制度应该是指与社会、经济、政治、文化等紧密联系在一起的，带有全局性、宏观性、政策性、政治性、方向性的某种体系，如社会制度、宗法制度、经济制度等等。例如，社会保障就是社会经济制度中的派生制度或附属制度，因此，人们事实上完全可以运用"社会保障制度"这一概念并付诸实践。长期以来，我国就是使用的社会保障制度概念，它是在我国社会经济制度下，根据我国国情构建起来的、旨在保障公民基本生活的一种保障性制度。

把社会福利制度等同于社会保障制度，无非是在社会保障制度之外加上了一些义务教育制度、住房公积金制度等等，将其称之为社会福利制度。也有学者把社会保障制度看成是社会福利制度，如，认为社会保障是具有经济福利性、社会化的国民生活保障系统的统称，包括经济保障、服务保障、精神保障三个层次，并包括了社会救助、社会保险和社会福利等社会性保障措施。"在某种情况下，这一概念与一些国家或地区的社会福利概念范围更加接近。"[①] 还有学者认为社会保障是为全体公民提供的福利性物质援助和专业服务的制度和事业的总称。[②] 在这里我们可以看到，社会保障制度和社会福利制度确实是被等同看待的。

本书认为，如果从目前国内大多数人对社会保障概念的理解看，所谓的"服务保障""精神保障"以及"专业性服务"等明显不属于社会保障，而是属于社会福利的范畴。因此，社会福利体系不等同于社会保障制度，二者之间存在着明显的差异性。

第一，责任主体不同。社会福利体系的主体是包括政府、社会、第三部门以及社区支持网络等在内的多元化综合体系，是多元化的福利主体系统。而社会保障制度（即所谓社会福利制度）则主要是以政府为主体，从理论上说，政府承担着为全体公民提供保障和福利的责任。二者之间的区别是十分明显的。

第二，客体对象不同。社会福利体系的客体对象是包括接受社会保障

---

① 郑功成. 社会保障学——理念、制度、实践与思辨. 北京：商务印书馆，2000. 11～12
② 史柏年. 社会保障概论. 北京：高等教育出版社，2004. 5

在内的公民以及社会保障制度不能起作用后需要帮助和解决问题的所有群体。而社会保障制度的对象一般就是享受社会保险的群体和一些特殊群体，如老年人、儿童以及残疾人等等。从外延上看，社会福利体系的对象比社会保障制度的对象要广泛。

第三，内容不同。社会福利体系所提供的福利内容涉及物质、精神以及文化生活等方方面面，其基本宗旨和目标是提升人们的生活质量和福利水平；而社会保障制度之内容是以社会保险为基本层面，以社会救助为最低层面，以社会优抚、（狭义的）社会福利为最高层面的制度化体制，其主要内容是物质性的保障与援助，基本不涉及精神层面的社会服务。

第四，手法不同。社会福利体系的内容决定了其手法是多种多样的，包括社会保障制度、社会工作介入方法、社会化服务以及网络化支持等等。与之相比较，社会保障制度的手法则较为单一，主要表现为社会保险和社会救助。

第五，客体对象的责任不同。社会福利体系中客体对象的责任根据福利内容的不同而具有不同性质的责任。如社会保障制度中的社会保险就需要受保者承担一定的缴费义务才能享受到社会保障给付，而接受社会救助的对象则不需要承担任何责任，只要符合救助标准就可以相对无条件地接受社会救助[①]，个人无需承担责任，特别是经济上的责任。又如接受专业社会工作介入服务的案主对象，只要与社会工作者取得专业接纳关系，就不需要担负其他任何责任。还如接受网络化和社会化服务的群体，一般说，根据服务的内容，其承担的责任也是各不相同的。相对于社会福利体系中的对象责任来说，社会保障制度中的对象责任是较为简单的，也是明显的。

我们讨论社会福利体系和社会保障制度的差异性就是为了说明，在社会安全制度的建立和社会福利的提升这一社会发展的基本追求上，多元化的社会福利体系要比相对单一的社会福利制度（社会保障制度）的内容更为全面，手法更为多样，涉及对象更为广泛，效果更为明显。为此，构建社会福利系统，或者以社会福利体系来取代基本等同于社会保障的社会福利制度，是一件十分有意义的重要工作。

---

① 所谓相对无条件，是指从救助的硬性（或是刚性）标准来看，只要达到或低于救助标准，就可以接受救助，这是无条件的。但是，在实际操作中，往往会有一些人为的附加条件，如需要参加集体公益劳动，不允许养宠物等等，这又是相对的。

二、社会福利体系框架

我们认为，社会福利是一个体系，这个体系需要根据我国的具体情况去安排和构建。

（一）社会福利体系的特征

在构建福利体系之前，必须首先明晰社会福利体系的特征。

第一，社会福利体系是一个旨在保障公民基本生活和提升公民生活质量以及社会福利水平的有机整体。社会福利体系不同于单一的社会福利（保障）制度，它不仅表现为对公民的基本生活保障，更把提升公民的生活福利水平作为自己的目标追求，因此，社会福利体系不是单一的制度，而是系统的有机整体。

第二，追求社会平等和公正。社会福利体系的功能发挥就是体现和促进社会平等与社会公正，它通过制度性、政策性以及专业化和职业化的多元化手段，最大可能地使社会成员能够在社会生活中都有平等的机会和机遇，使得穷人或弱者不仅能够得到基本的生存与生活的保障，而且还能够不断提升他们的生活质量与福利水准，能够和社会绝大多数群体一样，享受改革开放和社会发展的成果。

第三，社会福利对象的全民性。社会福利体系涉及多元化的福利手段，因此，其对象与单一的社会保险、社会救助等的特定性不一样，社会福利体系的服务对象或福利对象应该是包括社会保险、社会救助等对象在内的所有社会成员，其内容从单一的保险和救助扩大到社会成员生活的方方面面，服务的对象是全体社会成员。

第四，权利和义务的不严格对称性。与单一的社会保险等需要接受保险者承担一定的义务和责任不同，从总体上说，社会福利体系的权利和义务的对称性是不严格的。换言之，与社会保险等密切联系的内容，对称性是较为严格的，而类似于服务性的、助人自助类的社会工作与社会服务以及社会支持网络中的对象，则无需权利和义务的严格对称。

第五，非功利性和服务性。这是社会福利体系最为明显的特征。无论是社会保障还是社会工作，抑或是社会服务，其基本目标是为社会成员提供非营利性、非功利性的社会服务，社会福利体系提供的是公共产品，是以"利他主义"基本理念为价值取向的。

可以看到，社会福利体系包括了事关所有社会成员生活、工作和发展的方方面面的内容，与社会成员的生活安全、生活满足和生活幸福有着密切的内在联系。它不单单是社会的最后安全网，更是社会满意的推进器。

（二）社会福利体系构成

根据社会福利体系的特征和基本价值取向，我们可以从几个相关的部分来认知社会福利体系。

必须明确，本书讨论的社会福利体系是宏观的或广义的，而非传统理解社会保障制度时的那种狭义的社会福利。

有些学者认为，社会福利体系可以由两大部分以及若干门类构成[①]：

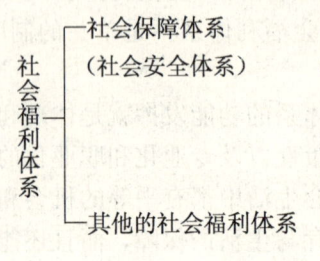

社会福利体系
- 社会保障体系（社会安全体系）
  - （1）社会救助体系
  - （2）社会保险体系
- 其他的社会福利体系
  - （1）公共福利（国家提供给全体公民的福利，如教育、医疗、健康、文化娱乐设施与服务）
  - （2）地方公共福利和社区服务（公益性和便民性）
  - （3）职业福利（劳动安全及保证劳动力的持续使用）
  - （4）公司（单位）的集体福利（增强企业的凝聚力和职工忠诚）
  - （5）国际社会的捐助（教育、医疗、环保等）

尽管在上述体系中，学者把社会福利归纳为社会保障体系和其他的社会福利体系两大方面，但是，从其包括的内容来看，则可以概括为五个方面：第一是社会保障体系，包括社会救助体系和社会保险体系；第二是公共福利体系，包括教育、医疗、健康、文化娱乐等公共设施和服务等等；第三是职业福利和单位福利体系，包括劳动安全保障及单位的集体福利等等；第四，社会服务体系，包括社区服务及公益性和便民性服务；第五，慈善及捐赠提供的福利体系，包括教育、医疗、环保等等。由此五个方面，构成了较为完整的社会福利体系。

参照国际经验和做法，结合我国的实际情况，本书认为，社会福利体

---

① 陈红霞. 社会福利思想. 北京：社会科学文献出版社，2002. 8；钱宁. 现代社会福利思想. 北京：高等教育出版社，2006. 7

系应该包括一切社会化的、能给个体或特定群体带来实质性的满足感、幸福感，以及能够解决他们实际问题的制度性、专业性、服务性的体系。作为社会福利体系，在具有"福利性"的前提下，我们还必须强调其"社会性"和"系统性"。因为，只有具有社会化或社会性特征，福利才可以称之为社会福利；只有各种福利手段互相作用形成一个福利系统，而不是孤立的或分裂的某一项福利手段，社会福利才可以成为一个体系。并且，只有社会福利系统才能够发挥出其最大的社会经济功能。由是观之，那些由单位实施的"单位福利"以及家庭提供的"家庭福利"就不应该纳入社会福利体系之中。从这种认识出发，本书认为，我国的社会福利体系可以表现在以下几个方面：

社会福利体系
- 制度化、政策性的社会保障体系（包括社会保险、狭义上的社会福利、社会救助、社会优抚）
- 职业化、专业性的社会工作手法（包括个案社会工作、小组社会工作、社区社会工作、社会工作行政与管理等）
- 多元化、专门化的社会服务网络（包括社区或机构的老年人服务、青少年服务、残疾人服务等特殊群体的社会化和专业化服务，以及心理辅导等）
- 政府提供的公共福利体系（包括政府的公共产品提供和维护，如教育、医疗等）
- 自助式和互助式的社会支持网络（包括邻里间和社区中的帮贫解困的互助网络）

简单说，社会福利体系由社会保障、社会工作、社会服务以及公共福利和社会支持网络五个子系统构成，其内容涉及保障社会成员的基本生活，为社会成员解决实际困难，提供公共福利如教育、医疗，提升他们的生活质量和福利水平等方面，囊括了社会成员的物质生活需求和精神生活追求，也涉及社会成员的发展和进步的需要等等。

第二节 社会福利体系之一：政策性、制度化的社会保障体系

社会保障（Social Security）体系是社会福利体系中涉及面最为广泛、保障性最强、对象确定性最为明显、国家（政府）责任最大的社会安全制

度,是社会福利体系中十分重要的有机组成部分。本书不是专门讨论和研究社会保障的专著,这里仅是从社会福利体系构建和福利实施的角度,就社会保障的"福利性"以及在福利体系中的作用做一简要分析。

一、社会保障的基本内涵

社会保障制度在国内外有不同的理解,如英国等福利国家大多称之为社会福利制度,而美国等国家则称之为社会安全制度,我国称之为社会保障制度,尽管如此,其主要内涵还是清晰的。

(一) 社会保障概念

从目前国内学者的论述看,对社会保障的概念认识大体趋于统一,并没有很大的分歧。如郑功成教授认为,社会保障是各种具有经济福利性的、社会化的国民生活系统的统称。社会保障必须具备三个要素:一是经济福利性,即受益者所得一定大于所费;二是属于社会化行为,即由官方机构或社会中间团体来承担组织实施任务,而非供给者与受益者的直接对应行为;三是以保障和改善国民生活为根本目标,包括经济保障与服务保障。[①]

再如童星教授认为,社会保障是国家或社会通过立法和采取行政手段对国民收入进行再分配,以社会消费基金的形式,给予因年老、疾病、伤残、死亡、失业及其他不幸遭遇的发生而使生存出现困难的社会成员一定的物质上的帮助,以保证其基本生活权利的措施、制度和活动的总称。[②]

又如孙光德、董克用教授认为,社会保障是以国家或政府为主体,依据法律规定,通过国民收入再分配,对公民在暂时或永久失去劳动能力以及由于各种原因生活发生困难时给予物质帮助,保障其基本生活的制度。[③]

还如费梅苹教授认为,社会保障是指国家以立法和行政措施确立对遇

---

① 当然,郑功成教授自己也认为,他的社会保障定义"仍然是大社会保障概念,它包括了社会保险、社会救助、社会福利以及其他各种符合上述定义三要素的社会性保障措施……在某些情况下,这一概念与一些国家或地区的社会福利概念更加接近"。(参见:郑功成. 社会保障学——理念、制度、实践与思辨. 北京:商务印书馆,2004. 11) 本书认为,如果从社会保险、社会救助等意义上的社会保障看,社会服务则不能认为属于社会保障制度中的内容。

② 童星. 社会保障与管理. 南京:南京大学出版社,2002. 6

③ 孙光德,董克用. 社会保障概论. 北京:中国人民大学出版社,2000. 4

到疾病、伤残、生育、年老、死亡、失业、灾害或其他风险的社会成员给予相应的经济、物质和服务的帮助，以保障其基本生活需要的一种社会经济福利制度。[①]

台湾学者江亮演认为，Social Security 之名词在 1935 年之前没有人用过，到了 1935 年以后，由于美国联邦政府制定"Social Security Act"（社会安全法），从此才有了社会安全这个名词的出现。同时，国际劳工局（International Labor Organization）也积极推动国际性社会安全政策，所以社会安全一词也因此被世界各国所采用。江亮演认为，社会安全（社会保障）主要是建立全民保险、全民年金等体系，由国家担负起保障全体国民最低生活，使全体国民免陷于贫困，而促进社会安定，达到安全和乐利生活的一种制度。[②]

综合各家之言，我们认为，社会保障有几个方面的特质：

第一，社会保障是一种社会政策和社会制度，其基本目的是保障公民的基本生活需要。

第二，社会保障制度的实施主体是政府。国家是对社会进行管理的最高权力机关，政府是具体执行国家权力的行政机构，唯有政府才能通过国民收入的再分配，对全社会实行生活保障。

第三，社会保障制度以立法为基础，其实施有法律监督和保证。

第四，社会保障的对象是全体社会成员。以政府为主体构建的社会安全网，其对象必然是所有社会成员，因为每一个社会成员及其家庭的衣食住行、就业与退休、健康与医疗等等问题，在现代社会都不是个人所能把握的，需要国家和社会的保障。从这个意义上说，普遍性原则应该是其基本的价值选择理念。

第五，社会保障制度的实施，具有广义意义上的福利功效，是社会福利体系中基本的子系统。

我们并非试图从严格意义上的"社会保障学"、而是从社会福利体系角度来"认知"社会保障，因此，作为社会福利体系中的子系统，社会保障制度可以界定为：

社会保障是以国家和政府为主体，以立法为基础，以全体社会成员为对象，在公民遇到困难时，以特定的形式如社会保险、社会救助等方式，

---

① 费梅苹. 社会保障概论. 上海：华东理工大学出版社，2006. 3
② 江亮演. 社会安全制度. 台北：五南图书出版公司，1990. 1

为他们提供福利的一种社会制度。社会保障是社会福利体系中最为基本的、具有政策性和制度性的子系统。

（二）社会保障的基本特征

从社会保障的特质及实施看，其基本特征表现在以下几个方面：

1. 保障性

社会保障的基本目的就是为遇到困难的社会成员提供基本生活需要，这就是最大的、也是最为基本的保障性。在社会生活中，各种非个人能够承受的社会经济风险会对社会成员个体构成极大的威胁，如果没有一种社会性的保障制度和措施，许多人必然会陷入灭顶之灾。作为一种社会制度，社会保障能在个人遇到风险和困难时，给予他们安全的保证，使之能够不至于由于风险的存在而无法生存和生活。我国《宪法》规定，"中华人民共和国公民在年老、疾病、或者丧失劳动能力的情况下，有从国家和社会获得物质帮助的权利。国家发展为享受这些权利所需要的社会保险、社会救助和医疗卫生事业"，这就为公民的保障和发展社会保障事业做出了法律保证。

2. 强制性

社会保障通过立法确立国家和社会成员的权利义务关系。国家必须保证社会成员在遇到年老、疾病、生育、死亡等风险时得到基本生活的保障。同时，社会成员及企事业单位也必须依法缴纳社会保险税（费），这里不存在着自愿原则的问题。

3. 社会性

主要表现为：第一，成员的社会性，即全体社会成员都是社会保障的对象，都有权得到社会的保障；第二，保障基金筹集和应用的社会性，即从社会化的角度，把基金筹集到一起来运用，以提高社会保障的效率和效果；第三，社会成员互助的社会性，即基金的互济性，在制度化框架下起到一方有难八方支援，一人有难众人支持的作用。

4. 公平性

实现社会公平是人们普遍的和永恒的追求，而社会保障的实施，则在客观上起到了社会公平和公正的功效。社会保障的公平性主要体现在社会成员享受社会保障待遇的权利和机会是均等的。任何一位社会成员在其基本生活发生危机时，都可以从社会获得保障的机会和权利，从一定意义上看，社会保障对于解决贫困等社会问题，也有着促使社会公平与公正的作用。

5. 福利性

社会保障的福利性表现为社会保障事业同时也是社会福利事业的一部分，与商业保险不同，社会保障事业不以营利为目的，它解决的是社会成员所共同面临的社会问题，为人们解决后顾之忧。特别是，狭义上的社会福利如儿童福利（院）、老年人福利（院）、残疾人福利（院）等，其福利性质就更为明显。

社会保障的基本特征表明，由国家和社会从制度层面来保证，从社会化角度来组织实施，分担、纾缓人们所遇到的困难和问题，保障他们的基本生活，完全是社会意义上的福利提供制度。

二、社会保障的福利功能

关于社会保障的功能，许多教科书或专著都有过论述，大多是从社会保障的推行实施及社会发展和经济发展关系之角度加以阐述的。本书认为，作为社会福利体系中重要的、又是基本的子系统，社会保障的福利功能也是需要加以探讨的重要内容，尽管很可能其福利功能与保障功能免不了有一些重叠之处。

（一）社会保障的一般功能

一般的观点认为，社会保障的功能有[1]：

第一，社会保障是实现社会稳定的重要机制。任何社会的发展，都需要动力机制和稳定机制的统一，社会稳定是社会有序发展和良性运行的重要保证。但是，事实上，社会有其自身的规律性和特点，它不可能完全按照人们的理想设计来运行，必然会出现一些非理想的社会问题，如失业、贫困、养老等问题。这些问题都需要社会保障的制度实施来加以纾缓，以达到稳定社会的目的。

第二，社会保障制度能够促进经济的稳定发展。国家通过社会保障制度参与国民收入再分配，必然会对经济运行及社会生产的发展产生积极的

---

[1] 孙光德，董克用. 社会保障概论. 北京：中国人民大学出版社，2000. 34～36；费梅苹. 社会保障概论. 上海：华东理工大学出版社，2006. 7～8；吴中宇. 社会保障学. 武汉：华中科技大学出版社，2004. 17～19

影响，主要表现为通过某些社会保障项目的实施，促进社会总供给与社会总需求之间趋向平衡，就是起到所谓调节经济的"蓄水池"的作用。当经济衰退而失业率增大时，由于失业金的给付和公众的扶助，抑制了个人收入减少的趋势，给失业者和生活困难的人一定的经济资助以提高购买力，从而具有唤起有效需求的效果，并在一定程度上促进了经济的复苏。另一方面，当经济高涨而失业率下降时，社会保障支出则相应缩减，社会保障基金因此增大，减少了社会需求的急剧膨胀，最终又促使社会的总需求与总供给达到平衡。

同时，社会保障还对劳动力的再生产起到资源保护的作用。社会保障制度保障了人们的基本生活需求，解决了劳动者因各种原因可能遇到的生活难题，消除了他们的后顾之忧，使得劳动者能够专心致力于生产劳动，释放出更大的生产能力，推动社会生产的发展。社会保障全方位的运作，对于劳动力的再生产起到了十分积极的作用，保证了劳动力再生产和物质再生产相适应，推动了社会经济的协调发展。

第三，社会保障制度有助于促进社会公平和公正。市场经济是竞争经济，个体只有参与竞争才可以达到自己的目标。但是，由于自身的和社会的等多种原因，竞争的机会和条件又不是绝对均等的，那些竞争力弱的人，往往会成为"弱势群体"而导致失业、贫困以及其他问题。国家和社会通过社会保障制度的介入，对社会成员的收入水平进行调节，对贫困者提供救助，对社会成员的基本生活需求提供保险，使他们能正常生活并尽快重新就业，这样就产生了相对公平感，弱化了不稳定因素。

在郑功成教授看来，从宏观关系上看，社会保障与社会发展、经济发展和人的发展都有着密切的联系。"对国家而言，社会保障是社会经济发展进程中的维系、润滑和稳定机制，属于国家宏观调控机制的范畴；对于社会成员而言，社会保障则是其生存与发展的安全保障机制。因此，社会保障理论的核心即是讨论社会保障制度与社会发展、经济发展、现实政治乃至道德文化之间的相互关系，而社会保障实践的关键无疑是尽可能地妥善处理好这些涉及全局与整体的宏观关系。"[①] 可以认为，这就是对社会保障功能的简练概括。

---

① 郑功成. 社会保障学——理念、制度、实践与思辨. 北京：商务印书馆，2004. 179~180

（二）社会保障的福利功能

上面讨论的社会保障一般功能是从宏观关系上，把社会保障制度与社会发展、经济发展，与人的发展联系起来考察的，这也是一般社会保障教科书大多采用的视角。我们要讨论的是社会保障的福利功能，与一般社会保障的视角不一样，这里主要是从微观层面、从福利视角来加以研究，这也是服务于本书的社会福利体系设计所做的研究。

研究社会保障的福利功能必须首先明了福利概念，这在本书第一章已经进行了探讨。简单说，我们讨论的福利是社会化的福利，其主体是政府和社会，其对象是全体社会成员和社区居民，其特征是制度化与专业化、保障性与服务性的统一，其内容是物质资助和精神支持相融合，其宗旨是提高社会成员的生活质量。很明显，仅仅从基本目标或宗旨看，社会福利与社会保障是不一样的：社会保障的基本目标是保障公民的基本生活需求，而社会福利则是提高社会成员的生活水平与生活质量，不过，即便如此，我们还是可以从社会保障制度的特征、内容及功能中分辨出其福利功能。

第一，社会保障的经济福利功能。社会保障主要是通过经济性的给付和补偿来达到保障的目的，比如，失业保险、医疗保险、养老保险以及社会救助等保障措施。虽然社会保障的经济补偿只是保障人们的基本生活需要，还谈不上是提高人们的生活质量，但是，这种保障基本生活需要的经济措施，也显然是为那些不能解决自己问题的群体提升了生活质量。况且，基本生活水准本身也是一个相对的、随着时代和社会发展而发展变化的变量，从经济上解决基本生活问题，明显也是一种福利供给。

第二，社会保障的社会福利功能。社会保障有促进社会公平与社会公正的一般性功能，而从福利提供角度看，通过强调社会成员的参与机会平等，维护社会成员参与社会的公平竞争，维护社会成员的公平与公正，一定程度上缩小社会成员发展结果的不公平，这实际上也是一种社会性的福利提供。因为，社会成员从公平和公正的机会和结果中感受到了相对的满足感和一定质量的生活满意度。社会保障在调节社会成员不同群体之间的利益矛盾时能够使得中高收入者和低收入者之间、劳动者和退休者之间、就业者和失业者之间、健康者和疾患者之间、幸运者和不幸运者之间等等不同的群体利益关系得到最大程度的协调，以至于有效缓和社会不同阶层和群体之间的矛盾。这对于处于弱势的阶层或群体，对于整个社会来说，都不啻是一种社会性的福利。

第三，社会保障的特殊群体福利功能。这里提出特殊群体是指由于各种原因而处于贫困境地的弱势者，以及无人抚养的儿童、残疾人以及孤寡老人等等。我国社会保障制度体系中的最低层面是社会救助，是对那些无力应付由于各种原因而导致的贫困或经济风险的群体给予一定的救济。目前，城乡社会救助最为典型的项目就是最低生活保障制度的实施以及灾难救济等等，社会救助的实行，解决了很多人的燃眉之急，送来了政府和社会的温暖，这是一种经济福利和社会福利的统一。换言之，在得到基本生活需求保障的同时，他们也得到了相关的福利提供和福利关怀。而我国社会保障体系中最高层面的、狭义的社会福利，就是专门针对那些孤儿、残疾人以及孤寡老人，由政府为主兴办的各类"福利院"，福利院及其运作直接给他们提供了物质上、精神上和服务上的福利。

第四，社会保障的优抚福利性。我国社会保障体系中特殊层面的社会优抚，是较为典型的社会福利性质的社会保障，它是针对烈军属以及有特殊贡献的人员及家属在经济上、精神上以及服务上的优待和抚恤，其福利性即惠及接收者的特性是最为明显的。

总之，社会保障不仅有其一般意义上的功能，也发挥着特定意义上的福利功能，社会保障在对社会成员的基本生活需求进行保障的同时，也为他们的发展提供和改善了生活条件及生存环境，是整个社会福利体系中不可分割的有机组成部分。

三、社会保障的政策性和制度化基础

按照本书的设计之观点，社会福利体系是由若干相互独立又相互联系的子系统构成。相互独立，意味着每一个子系统都是可以独立发挥福利功能的体系；相互联系，指子系统之间又是在运作实施过程中以及功能发挥过程中有着密切的互补和互促关系。社会福利体系各要素、系统之间的不同，只是特征和手段的不一样，其最终的社会福利功能则是完全一致的。

与社会工作、公共福利、社会服务以及社会支持网络等社会福利子系统不一样，社会保障的主要运作特征是建立在政策性和制度化基础之上的社会福利系统，从而带有些许"官方""强制性福利"色彩的特征，这也是社会福利体系得以进行的基本保证。

（一）社会保障的政策性和制度化历史背景

作为一种社会政策和社会制度，社会保障是在近代工业社会以后，随着工业化、城市化和市场经济的发展而产生的。

工业化的发展，尤其是机器大工业的发展，使得劳动者在生产过程中所遭受的风险事故、职业病不断增多，严重影响到劳动者的人身安全和生活质量，最后还会影响到劳动力的供给。对于"除了劳动力外，其他一无所有"的劳动者而言，在他们遇到伤残和疾病后，根本没有能力来维持其基本的生活。更有甚者，社会化大生产强调专业分工与协作，新机器的采用，对劳动者的技能素质要求不断提高，随着资本有机构成的不断提高，越来越多的劳动者会由于不变资本的相对减少而失业。失业者及其家庭的生活来源中断，成为工业社会中一个十分严重的、又是十分普遍的问题。如果从个别资本家角度看，这类问题的存在并不影响他的生产经营，但是，从整个社会的角度看，大量的失业者和伤残疾病者的存在，无疑会直接影响到劳动力的再生产和有效供给，也影响整个社会的有效需求，最终影响到整个社会与经济的良性发展。同理，如果从个别失业者抑或伤残疾病者角度看，他面临的问题仅是自己的个人问题，对他人、对社会不至于有什么影响，但是，如果从整个社会的角度看，大量的失业者和伤残疾病者的存在，就是一个严重的社会问题，不得不为政府所重视。

工业化的进程是伴随着市场经济的发展而深化的，市场经济是以市场调节为主要手段配置资源的经济，它得以运行的主要机制之一就是竞争，注重企业之间在市场上的搏杀。实践证明，纯粹的市场经济有利于实现效率，但是却往往容易在社会上产生两极分化，从而产生社会不公平，导致社会矛盾的尖锐化和社会的动荡。这是在前工业化社会所没有的现实问题。因此，为了维护社会的公平与公正，为了社会的稳定与发展，政府也必须采取有力的措施来弥补市场经济的缺陷，对在市场竞争中出现的生存难以为继的群体给予物质上的帮助，以满足他们基本的生活需求。

工业化的进程和市场经济的发展只是建立社会保障制度的一种外在的要求，社会统治者也不是仅仅看到工业化和市场经济的弊端而自觉地产生了设立保障制度的设想，因为经济利益的分配和社会权利的分配，取决于各阶级、各集团政治力量的对比。社会保障制度的形成，与当初工人阶级的斗争和争取也不无关系，他们的坚决斗争是把社会保障制度产生的可能性变为现实的决定性因素。随着机器大工业生产的进一步扩大，工人为争取劳动条件和生活环境的斗争日益激烈。资产阶级为了缓和阶级矛盾，维护自己的统治，在"施压"给以"大棒""鞭子"的同时，也不得不做一些让步，而施以"萝卜"和"糖果""安抚"。

19世纪80年代德国的俾斯麦政府就是在"一个想得到养老金的人是最容易被驯服"的"劝诫"下，在1883、1884、1889年分别颁布了《疾病保险法》《工伤事故保险法》以及《老年与病残保障法》。这三部保障法规强调权利与义务的统一，规定以缴费作为享受保险待遇的条件，其待遇与收入相关联，并确定了使受保人的最低基本生活得到保障的目标。同时，也规定了保险费由政府、雇主和个人三个方面负担。这些原则为以后很多国家建立和发展社会保险制度奠定了技术性基础。

1909年，瑞典爆发了全国总罢工，也迫使政府于1912年颁布了《老年和残疾年金法案》。总的说来，西方各国的社会保障制度的建立都与工人运动有很大的关系。

当然，社会保障要真正成为一项社会政策和社会制度，除了有其社会历史条件、有工人阶级的斗争和争取外，还有思想理论的先导作用。在社会保障和社会福利的发展过程中，一直都有不同观点的学术争鸣和论点探索。不同观点的思潮，对于采取什么样的社会政策，建立什么样的社会保障制度是具有十分重要的作用的。关于社会保障和社会福利的思潮，我们将在第四章加以讨论。

（二）前社会保障制度的发展轨迹

有学者认为，如果以政府介入的程度或制度化作为依据，社会保障在人类历史上的发展实践可以划分为三大阶段，这就是慈善事业时代或前社会保障阶段、济贫制度的形成与发展阶段、现代社会保障阶段，而现代社会保障阶段又可以分为现代社会保障制度产生、发展与成熟阶段。[①] 当然，作为一种现代社会政策和社会制度意义上的社会化保障，应该是现代社会保障阶段，但是，从福利提供角度看，慈善事业时代和济贫阶段在一定意义上也是一种社会的举措。无非其内容和手法与以后的阶段不尽相同，并且缺乏法律的强制性监督和推行罢了。

第一阶段，慈善事业时代，是一个相当漫长的过程，"可以从不同国

[①][②] 郑功成. 社会保障学——理念、制度、实践与思辨. 北京：商务印书馆，2004. 115～116，117

家出现自发的、临时的救灾济贫活动算起,到国家以立法的形式介入社会保障活动为止"②,这应该是世界绝大多数国家都曾经历的过程。尽管慈善事业并非是满足社会成员的需要,而是取决于慈善施与者的意愿和财力,尽管慈善事业并非是一种常规的制度而是一种较为随意的、临时的和低效的救助活动,但是,慈善事业所提供的"福利",即为慈善接收者提供生活上的"好处"与"方便"则是确实存在的。

1. 慈善事业

从慈善施与者看,有宗教慈善事业、官办慈善事业和民间慈善事业三个主体,他们的经费来源不同,施与手段各异,慈善目的有别,但是其功能和效果则大体一样,都发挥了为部分人提供福利的功能。

宗教慈善事业并不是一项社会政策或一种社会制度,但是其从古代、近代直至现代与当代,却一直具有鲜明的历史特征,发挥着其独特的福利功能。一方面,在理念上,各种宗教教义都把行善列为基本准则,教导其信徒要"爱人"。如佛教强调慈悲为怀,强调以深度的爱护之心给予众生以快乐幸福,以同情怜悯之心拔除众生的痛苦,倡导布施、福田、利行等行善方法。在佛教徒那里,"行善"和"为恶"是区分得十分清楚的。再如基督教把行善作为《圣经》的基本内容来约束教徒,乐善好施是他们的行为准则。另一方面,在实践上,宗教组织坚持开展各类救灾济贫、施药治病等"福利"活动,为芸芸众生解决实际困难,成为一些西方国家主要的社会保障方式,并随着宗教影响区域的扩大而推及全世界。在近代和当代,尽管有政府为主的社会保障制度和社会福利体系,但是,宗教的慈善事业却仍然起着不可或缺的重要作用。

本书认为,尽管宗教慈善事业并非是一项社会政策或一种社会制度,但是,从其历史作用和现实功能角度看,它确实扮演了社会福利体系的角色,起码,"构成对现代社会保障制度的有益且重要的补充"①。据此,我们完全有理由认为,非社会政策性和非社会制度化的慈善事业,是政策性和制度化的社会保障制度之重要补充,是社会福利体系的重要组成部分。

2. 官办慈善济贫事业

从执行主体看,官办慈善济贫事业是由"官方"即政府组织实施的慈善济贫事业,是以国家和政府介入并且以传统道德及政治需要为基础发展的。与宗教慈善事业不同,官办慈善事业是一种"准社会政策"和"准制

---

① 郑功成. 社会保障学——理念、制度、实践与思辨. 北京:商务印书馆,2004. 118

度化"的社会救助活动。说其为"准社会政策"和"准制度化",是因为官方济贫事业并不是严格意义上的社会政策和社会制度,但是,又是由政府组织,面对的是百姓,甚至国家还设立官员专司济贫和救灾事业,因此,又具有某种意义上或某种程度上的"政策"和"制度"色彩。

在中国历史上,官方的慈善和救济一直源远流长,最能体现官方慈善事业的莫过于仓储制度。仓储后备是平时建立谷物积累以备灾荒并救济贫民的一种古老的社会保障措施。仓储制度创始于周、秦,到西汉时,仓储制度加以改进,建立"常平仓"制度。在谷物价格低时由政府收购,在谷物价格高时用来"平抑物价"。除常平仓以外,尚有:

义仓:由富裕者义捐谷物,由政府设置仓库管理,待荒年或青黄不接时用来赈济灾民。

社仓:由隋文帝时创立,以25家结为一社。社仓是每个社的公共设立之仓,由社内各家随实际情况捐谷,贮藏仓内并有专人管理,每年收藏,预备灾荒年份赈给社内成员。

惠民仓:起源于周代,宋代在各地普遍设立,其性质与常平仓类似。

广惠仓:宋代时流行。属于慈善的性质,主要对老幼贫疾不能自救者施与谷物接济。

在西方历史上,亦有由政府官方介入救灾济贫的制度和事例。如15~16世纪的法国,由宗教团体掌握的福利设施逐步为世俗政权所接管。在1601年济贫法之前的英国,甚至通过了一项强制性征收济贫的条例,规定每一教区必须对其贫民负责,等等。尽管官方济贫事业有其"养懒汉"之消极的一面,如"它使勤劳而诚实的人不愿意工作,使懒惰、放荡和轻佻的人得到鼓励……它还给私生子抚育费,这简直在发私生子的奖金"[1],但是,它却是"一种全国性的制度",从它的负面作用我们也可以看出,官方济贫事业有着不可小觑的实际力度;尽管官方的济贫活动还是临时性的、补救式的、非固定的,而且把救济看成是一种恩赐,没有看成是公民的一项权利,但是,官方的主体和主导地位则决定了社会保障正在向制度化和政策化方面发展。

3. 民间慈善事业

顾名思义,民间慈善事业介乎于宗教慈善事业和官办慈善事业之间,

---

[1] 恩格斯. 英国工人阶级状况. 见:马克思恩格斯全集(第2卷). 北京:人民出版社,1957. 574~575

即由民间人士自发举办的各种慈善活动。在古今中外,类似民间的慈善组织和慈善事业事例不胜枚举。如香港地区至今仍然享有很高声誉与影响的东华三院,就是在1851年由部分华人乡绅创办的广福义祠基础上不断发展壮大起来的民间慈善团体,一百多年来一直为香港有需要的人士提供着医疗与医药救助。① 在当今,大量的非政府组织(NGO)和非营利组织(NPO)等机构的出现,虽然在内容到形式上非以往的民间慈善组织所能比拟,但是,从实施主体看,仍然是一种非政府的民间慈善服务机构;从功能上看,则发挥着社会救助的作用,是社会福利体系和社会保障制度的有机组成部分。

可以认为,现代社会保障制度正是在慈善事业、特别是官方慈善事业的基础之上,发展成现代意义上的社会保障制度。

四、社会保障制度的建立、发展以及"保障缺陷"

毋庸置疑,前社会保障时代的慈善事业还不是现代意义上的社会保障制度。那么,现代意义上的社会保障制度是什么时候形成的,有什么标志呢?现代社会保障制度在"福利提供"上还有什么制度性或专业性缺陷?

(一)现代社会保障制度的形成标志

学术界对现代社会保障制度的形成标志有三种观点:一种观点认为,现代社会保障制度以1601年的伊丽莎白济贫法为标志,因为这是世界上第一部国家颁布的济贫法,这种观点和英国人的传统看法相一致。第二种观点主张以1883年德国颁布世界上第一部社会保险法(疾病保险法)为现代社会保障制度的标志,因为这是较为完整意义上的社会保险法规,这实际上是接受了欧洲大陆学者对现代社会保障制度的理解。第三种观点则以1935年美国制定的社会保障法为现代社会保障形成的标志,这是直接接受了美国人的观点。

本书接受和采纳郑功成教授的意见,认为现代社会保障制度的形成,以德国19世纪80年代颁布相关保险法为主要标志②,因为,从1883年至

---

① 郑功成等. 中华慈善事业(第七章). 广州:广东经济出版社,1999
② 郑功成. 社会保障学——理念、制度、实践与思辨. 北京:商务印书馆,2004. 116,131

1889年，德国相继颁发的《疾病保险法》《工伤事故保险法》以及《老年与病残保险法》，是为了适应工业化大生产的要求，为了解决工业化过程中的社会问题而建立的。这和1601年英国主要以济贫、解决无家可归的人以及为他们建立"劳动习艺所"以帮助穷人自食其力的举措并不一样。我们可以认为，1601年伊丽莎白济贫法是一种社会救助和社会福利法，而不能认为是一种以社会保险为主的社会保障制度。至于1935年美国的社会保障法，当然是从社会安全（Social Security）的角度设置了保障体系，而且更是与工业化、城市化和现代化的进程联系在一起，不过，从现代社会保障形成的缘起来看，以19世纪80年代德国的相关社会保险法为形成标志，是更为合理和合适的。

（二）社会保障的发展阶段

1983年德国推行疾病保险法，标志着现代社会保障制度的形成，此后欧美很多国家都逐渐建立了社会保障制度。1935年，美国罗斯福政府通过《社会保障法》，可以认为是"现代社会保障制度由社会保险制度朝着综合性社会保障制度发展跨了一大步"。而第二次世界大战后英国工党政府宣布建立福利国家，则可以看成是现代社会保障制度开始步入成熟的阶段；到20世纪70年代末至80年代以来，一些西方国家基于以往社会保障政策出现的一些问题，开始思考改革的办法，从而促使现代社会保障制度进入了一个改革、发展与完善时期。① 具体看，现代社会保障制度经历了几个发展阶段：

1. 社会保障的发展时期（19世纪80年代—20世纪20年代）

1601年伊丽莎白济贫法颁布后，对解决贫困问题和稳定社会、促进资本主义经济发展起到了一定的作用。济贫法在实施过程中也存在财政负担沉重以及养懒汉等负面问题，以至于1834年在查德威克的倡导下英国又颁布了新的《济贫法》，以"劣等处置原则"和"院内救济原则"②修改旧的

---

① 郑功成. 社会保险学——理念、制度、实践与思辨. 北京：商务印书馆，2004. 131
② "劣等处置原则"（Less eligibility），又翻译为"最低工资原则"，意指接受救济的人之整个生活状况不应该明显好于独立劳动者收入最底层的状况；"院内救济原则"（Indoor relief），相对于"院外救济原则"（Outdoor relief），意指济贫由政府统一组织，停止一切院外救济，把无力自助者集中于济贫院，只有这样，才能保证济贫院内受救济者的生活状况确实低于院外的独立劳动者。

济贫法，以避免和减缓旧济贫法的弊端。①

此后，欧洲许多国家在工业化的发展过程中，也纷纷制定相关法律并予以实施，但一般都没有形成全国性的和整体性的保障制度。到19世纪80年代，德国俾斯麦政府在几年内陆续推出三项社会保险法，标志着以济贫为主的社会救济开始演化为以全方位为主的社会保险制度。这一演化也标志着社会保障已经建立在制度化和政策化的基础之上，同时也显示出其专业性。

挪威在1854年通过《穷人法》，1884年建立并实施了防治职业病伤害保险，1900年颁布了《社会援助法》，1911年试行《病人权益法》。一系列的法规使挪威初步建立了社会保障体系。此间，法国在1898—1910年间也建立和实施了工伤、失业和老年三项社会保险。瑞士在1908年至1913年实行了疾病、工伤和老年三项社会保险制度。至此，社会保障制度在西方工业国家逐渐普及，并开始走向成熟。

2. 社会保障制度的成熟阶段（20世纪30—60年代）

这一阶段是欧美工业国家面临世界经济危机、第二次世界大战以及战争重建后的经济快速发展时期。社会保障制度也开始由发展走上了成熟阶段。

20世纪30年代，世界经济危机席卷全球，致使许多企业破产，工人失业、物价飞涨、贫困等社会问题十分严重，针对资本主义经济危机及市场经济的缺陷，英国经济学家凯恩斯提出了反危机论。他强调政府应该对经济进行宏观控制和干预，以提高有效需求，解决失业问题，缓解资本主义社会的全面经济危机。此间，一些学者也提出了福利经济学和福利国家的观点及其政策措施。福利国家和福利经济学的理论以及凯恩斯的主张在西方得到较为普遍的响应。1933年，美国实行"罗斯福新政"，使政府全面介入经济活动。1935年美国制定和实施了《社会保障法》，设立了五个基本的保障项目：老年社会保险、失业社会保险、盲人补助、老年补助和未成年人补助等，从而形成了较为完整的社会保障体系。《社会保障法》是美国历史上第一部由联邦政府承担义务的、全国性的、以解决老年和失业问题为中心内容的社会保障立法，它不仅确立了社会保障制度的一般原

---

① 新济贫法与旧济贫法相比较，其进步之处在于承认要求社会救助是公民的基本权利，实施社会救助是政府应尽的责任，同时，也在一定程度上预防了懒汉现象。也有学者认为，新济贫法的意义在于它标志着社会保障制度在政府的积极干预下，开始迈入法制化和专业化的新时期。

则，奠定了美国社会保障制度的基础，对现代市场经济体制中社会保障制度的发展产生了重要影响，同时对世界其他国家社会保障制度的形成也产生了影响。①

社会保障制度在世界范围内的真正发展是在第二次世界大战结束以后。1941年，英国伦敦经济学院院长贝弗里奇受战时内阁委托，负责起草有关战后福利制度重建的基本框架的报告，1942年，贝弗里奇正式出版了《社会保险及相关服务》的报告（史称《贝弗里奇报告》），这个报告确立了战后英国福利体系重建的基本框架，强调社会保障计划应当确立三条原则：普遍性原则、提供收入保障并防止贫困、社会福利体系必须通过政府与个人的合作来建立。贝弗里奇报告的革命性突破在于，把原来的救济贫民改变为保障国民最低生活标准，规定凡是由于各种原因达不到国民生活标准的，都可以有权获得社会保障，使自己的生活水平达到这个标准。在英国工党和保守党的斗争与妥协中，艾德礼政府于1948年颁布了《国民保险法》《工业伤害法》《国民补助法》《国民医疗保健服务法》等一系列社会保障法规，并对社会保障项目事务实行统一管理。至此，一套由国家统一管理的，几乎包括所有社会保障项目在内并覆盖全体国民的完整社会保障制度在英国开始由理论转变为现实。1950年，英国宣布建立福利国家。随后，西欧与北欧国家亦纷纷建立福利国家制度。②

从第二次世界大战结束后到70年代初，社会保障制度在西欧的实施取得了十分可喜的成就，是社会保障和社会福利事业的黄金时期，为社会经济的协调发展、为解决劳动者的后顾之忧，特别是为提升人们的生活质量发挥了不可否定的历史作用。

3. 20世纪70年代以后福利国家的调整和改革时期

从50年代到整个60年代，西方主要发达工业国家的社会保障制度发挥了极为重要的作用，体现了社会保障和社会稳定与经济发展的促进关系，也体现了社会的进步和发展。到20世纪70年代初，受世界石油危机的影响，西方经济又一次面临困境。在社会保障的黄金时期，福利支出的给付水平超过了国家经济增长率和经济实力，导致高福利下的"入不敷出"现象十分严重，欧洲普遍发生了"福利国家危机"，美国也出现了

---

① 童星. 社会保障与管理. 南京：南京大学出版社，2002. 73；费梅苹. 社会保障概论. 上海：华东理工大学出版社，2006. 33

② 郑功成. 社会保障学——理念、制度、实践与思辨. 北京：商务印书馆，2004. 272

"福利困境"。例如，1960—1975年间，英、法、德、意等国家的GDP年增长率为2.6%～4.6%，而社会保障开支的增长率则在5.6%～9.1%之间。① 英国福利支出1982年比1972年增长4.6倍，德国社会保障开支1985年后一直占GDP的30%，美国1990年福利开支占GDP的比重也达到30%。② 高福利的弊端日渐明显，人们不得不思考高福利社会保障制度的调整和改革问题。

自20世纪70年代后，西方发达国家相继走上了社会保障改革的道路，对原有的社会保障制度做了不同程度的改革和调整。这种改革的总趋势是修改和调整社会保障项目以及各项费用的支付标准，最大可能地"开源节流"，即提高社会保险税的征收标准，最大限度地节约使用社会保障的费用，淡化社会保障中的"普遍性原则"，减小无偿性的"福利"成分，增强社会保障制度只是社会安全网的观念，使之成为一种仅仅是帮助真正贫穷者的救助制度。经过多年的努力，西方发达国家在社会保障制度的改革中取得了一定成绩，但是仍然存在着许多问题，目前各国都根据本国的特点和条件，不断地对社会保障制度加以改革和调整，以求发挥社会保障的最大积极功能。

（三）中国社会保障制度的发展概况

中国历代王朝都把赈灾济贫作为其统治过程中的一个重要内容，都有类似社会保障的实践。如周朝时曾经有"保息六政"的治国安民方针，即"一曰慈幼，二曰养老，三曰赈穷，四曰恤贫，五曰宽疾，六曰安富"；战国时期官办的"常平仓"制度；汉朝时又有"社仓"之举；隋朝时官督民办的"义仓"制度等保民、护民、养民举措。和西方历史上的济贫明显不同，"中国一直由国库负担救灾济贫开支并由官方负责组织救灾事务，却又未出现过类似于英国《济贫法》式的立法；民间的慈善事业虽然早已出现，亦未获得过真正的发展，而教会在这方面的影响更是微小；这种现象显然与中国传统的集权统治与人治方式有密切的联系"③。从这一点看，中国的社会保障或社会福利举措确实具有政府为主体（官办）的特征和传统。

---

① 李琮. 西欧社会保障制度. 北京：中国社会科学出版社，1989. 37
② 中国社会保障改革课题组. 社会保障制度的国际比较. 经济学动态. 1994，8
③ 郑功成. 社会保障学——理念、制度、实践与思辨. 北京：商务印书馆，2004. 295

20世纪20年代以后，国民党政府主要承当救灾济贫的责任，对社会保险制度也做了一些规定，如对职工医疗、工伤、死亡、生育、退休养老等项保险也做了相应的规定并付诸实施，但是规模不大，涉及面不宽，且在战乱的特殊年代，这些保障措施很难真正实施。

50年代初，新中国参照原苏联的国家型社会保障模式，建立了与计划经济相适应的社会保障制度，在一段时间内发挥了其积极的功能。改革开放以后，随着市场经济的发展，传统的社会保障制度之弊端也日益显露，从20世纪80年代初开始，我国对社会保障制度进行了全面的改革。概要看，新中国社会保障制度的发展经历了五个阶段。①

1. 初创时期（1949—1957年）

这一阶段主要是医治战争创伤，开始建立全国统一的社会保障制度，制定一系列发展社会福利、职工福利的方针、政策，并建立必要的设施，颁布一系列优抚工作、社会救济工作的政策法规。到1957年，已初步创立了以国家为责任主体的社会保障制度，社会保障制度走上了正规化和制度化的轨道。

2. 调整时期（1958—1966年）

这一阶段主要是调整和完善社会保障的内容，以适应经济发展的需要。在此之间，国家颁发了若干个"规定"和"通知"，对医疗、退休、劳保等项目、享受社会保险的条件以及社会福利和社会救济等做了多方面的调整和完善。其主要特点有：第一，社会保障由国家和企业统包；第二，社会保障基金主要靠行政统配；第三，社会保障主要限于国有企业和集体企业，农村基本没有纳入到社会保障范围；第四，社会化管理与单位管理相结合。第五，保障的内容包括退休、疾病、伤残、死亡、生育等。高度集中的计划经济下的社会保障体制，与当时的计划经济体制相适应，促进了社会的稳定和国民经济的发展，发挥了积极的功能。

3. 受挫时期（1966—1976年）

这一阶段是"文革"时期，"十年浩劫"给我国各方面造成巨大的损失，社会保障制度也未能幸免。在社会保险方面，管理机构被撤销，社会保险无人监督与执行，社会保险的政策和法令在许多地方和单位得不到贯

---

① 关于新中国社会保障发展阶段，各种资料的划分大体差不多。参见：童星. 社会保障制度与管理. 南京：南京大学出版社，2002. 78～83；费梅苹. 社会保障概论. 上海：华东理工大学出版社，2006. 36～42；吴中宇. 社会保障学. 武汉：华中科技大学出版社，2004. 88～92

彻。同时，社会保险失去了它的统筹调剂职能，变成了"企业自保"的单一模式，企业保险加大了社会保险待遇上的苦乐不均现象，职工养老金筹集与给付上的代际冲突也更为突出。其他在社会救济、社会福利方面，也基本处于停滞状态。

4. 调整与恢复时期（1976—1986年）

这一阶段是在"文革"结束以后，特别是党的十一届三中全会之后，中国社会保障制度进入调整和恢复时期。

1978年确立改革开放政策以来，社会保障事业得到迅速发展，作为我国整个经济体制和政治体制改革的配套工程，社会保障正式纳入社会经济发展规划。1978年第五届人大重新设置民政部，结束了全国社会救济、社会福利、社会优抚安置无主管部门的局面。国务院也先后颁布了若干"办法"，对老弱病残干部、工人退休退职、军队离职休养干部、军人抚恤、农村合作医疗等等做了明确的调整和规定。1986年7月，国务院颁布了《国营企业职工待业保险暂行规定》，还在部分地区开始了国有企业职工待业保险、集体企业职工养老保险及救灾保险等的改革试点。总地看，这一段时间社会保障还仅是解决历史遗留问题，恢复一些正常的保障制度。

5. 改革与重建时期（20世纪80年代末、90年代初以来）

随着经济体制改革的不断深入，建立社会主义市场经济体制成为我国经济改革的目标，社会保障制度的改革也被作为经济体制改革中的一项重要内容。实践表明，传统的社会保障制度对社会主义制度的巩固、发展与稳定发挥了重大的作用，在一定程度上保障了广大人民群众的生活安定，但是，也存在着不少亟须改革的问题。比如，国家包揽过多，从政策制定到财政下拨，都是由国家一手操办运作；享受社会保障的社会成员自己无需经费上的缴纳义务，在低效率上吃大锅饭，缺乏自我保护意识；社会保障的社会化程度低，社会保障覆盖面小，特别是广大农民基本上被排除在社会保障制度之外；在管理上的体制分散，多头管理等等。在市场经济体制确立之后，这些问题必然会严重影响适应市场经济的社会保障制度的建立和完善。自1990年起，全国人大加强了与社会保障相关的立法工作，先后通过和颁发了若干关于残疾人、妇女、老年人等的保障法。中国共产党第十四届三中全会《关于建立社会主义市场经济体制若干问题的决定》提出了我国社会保障体系包括社会保险、社会救助、社会福利、优抚安置和社会互助、个人储蓄等制度，并提出到20世纪末基本建立起适应社会主义市场经济体制需要的、资金来源多渠道、保险方式多层次、权利和义务相对应、管理和服务社会化的社会保障体制。此后，我国的社会保障制度进入了一个快速发展的时期。

从传统社会保障制度体系框架到新型社会保障体系框架的转变，反映了社会保障制度是随着经济社会的发展而发展，它既是经济发展的结果，也是经济发展的推进器，既是社会发展的必需，也是社会进步的必然结果。当然，中国的社会保障在目前还不是很理想的制度安排，新型社会保障制度并未最终定型。不过，中国的社会保障制度正在按照市场经济的要求进行构建，鉴于我国的特殊国情，广覆盖、多层次、低水平的社会保障思路已为大多数人所接受。

（四）政策性和制度化下社会保障框架的福利缺陷

社会保障在现代工业社会已经是不可或缺的社会政策和社会制度，绝大多数国家都会在一定的政策和制度基础上建立一套适合自己国情的社会保障制度，在社会保障的框架内保障公民的基本生活并提升其生活质量。由于国情的不同，西方的社会保障制度和我国的社会保障制度存在着很大的差异。具体表现在：保障理念的不同，西方主要从人权和福利提升的角度进行保障，而我国则主要是从解决社会问题、保障基本生活角度进行社会保障的制度安排；保障主体的不同，西方的保障主体有政府、第三部门、慈善组织等等，而我国则主要是以政府和集体为主，社会化程度不高；保障对象的不同，西方社会的保障对象涉及多方面的阶层，而我国的保障对象则主要是参加社会保险的城市劳动者以及贫困者，广大农村居民还没有真正纳入社会保障体系中；保障内容和水平的不同，西方社会的保障内容涉及方方面面，既有社会保险型的保障，更有服务性和福利性的提供，已经从解决社会问题转向了提升生活质量追求，"从摇篮到坟墓"的保障就是很好的说明，而我国的社会保障内容还局限在基本的社会保险和社会救助上，福利成分并不高；保障实施手法的不同，西方国家社会保障的实施手法和方式层出不穷，有制度层面的政策落实，有专业人士的服务和帮助，有物质的援助，也有精神的疏导和辅导，而我国的保障手法较为单一，往往是以社会保险给付和最低生活保障金的发放为主要形式，服务性的内容和方式较为单一。

出于与市场经济接轨的考虑，我国"对经济效率与经济增长的考虑正在使社会保障制度由传统的全民保障转向有选择性的保障；保障的水平在相对降低，保障的范围在相对缩小，政府承担的责任在相对减轻，而自我

保障与民间保障的作用日益受到重视"①。从制度化框架看,我国的社会保障还存在着较为明显的缺陷,这可以从两个方面加以诠释:

1. 社会保障自身带来的覆盖面窄、水平低的问题

从概念上看,社会保障是以政府为主体,以立法为基础,以全体公民为保障对象,所有公民都应该得到应有的社会保障。社会保障制度中最基本和核心的内容是社会保险,以实现社会公平为目标的基本社会保险,在客观上要求必须覆盖全社会,这是社会保险实现社会公平的基本要求和条件。但是现行的社会保险离全社会覆盖还有较大的差距。表现之一是城乡之间的区别,广大农村和农民的社会保险覆盖面处于十分低下的现状,农民的生、老、病、死在很大程度上还是依靠自己、依靠家庭来解决,缺乏基本的社会保障。表现之二是不同群体之间的区别,一般情况是,有固定工作和固定收入的群体之社会保障覆盖面和保障水平都比较高,而工作不稳定和收入不高的群体,以及下岗失业者,特别是进城务工的农民工,由于社会保险基金筹集和落实等问题,其社会保障覆盖面窄,很多人很难得到切实有效的社会保障。表现之三是保障水平很低。在覆盖面很低的情况下,我国的社会保障水平也很低,除少数群体的基本保障能够得到保证之外,绝大多数群体的保障水平一直很低。特别是在医疗、失业保险等方面,很多社会成员很难单纯依靠保险而得到保障。特别是弱势群体,目前大部分还只能是接受社会救助,依靠领取最低生活保障金来维持基本生活,至于养老、医疗等,对他们还是一种实际存在的难题。资料表明,2002年第三季度我国养老、医疗和失业保险的覆盖面分别占全体居民的18.3%、10.7%和13%,基本保障的覆盖面还达不到1952年国际劳工组织制定的社会保障最低标准公约中规定的20%的覆盖率。② 这说明,我国的社会保障制度框架还不能有效地兼顾到大多数社会成员,保障水平还是处于较为低下的层次。

社会保障制度覆盖面窄、水平低,难以保障大多数社会成员的基本需求的问题之成因是复杂的,有我国社会生产力不高、国力财力有限的因素,也有社会保障制度自身建设和运作上的问题。比方说,在养老保险方面,新老职工的养老保险实施方案有所不同,一些企业由于经营情况较

---

① 郑功成. 社会保障学——理念、制度、实践与思辨. 北京:商务印书馆,2004. 298~299

② 宋晓梧. 社会保障体系建设任重道远. 中国社科学院研究生学报. 2003,4

差,无力承担养老保险费用,老职工的养老金来源得不到解决,因此,出现了企业挪用职工个人账户资金来支付老职工养老金,造成职工个人账户空账的问题。又如失业保险资金的来源存在着很大的缺口,尤其是一些企业无力支付资金,给失业资金的筹集带来很大的问题。还如,在医疗保险方面,尽管医疗制度的改革进行了多年,但原体制所遗留下的弊病仍然存在,医疗资源的浪费、费用的增加、服务的不完善以及医疗保险资金的不足等等,都给医疗保障带来了很多问题。

此外,我国的社会保障管理体制和法律体系还需要进一步地建设和完善。目前,社会管理体制存在的主要问题是中央与地方社会保障权责划分不够清晰,社会保障基金的监督与管理机制不健全。在社会保障法律体系建设方面,社会保障法制建设滞后的问题日益暴露,在法律条文制定上,仅由国务院有关部委制定法规或地方出台改革方案,这与社会保障法应有的地位不相称,甚至还会产生部门规章之间不衔接、地方标准差距过大等问题。

2. 社会保障制度中的社会福利缺陷问题

社会保障是保障公民的基本生活需求,这是大多数国家社会保障体制的基本目的,也是我国社会保障制度的基本目的。即使社会保障制度很好地发挥了作用,也仅是保障了社会成员的基本生活需求,从很大程度上看,还不能认为是为社会成员提供了福利。因为社会福利应该是在基本生活需求满足的前提下,生活质量的进一步改善和提高。更何况,我国的社会保障制度还存在着诸多问题和不足,有待于进一步完善和建设,因此,仅仅依靠社会保障制度,高层次社会福利的实施和获得是不可能的。

我们可以通过发达国家的社会保障制度和我国的社会保障制度的简单比较,来看我国社会保障制度的社会福利成分之高低。

英国是福利国家的创始者与典型代表,其社会保障制度项目众多、体系庞大,对国民保障非常全面,几乎涵盖了"从摇篮到坟墓"的整个人生过程。英国社会保障制度定型于20世纪70年代,由三个系统及40多个项目所构成,此后虽有改进,但基本框架与基本内容并没有改变。[①]

(1) 社会保险系统:这是英国社会保障体系中最大的系统,包括养老金、退休金、失业救济金、工伤津贴、疾病津贴、寡妇津贴、住房津贴、

---

① 郑功成. 社会保障学——理念、制度、实践与思辨. 北京:商务印书馆,2004. 273;童星. 社会保障与管理. 南京:南京大学出版社,2002. 89~97

死亡丧葬费、幼儿津贴、儿童特别津贴、圣诞节红包等等，这些名目繁多的"津贴"之资金主要来源于雇主、雇员与自由职业者缴纳的保险税和政府提供的保险基金。

（2）国民保健服务系统：为公民提供免费或低价医疗服务的社会保障系统，其宗旨是改进国民的健康状况并提高身体素质，经费来源于国家的财政资助和纳税人的缴费。

（3）社会服务系统：自"济贫法时代"起，英国政府就开始参与社会服务，1970年英国通过"地方当局社会服务法"，形成了统一的社会服务制度。20世纪80年代，注重发挥传统的志愿部门的作用，私营社会服务部门迅速发展。90年代以来的改革，主要是在社会服务领域建立"准市场机制"，私人部门和自愿部门的机构作为直接的供给者，政府代表居民的利益，作为"购买者"向非政府办的机构进行支持，不同的供给者之间竞争，有利于提高服务机构的效率。

社会服务的主要类型有四种：院居服务，如福利院，受益者是生活自理能力较差，需要长期照顾的人；日间照顾，主要是建立在社区的各种服务中心，如日间婴幼儿护理，为老年人设置的日间服务中心和残疾人参与的日间中心等；社区照顾，受益人在家里得到上门提供的各种专业性服务；现场工作服务，主要是在社区和家庭内现场解决一些问题。

英国的社会保障系统构成了英国官方社会保障制度的体系框架，保证了每一个英国国民一生都能够过上一种不低于国民最低生活标准的较为安全的生活。

可以看到，英国的社会保障制度在很大程度上是"社会福利制度"或"社会福利体系"，因为其所供给的"保障"已经不是社会成员的基本生活需求，而是更高层次的"福利"追求，是生活质量和安全感的进一步提高。即使那些非福利的国家，如德国、美国等国家，其社会保障（社会安全）制度中也有较为广泛的福利成分。

我国的社会保障制度中的社会福利水平或社会福利成分一直很低。为了说明这一观点，我们不妨看一下社会保障体系构架。[①]

我国传统的社会保障体系构架是：

---

① 郑功成. 社会保障学——理念、制度、实践与思辨. 北京：商务印书馆，2004. 297~298

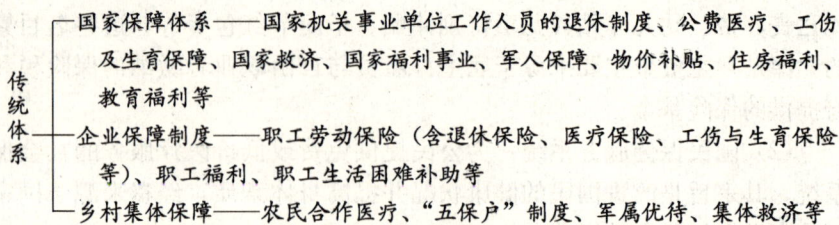

我国正在构建的新型社会保障体系构架是：

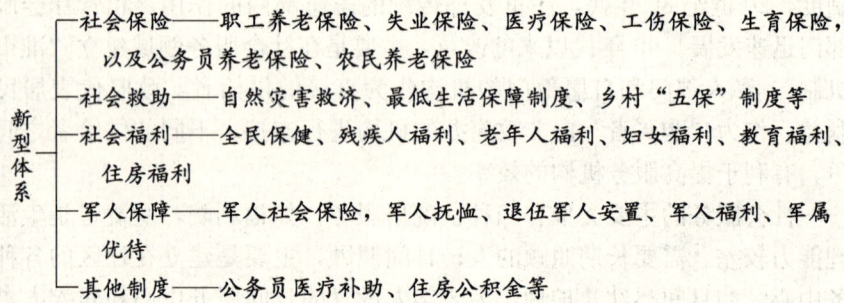

从新旧两种社会保障制度看，旧的社会保障制度主要以人的身份来划分社会保障，从内容上看，旧体制中的国家保障体系中的国家机关事业单位工作人员的保障水平稍带有一定的福利成分。而新体制则主要以社会保险为主，这是一种因年老、失业或生病时能得到基本生活维持的保障，与社会福利应该是有本质的区别。至于新体制中的社会福利，前面第一章我们已经提及，仅是一种狭义上的福利，即针对特殊人群如老年人、残疾人等的社会福利。之所以称其为福利，是因为这些特殊人群的福利之实施主体是政府，是为这些不能靠自身力量解决生机和基本生活的特殊群体提供物质上的援助和服务，如老年人福利院、残疾人福利院、儿童福利院等等。但是，我们认为，这还不能认为是严格意义上的社会福利，其并不是我们理解的广义上的社会福利，因为，从宗旨上看，这不是提升社会成员的生活质量，而仅仅是解决基本生存问题；从内容看，一般也仅仅是局限在物质援助层面，缺乏精神上的帮助和心理上的疏导；从福利实施方式看，也仅是"院内救助"形式，缺乏社会化的支持网络。

保障基本生活的社会保障并不等于提升生活质量的社会福利，目前，我国的社会保障制度框架是以社会保险为基本层面，以社会救助为最低层面，以（狭义的）社会福利为最高层面，以社会优抚为特殊层面，在社会保险尚不完善的情况下，社会福利的程度更是十分低下。很明显，我国的社会保障制度存在着"福利缺陷"问题，社会保障制度是社会福利体系中的一个有机组成部分，它所起的作用是保障社会成员的基本生活问题，社会福利的供给和实施还需要其他子系统来参与和完成。

第三节 社会福利体系之二：专业化、职业化的社会工作体系

社会工作是在利他主义理念背景下一项专门帮助人的专业和职业，是发达国家和地区社会福利制度中必不可少的重要组成部分，是网络化社会服务的基本条件。如果说社会保障是社会福利体系的制度保证，是将社会安全措施（社会保险、社会救助等）落实到公民身上的政策手段，那么，社会工作就是将社会服务传递到受助者手中的一个必要的中介，"是社会福利的发送体系"[1]。专业性和职业化的社会工作是社会福利体系中的重要子系统，离开了社会工作，社会福利就将大打折扣而表现得残缺不全。推进社会工作，发挥专业社会工作的积极作用，是建构社会福利体系的题中应有之义。

由于在本书第五章还要专门讨论社会工作的社会福利功能，因此本节只是对社会工作做简单的讨论。

一、社会工作是专业化和职业化的助人活动

联合国于1960年出版的《国家社会服务方案之发展》一书中指出，社会工作是一种用以协助个人及其社会环境，以使其更好地相互适应的活动。[2] 正因为社会工作是一个社会制度，是一门专业，是一项职业，是为他人谋利益、求发展的专业化工作手法，因此，社会工作天然地具有"福利"性质。

---

[1] 王思斌. 社会工作导论. 北京：高等教育出版社，2004. 54
[2] 转引自：王思斌. 社会工作导论. 北京：北京大学出版社，1998. 1

(一)社会工作的助人性

从概念或定义上看,尽管对社会工作的概述并不一致,但是其内涵则大体相似。一般认为,社会工作是以利他主义为指导,以科学的知识为基础,运用科学方法进行的助人服务活动。受助者一般是在社会上处于不利地位的个人和群体,如贫困者、老弱者等弱势群体;帮助的内容包括物质的和精神的,帮助的方式是以社会服务为主。北京大学王思斌教授在解读社会工作定义时认为,社会工作的本质是一种助人活动,其特征是提供服务,更确切地说,社会工作是一种科学的助人服务活动,它不同于一般的行善活动。[①]

从福利提供角度看,专业性和职业化的社会工作之运作和实施过程,是建立在"助人"基础之上的"服务活动",这种服务活动的开展,就是一种社会福利的提供过程,是被服务者得到福利的过程,因此说,这种服务也是福利服务过程。因为,通过专业化的服务,可以在物质和精神两个层面为被服务者解决实际问题,改善和提升他们的生活质量与生活水平。特别是,社会工作通过"助人自助"的基本理念和手法,通过"能力建设"来激发受助者的潜能,提高他们自己帮助自己的信心和能力,增强他们走出低潮和困境的技能,这已经不是一般的助人,而是一种大福利的提供。

(二)社会工作的专业性

强调社会工作的专业性,主要是突出社会工作的学科性和实务性,以区别于一般的做"好人好事"或"助人为乐"以及"慈善"活动。一般的助人活动或慈善活动可以给受助者一定的帮助,但是,从内容上说,尚不能提升到"福利"高度,从效应上说,也不能认为是"社会福利"。毕竟,一般的助人活动和慈善活动是片面的,单一的,而非专业性的和社会化的。

现代社会是一个多元化的社会,也是一个分化的社会。分化是原有的事物逐渐细化为若干不同的事物,分化是由同质性变为异质性的过程,也是事物丰富发展的过程。社会分化是社会复杂化,走向更为高级阶段的重要环节。

[①] 王思斌. 社会工作概论. 北京:高等教育出版社,2004. 13

对社会的研究也是一个分化和逐渐专业化的过程。随着人们对社会认识的不断深入，研究的领域和方法也就随之专门化和具体化，人们看待社会的视野也就会从早先混沌不清渐次转换为清晰细致，并且一批专门性的人员也就应运而生。近代以来，经济学、社会学、法学等社会科学也就得到快速的发展。社会学家帕森斯在讨论社会学的专业性问题时指出，作为一个专业应该表现为，有一批专业资格的人，他们受过专门的训练，精通该学科的主要内容，使用专业的方法与技术，对社会进行专门化的研究。一般认为，率先走上专业化道路的专业往往是需要高技术的行业，如果以服务于人的领域来看，医学就是首先专业化的行业，律师也是较为重要的专业化职业，而对弱势群体的服务则非专业化的社会工作莫属。

1915年，亚伯拉罕·菲莱克斯纳（Abraham Flexner）发表《社会工作是专业吗》一文，提出一个专业应该具备六个方面的条件[1]，此后，1917年社会工作学者芮琪芒德（Mary Richmond）在其著作《社会诊断》中将个案工作作为一个独立的社会工作方法和技巧进行专门研究，提出了一系列个案工作的原理和方法，使之成为一套独立的、也是专业的、可以作为学校教育内容而进行的知识体系。1957年，格林伍德在其《专业的属性》中指出了作为专业应该具有的五个特征。[2]

台湾学者徐震在《当代社会工作》中指出，社会工作的专业性应该有几个方面的特征：有科学的知识体系作为其活动的基础；有哲学的伦理信念以指导行内人士的职业行为；从业人员须经过长期的养成教育，即通过专业教育和培训才可能成为从业人员；从业人员的就业需要经过合法的专业甄试，即入职资格是由专业权威系统通过鉴别而同意的；该专业有实际的工作职位；与之相关的该专业有服务的案主体系，即有比较明确的服务人群；该领域有同业控制团体，有职业内部自我监督、自我评估的机制，并形成了共同认可的、有权威的监控机构；该专业领域应有发展的进修制

---

[1] 这六个条件是：第一，它是伴随着责任的一种智慧性的操作；第二，它的构成素材来自于科学和系统的学习；第三，这些素材的使用是轮廓分明的；第四，在该领域有可用于教育的沟通技巧；第五，该领域内的活动者是自我组织（自治）的；第六，该种活动在动机上是利他的。

[2] 这五个特征是：第一，一个专业应该有一套系统的、支持其活动的理论体系，即它是有科学基础的；第二，它已经被社会广泛认可，即社会对该种专门活动是接受的和高度评价的；第三，该种活动具有专业权威，专业能力成为该领域活动的重要评价标准；第四，职业内部有伦理守则，有对其成员进行约束的伦理要求并指导着成员的行为；第五，这一职业群体形成了专业文化。

度,即在成员的知识和技能方面形成不断发展的制度,与之相关的是形成了专业职级系统,即权威体系。徐震对于社会工作专业化很明显是从人员的专业化、机构的专业化、职业的专业化、组织制度的专业化等方面加以阐述的。

结合相关学者的观点和实际情况,本书认为,社会工作的专业化可以从三个方面来阐释:

第一,人员的专业化。社会工作专业化脱胎于早期的慈善事业和济贫事业,从事慈善和救济事业的人员尽管都有助人之心并取得了不小成绩,但是随着受助事业的逐步复杂化,仅仅依靠爱心和简单、单一的方法已经不适应要求。在社会救助的发展过程中,通过逐渐开办社会工作专业教育,培养社会工作专业人才,成立社会工作的服务机构,组成社会工作的专业团体。在培养了一大批专业人员的同时,也促进了社会工作的专业发展。目前,在欧美发达国家和我国港台地区,社会工作者都是经过专门训练的专业工作者,他们具备社会工作的理论知识,也具有社会工作的专业实务经验。在我国内地,近年来有近200所高校开办了社会工作专业,培养了和正在培养着大批的专业社会工作者,为我国社会工作者的专业化奠定了良好的基础。专业社会工作者的资格认证制度即将正式出台,在北京、上海等城市,专业社会工作者已经成为从事社会化服务、解决社会问题、提升居民生活质量的重要生力军。

第二,机构的专业化。与社会工作者专业化过程相一致,社会工作机构也是一个专业化的过程。社会工作的专业发展进程表明,在社会福利体系中,从事社会福利服务的机构必须获得合法的社会服务的专业资格。一方面,专业社会工作者必须在一个机构或组织里任职,以机构的名义从事社会服务工作;另一方面,由专业社会工作者组成的服务机构,其宗旨就是解决社会问题,提供福利性服务,其专业性是不言而喻的。境外发达国家和地区的社会工作机构都是由专业社会工作者组成,有其明确的目标,而且,在国际社会中,社会工作专业人员还建立了自己的组织,如国际社会工作人员协会、国际社会工作学校协会等等。在我国,由于社会工作专业开始不久,社会认同度还有待提高,因此专业性的机构还不多见。但可喜的是一些类似组织已经建立起来,比方由民政部门组织成立的中国社会工作协会,由高等院校组织成立的中国社会工作教育协会等等,这些组织的建立和运作,也意味着我国社会工作专业机构建立已经开始起步。

第三,方法的专业化。一般说来,人员的专业化和机构的专业化还不足以强调和说明一个职业的专业化特征,因为绝大多数学科多有人员专业化甚至机构专业化的情况。社会工作专业化特征除人员和机构之外,重要的还有方法的专业化,"社会工作是协助人们去预防和解决社会问题,增强他们的社会生活功能的一种制度化的方法"[①]。社会工作有自己的工作方法与技巧,是一种以科学的知识和技能协助个人达到社会与个人的满足与自主的专业服务过程。社会工作是一种艺术和科学,它通过提供助人服务来增强个人和群体的人际关系和社会的功能。所有这些,都是缘于社会工作的方法——个案工作方法、小组工作方法、社区工作方法以及社会行政等等。方法是解决问题的手段,社会工作者运用各种方法,动员和连接各种资源解决问题,充分显示了工作方法和技巧的重要性,体现出方法的专业化。

方法的专业化是由社会工作的基本目的所决定的。社会工作是以解决社会问题、服务社会成员为己任,所以,社会工作者要运用自己所掌握的各种知识和方法去应对和解决各种问题,在这样的背景下,专业性的工作方法就是必然的和必需的。由于我国内地社会工作还没有为社会所广泛接受,缺乏专业性的人员和专业性的机构,因此,社会工作的专业化方法也就发挥和运用得不广泛,这从很大程度上讲,也影响了社会工作在社会福利体系中功能的发挥。

(三)社会工作的职业化

社会工作之所以能够在社会福利体系中起重要的作用,除其社会服务的专业性之外,社会工作者的职业化也是重要的因素。正是由于职业化,才保证了社会工作在社会福利体系中发挥着稳定的作用。

社会工作的职业化是随着社会救助和社会服务的不断发展而逐渐形成的。如果我们把1601年英国的伊丽莎白济贫法(旧济贫法)、1834年英国的济贫法(新济贫法)、1788年德国的汉堡制、1852年德国的爱尔伯福制、1869年英国的慈善组织会社、1877年美国的慈善组织会社、1886年美国的睦邻组织运动[②]联系起来考察,就可以较为清楚地看到,社会工作是逐渐由一些专门人士来加以实施运作的。到19世纪20年代,"社会工作也在原有的志愿性工作基础之上产生了受薪的行业性工作","第一个受薪

[①] 徐震,林万亿. 当代社会工作. 台北:五南图书出版公司,1996. 11
[②] 这些社会救助活动都被认为是社会工作的早期发展过程。

社会工作岗位出现在美国环境卫生委员会紧急救助署中,但其真正成为一个行业则是在马萨诸色州慈善委员会之后"。① 这是因为越来越复杂的社会问题需要专门性的"受薪人员"用专业的手法来解决,而且,当时美国已经有一些"友善访问员"积累了不少工作经验,和案主建立了广泛联系,对普通大众的日常生活和痛苦有较深的理解。在这种情况下,社会工作的职业化也随着社会工作的专业化而得到不断发展。

　　社会工作的专业化和职业化是相辅相成的互促关系。一方面,没有社会工作的专业化发展和专业化特征,就不可能有社会工作职业化的形成,就没有专门从事社会工作的固定化和专门化的人员。社会工作的专业化特征决定了社会工作的职业化要求,社会工作专业化需要有一批专门从事社会工作的工作者和工作职位;另一方面,没有社会工作的职业化要求,也就没有社会工作的专业化发展。社会工作的职业化发展是社会工作专业化特征的基本保证,只有一批专门从事社会工作的专门工作者和职位,才能促使社会工作专业化的发展。社会工作的发展历史过程表明,专业化和职业化是互为条件相互促进的。欧美等发达国家及我国港台地区社会工作在社会福利体系中之所以能够发挥十分重要的作用,其主要原因之一就是有一大批经过社会工作教育和培训的社会工作专门性人才,以专业性的社会工作为职业,专门从事着专业性的社会工作。正是由于他们的不懈努力和专业精神与专业技能,直接推动了社会工作的发展,丰富了社会福利的内涵,促使并保证了社会福利的形成与供给,为社会的福利发展做出了重大的贡献。

　　由于多方面的原因,我国的社会工作专业化发展一直比较滞后,与之相联系的社会工作职业也没有得到很好的落实。尽管在20世纪80年代中期后一些高校设立社会工作本科教育,开始培养专业性的社会工作人才,至今已培养了众多的专门人才;尽管1991年7月中国社会工作者协会在北京人民大会堂宣告成立并于1992年正式加入国际社会工作协会;尽管民政部门在1987年就开始倡导社区服务;尽管在上海等少数城市专业社会工作的开展如火如荼,但是,由于历史的、文化的、体制的以及多方面的原因,我国还没有大规模推进专业性社会工作的社会环境,其主要表现就是没有社会工作这个职业。专业性的社会工作没有职业化作保证,这就严重影响了社会工作的专业化发展。社会工作的专业性和职业化不能得到保

---

① 王思斌. 社会工作导论. 北京:北京大学出版社,1998. 35

证，其在社会福利体系中的独特作用必然不能很好地发挥出来，最终将影响社会福利效果。

由此可见，我国社会工作的发展，当务之急是要着力解决好社会工作职业化的问题。这不仅仅是为了解决社会工作专业学生和人才的出路问题，更为重要的是社会工作专业化的基本保证问题，是解决社会工作专业人员和社会工作专业的"用武之地"问题，最终是为了解决社会福利和社会福祉的问题。

二、社会工作的非单一物质性服务

不同于社会保障制度和其他社会福利措施，社会工作不仅仅是物质层面的福利提供，它亦包括精神层面的介入和辅导，为案主对象提供心理的支持和帮助，提供精神层面的福利。

社会工作和社会保障都是对社会上处于困难境地而需要帮助的人提供援助。作为制度化和政策化的社会保障，其实施主体是国家和政府，是以法律为基本保证的、以经济性收入和物质性帮助为主要内容的帮助，且其基本目标是维持和保障困难者的基本生活。而作为专业化和职业化的社会工作，其责任主体则是社会工作者和受助者双方，社会工作者在利他主义的理念下，对受助者进行具体的、直接的社会援助。这种援助除了物质性的援助外，还有辅导和梳理受助者心理、发展受助者能力的任务。社会工作的基本目的是帮助受助者摆脱困境，解决问题，尤为重要的是"助人自助"，对受助者进行"能力建设"，帮助他们自己解决自己的问题。

可见，社会保障是基于物质层面的，维持基本生活的社会安全制度和措施，而社会工作是基于社会支持网络层面的，并非单一物质性的，以全方位帮助人，特别是提升人的"自助能力"为基本目标的专业救助工作。从一定角度看，社会保障解决的是基本生存或基本生活问题，而社会工作解决的是人的发展问题。二者都是一种福利的提供和实施，无非是从内容和方式上看，各处于社会福利体系中不同的层面而已。

之所以说社会工作是非单一物质性救助和非单一物质性社会福利，主要是从其服务形式和专业方法以及特别功能角度理解的。

（一）社会工作的专业服务形式是一个建构过程

社会工作是工作者通过谈话等方式了解和认识问题，社会工作者与受助人合作共同解决问题等一系列过程来实现的。事实上，了解和确认问题、解决问题都是内部包含诸多内容的过程，对问题的确认要经过一定的交谈、澄清来实现，甚至有可能是随着问题的解决而逐步明确。所以，社会工作是在行动过程中去发现问题和解决问题。社会工作经过长期的发展，已经具有一套经验性的过程模式。在社会工作已经专业化的国家和地区，社会工作的过程模式是：求助和会谈——结案——签订协议、确认工作目标——解决问题——评估——结案。这种逻辑程序指导着社会工作者和服务对象的合作，有效地推动着社会工作的发展。①

有学者认为，当我们把社会工作看作社会工作者与服务对象在变动着的社会情境中通过持续的互动去解决问题的过程时，实际上就是把它看成是社会建构的过程。②社会工作是社会工作者与服务对象进行互动的过程，也是他们作为一个行动系统与外部社会环境进行互动的过程。实际上，参与这一互动系统的每一个人或机构的行动都对社会工作的发展方向、进程和结果产生影响，其过程模式可以用图表示为③：

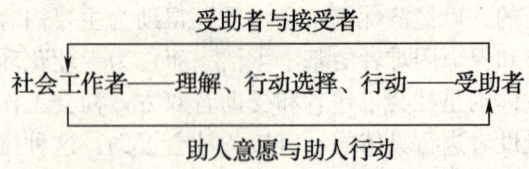

从这一模型可以看到，社会工作者与受助者是如何通过自己对问题的理解和行动选择而参与持续互动的。社会工作的工作过程特征说明，社会工作不同于社会保障的单一性物质救助，它的建构过程就是一种非单一性物质救助工作特征，是人的互动及人和社会的互动过程。在这些互动过程中，网络性的社会支持和精神性的疏导是社会工作过程中的重要内容。

（二）社会工作的专业方法特征

社会工作的非单一物质性服务过程不仅表现在其内容和建构过程中，其中，社会工作的专业方法则是非单一物质性的基本基础。社会工作的专业方法包括个案社会工作、小组社会工作与社区社会工作，每一个社会工

---

①②③ 王思斌. 社会工作概论. 北京：高等教育出版社，2004. 6

作方法都是从长期的实践中逐渐提炼和形成的。

社会个案工作是以科学知识和专业技巧为基础,通过一对一的专业关系,帮助案主处理其与环境之间的关系,从而增进案主的社会福利。个案工作的对象是个人和家庭,是一种由个人入手的专门工作方法。社会个案工作以个别化的方式为感受到困难的个人及家庭提供物质和心理方面的支持,以帮助个人和家庭降低压力,解决问题,挖掘潜能,不断提高个人、家庭及社会的生活质量与福利水平。

社会小组工作以两人以上小组中的成员为对象,通过小组过程及小组工作者的协助,使小组成员获得小组经验、行为的改变及社会功能的恢复与发展,并达到个人、小组、社区及社会的发展。小组工作主要通过社会工作者有目的的小组活动和组员间的互动,帮助小组成员共同参与集体活动,以小组活动中的经验,处理个人、人与人之间、人与环境之间的问题,激发其潜能,使之行为得到改变,社会功能得到恢复,从而增进个人的能力,促使个人的成长。

社区社会工作是以社区及其成员整体为对象的社会工作介入手法,由专业社会工作者本着其哲理与专业技艺,与他所服务的社区民众一起群策群力,通过组织社区成员参与集体活动,解决社区问题、满足社区需要,推动与民众福祉有关的社会行动及社区方案的方法。在社区社会工作的开展和推进过程中,能够让社区成员建立对社区的归属感,培养其自助、互助和自决的精神,加强其社区参与及影响决策的能力和意识,发挥社区成员的潜能,提升其能力,在提供与提升社区成员福利的同时,也推动了社区福利的发展。

可以看到,在社会福利的形成、提供和提升中,社会工作的专业方法对个人和群体,对社区成员以及对社区能够提供专业性的服务,从专业性的角度为之提供福利。专业性的社会工作方法在社会福利体系中的重要作用是十分明显的。

三、社会工作的功能特征

社会工作的社会福利提供是通过社会工作者的专业工作实现的,从另一个角度看,社会福利也就是社会工作功能发挥的必然结果。

从对社会福利的作用来看,社会工作的功能主要表现为:

第一,对于个体和群体的治疗功能——解决困难和问题。美国学者芮琪芒德在其《社会诊断》一书中指出,社会工作的首要功能就是治疗,即解决已经出现的问题。治疗不仅要"开药方",而且还要治病。社会诊断就是社会工作在认识、分析和解决社会问题中的重要组成部分。社会工作是一个过程,其目的就是解决受助者的困难,犹如病人之康复,通过治疗活动,受助者具备了参与正常社会生活的条件和能力。这就说明,治疗是一种维护性的社会工作。

对于缺乏正常生活功能的个人、群体和社区来说,社会治疗就是帮助他们分析问题,解决问题,就是帮助他们从困境中走出并回归社会,能够共享社会发展的成果。社会工作者通过专业的手法提供社会服务取得治疗的效果,这对受助者来说就是社会福利的提供,也是社会福祉的实现形式之一。

第二,对于社会问题的特殊预防和解决功能。在社会发展的任何时期,各种不同性质和形式的社会问题的存在都是正常的,也是必然的。社会问题的预防和解决的形式多种多样,而社会工作的专业方法介入,则发挥了其独特的功能。首先,社会工作可以通过社会资源的调动和运用,给弱势群体提供物质帮助以解决社会贫困问题。与社会保障的制度规定不同,社会工作不是直接给予帮助对象以货币式的保障和援助,而是通过与各种非营利组织、社会服务机构的连接,使他们在某些方面得到优惠甚至得到免费的服务,从而得到物质上的支持。其次,社会工作可以给予受助者心理上的支持。在现实生活中,某些生活上限于困境的人士在许多情况下并不是因为经济的原因,而是由于社会关系的失调或某种压力导致的心理失衡和精神沮丧。社会工作者则通过心理辅导等方法帮助他们认识压力的原因所在,通过专业的心理支持,帮助其缓解压力,使其积极地对待生活和挑战,亦可以通过建立社会支持网络给他们以心理上的支持。在当代社会,社会变化的节奏越来越快,竞争也越来越激烈,不少人都有某种心理焦虑和紧张,对于这种情况,社会福利体系中的社会保障制度是无能为力的,而社会工作的介入则能够帮助他们缓解心理压力,减少他们的心理紧张和孤独感,帮助他们从心理阴影中尽快走出来。

第三,促进案主对象的能力建设和人的发展。社会工作的基本价值理念是"助人自助",就是要通过专业性的辅导和引导,帮助受助者增强自身的能力以最终面对问题,自己解决问题,自己帮助自己。通过能力建设,个人的能力得到提高,不但有利于解决现实的问题,而且对于克服未来社会生活中的困难也有重要帮助。这将更有利于防止受助者的依赖、等待、被动的心理,实际上这就是"授人以渔"的道理。所以,社会工作不但致力于问题的预防和解决,而且更加强调人的能力建设和发展,强调促进人的全面发展。

第四节 社会福利体系之三:多元化、专门化的社会服务网络

除制度化的社会保障和专业化的社会工作之外,社会福利体系还包括多元化和专门化的社会服务网络。社会服务网络的主体是多元化的,包括政府、社会、社区、各种非营利组织和机构以及邻里之间等;社会服务的内容也是多元化的,不仅仅表现在物质和精神的层面,更主要的还表现在服务、支持和关怀上;社会服务的形式也是多元化的,包括老年人服务、青少年服务、残疾人服务、就业服务、困难者服务等等。所有的服务都是建筑在社会支持网络这一基点上,而且,从欧美等发达国家和我国港台地区的成功经验看,社会服务网络和社会工作及社区工作又是紧密地联系在一起。本节就社会福利体系中的社会服务、社会支持网络以及与社会工作的关系做一探索性分析。

一、社会支持与社会服务网络

多元化和专门化的社会服务之所以能够从物质和精神等方面多层面对受助者进行帮助和服务,除却其独特的理念和方法之外,最为主要的是,社会服务(包括社会工作)十分重视构建社会支持网络,能够调动和运用社会上一切可以调动和运用的资源,最大程度地用社会力量来服务和支持需要帮助的人。为此,构建和运用社会支持网络是社会服务中最为基本的工作前提。

(一)社会支持网络

社会网络概念最初由社会人类学家引入。1940年,李察夫·布郎(Redicliffe Brown)用"人际网络"来比喻社会结构;1954年,英国人类学家白恩士(Barns)采用了社会网络分析方法去分析一个挪威的渔村社区,发现社会网络概念能够有效地帮助分析社区内复杂交错的人际关系,

并且可以用图解方式去勾画社区成员的"个人网络"。因为社会网络能够提供一个系统的方法去分析社区内人与人之间的联系，加深人们对个人、小组、群体与社区之间的相互沟通及互动的理解，促成社会支持网络的构建，所以，社会网络分析及社会支持网络构建逐渐得到人们的广泛重视与采纳。实践证明，社会支持网络的构建与运行，对于社区问题的解决具有很大的推动与促进作用。

社会支持网络的核心主要表现在网络、支持以及构建三个方面，其功能的发挥也是建筑在这一基础之上。

第一，从网络角度看，社会支持网络主要表现为网络的结构特质，即网络的空间范围、人员分布度、关系结构以及关系度等等方面。网络空间范围就是社区工作中社会支持网络在空间上的分布范围。从社区的结构特点、社区问题的多种存在方式以及社会资源的非集中性等方面分析，社会支持网络以多层次的形式存在，其空间分布是多重的。一座城市范围可以是一个社会支持网络，一个区、一个街道、一个社区，也都可以是一个社会支持网络，各层次间的网络是一种递进、交叉、互补的关系。当然，从具体实务操作看，社区工作所研究、构建、利用的社会支持网络的空间范围一般以一定的社区为宜，如一个社区或若干个社区的范围，等等。

在一定的社会支持网络空间范围内，网络成员的分布度、关系结构以及关系度是十分重要的。分布度指在某一网络范围内参与构建社会支持网络的社区成员的数量的多少；关系结构是指网络成员的职业、收入构成以及互动的方式等等；关系度指参与网络构建的成员间的关系密切程度。这些网络维度决定了网络的功能，对于网络式社会支持具有很大的保证作用。

第二，从网络支持角度看，主要体现在网络成员间的互动关系与互动内容上。有别于关系度中的关系密切程度，这里的互动关系特指网络成员间的互动持续性与方向性。前者指网络成员间的互动关系是短暂的、断续的，还是长期的、持续的；后者指这种互动关系是什么样的属性，即，网络成员间的支持关系是单向的还是双向的，是横向的还是纵向的，是一维的还是多维的，是简单的还是复杂的，是主动的还是被动的，是消极的还是积极的，等等。在互动内容上，主要反映社会支持网络的具体事项，如物质支持、精神与心理支持以及其他方式的支持等等。

第三，社会支持网络的构建。从理论上看，在一定的空间范围内，只要社区成员有一定互动关系就可以认为形成了某种网络关系。但是，作为与社会服务及社会工作密切相连的社会支持网络,其形成与发展不能建筑在自发编织的基础上,而必须通过社会工作者的努力,调动社区各方面的资源,协调各方面的关系,积极推动社会支持网络体系的构建。无论从社会工作的"助人自助"理念,还是从社区工作的"社区组织"基本方法以及提高社区福利、促进社区发展的目标来看,社会支持网络的积极构建是十分必要与重要的。

从自发形成的角度看,传统农业社会就在一定意义上存在着社会支持网络。如中国古代的社会救助结构和力量就是建筑在血缘关系下的家庭与家族的互助互济,地缘关系基础上的邻里、同乡的相互照顾以及共同需要和志趣的相互照顾等方式上。中国人很重视血缘关系,家庭和睦、家族兴旺是人们所期盼的,有些大的宗族甚至可以留有部分专门的钱物来接济、照顾族人中的老弱病残者。血缘关系就像一张"社会"支持网络,最大可能地保护了家庭和家族中的弱者,尽管这一网络的空间范围以及支持力度非常有限。地缘关系的情感——乡情,也形成和维系了人们之间的互动圈。"中国人的乡土观念,是培育于家族关系共处一土的观念上面"[①],所谓"远亲不如近邻"就是建立在地缘关系基础上的互动圈功能之发挥的写照。这些都是较为"原始"的"社会支持网络"。

但是,在市场经济飞速发展的今天,传统的互助互济已适应不了时代的要求,社会支持网络具有其时代的要求和特征:

第一,网络性。所谓网络,可以认为是许多人和群体、组织通过一定的结构连接成一个相互关联的、有明确目的的、具有反馈效应的系统。相对于传统社会的家族、邻里间的救助,现代社会的救助网络的结构更为复杂,关联性更为紧密,必须有计划、有组织地去构建、发展而不能仅仅依赖自发性的生成。

第二,社会性与社区性。不同于传统社会,由于人们的工作、生活方式的社会化,所面临的问题也以社会化的形式出现,互相之间的帮助与援助跨越了血缘关系和地缘关系的范围,在社会互动的层面上展开。在具体的支持运作中,网络以社区为实施范围。虽然社区以一定的地域为基础,但是它并不简单地等同于地缘关系。建立在现代社会支持网络基础上的成员互动与建立在邻里、老乡关系基础上的互帮互助,无论在内容还是在形式上都不可相提并论。

---

① 黄威廉等. 香港社会工作的挑战. 香港:集贤社,1985. 48

第三，综合性和多向性。所谓综合性，就是社会支持网络中的支持涉及物质的、精神的、心理的等多方面的内容，并不是简单的亲戚或邻里间对日常生活困难的救急。所谓多向性，是指社区每一个成员在社会支持网络中并不是旁观者、被动者，而是积极、主动的参与者和实施者。社区成员能做到爱与被爱的统一，助人与被助的结合，充分体现出"我为人人，人人为我"的良好氛围。

第四，网络的结构稳定性与目标长期性。现代市场经济运行过程必然会伴随着经济风险与社会风险，构建社会支持网络是社会健康稳定发展的题中应有之义。在专业化社区工作的介入下，在社区群众的积极参与下，在政府及相关组织的支持、配合下，社会支持网络的结构就显得非常稳定。同时，社区成员调动社区资源而互帮互助也使得社会支持网络的目标具有长期性。一劳永逸、一蹴而就的社区救助工作在社会支持网络中是不存在的。

社会支持网络不仅为社区成员解决各种社会问题疏通了资源渠道，编织了社会互动关系，而且还为社区工作者认识、分析社区，开展助人自助的社区工作提供了良好的平台，从而加深了人们对社区的了解，使得社区介入与社区服务和社区建设之关系更为贴近、自然。

（二）社会服务及社区工作中社会支持网络的构成因素

我们强调社会服务及社区工作中社会支持网络的构建，就是试图把社会支持网络纳入社会服务和社区工作介入社区的过程，把网络构建看成是社区工作的重要内容之一，把网络支持工作与社区工作有机地结合起来。从实践和运用的角度看，社会服务和社区工作中的社会支持网络与一般自然形成的支持网络不同，它有其自身固有的构成要素。

第一，成员构成要素。社会服务及社区工作中的社会支持网络中的成员构成可以从两个方面进行分析。一是平面空间区域内的互动成员；二是立体的网络阶梯层面上的互动成员。平面空间区域内的互动成员是在一定区域的社区内相互支持和相互帮助的社区居民。他们共处于同一个社区，对社区有一定程度的认同感，在社会工作者的帮助和协调下，能够构建成一个互相支持的网络。在这个网络中，每个人都兼有支持角色与被支持角色的双重身份，既有得到别人帮助的欲望与权利，更有帮助别人的责任与义务。在当前的社区当中，这类网络成员主要由社区干部、社区工作人员、社区居民、社区有关机构和组织所构成，支持的重点对象是社区内的弱势群体如失业下岗人员、老年人、残疾人、贫困者等等。立体阶梯网络是多层次的支持网络，其互动主体是跨越特定社区范围的社会支持网络系统中的成员，这类网络从横向看有彼此相邻的其他社区；从纵向看有上下涵盖的社区，如街道社区与居委会社区的阶梯社区，这种社区支持网络空间范围更大，社会资源更为丰富，支持的社会性程度更高。如，某一社区的某一或某些成员需要得到救助，通过立体阶梯网络就可以到上一层或下一层的网络体系中去寻求有效的支持。这种网络支持更适合一些非常的、特殊的、由于资源或条件的限制在本社区无法得到有效帮助的群体和个人的援助需求。

第二，社会支持网络的支持内容。社会服务及社区工作中的社会支持网络之目标是调动和运用社区资源，发扬社会工作的"助人自助"理论，发动社区居民积极参与社区互助活动以帮助和解决一些社区成员的社会不适。社区居民遇到的困难是多样的，所以社会支持网络的内容也是多样的。当前，社区中的社会支持重点有：物质支持、精神与心理支持、关系支持以及社区照顾等方面。

(1) 物质支持。无论是城市社区还是农村社区，因各种原因而形成的社会弱势群体特别是生活贫困者还较为常见，尽管政府有"送温暖工程"、最低生活保障制度等措施来对其进行救助，但是这种制度性的措施有相连的严格实施标准，不是对每个需要帮助的社区成员都适用。因此，由社区工作者通过社会支持网给予他们必要的物质支持是相当必要和重要的。笔者通过社区实证调查了解到，社区工作者可以通过多种形式为贫困者等弱势者提供物质性的援助和支持，如，发动网络中的力量，为社区内特困家庭、残疾人、孤寡人提供衣物、粮食、现金等支持，在很大程度上解决了一些居民的燃眉之急。

(2) 精神与心理支持。心理疾病、精神压力是现代社会中的一个较为常见的问题，许多人由于不能及时得到纾缓而严重影响工作、生活。严重的是，人们对心理及精神问题所造成的负面影响所引起的重视程度远远没有对贫困问题带来的社会影响的重视程度高，以至于在许多社区，心理和精神支持尚处于空白，不少有类似问题的社区成员处于孤立无援的地步，极易诱发一些意外情况的发生。进行心理和精神矫治是专业社区工作的重要内容和方法，在社会支持网络中，这种方法也必然是重要的内容。当前，在社区当中，弱势群体不仅仅是物质生活遇到困难的人，那些在心理与精神上有很大压力的群体同样可以被认定是弱势群体，社区工作者必须把其纳入社会支持网络之中。

（3）关系支持。由于社会资源占有关系的不同和社会不公的客观存在，有些社区成员往往处于弱关系状态，即经济收入低下、社会地位低微、交往关系狭小简单等等，他们很难融进社会的主流而成了事实上的生活贫困、精神空虚的"社会弱势群体"。作为社区工作的社会支持网络系统，对这些"社会弱势群体"进行关系支持是十分重要的。所谓"关系支持"，就是社区工作者通过网络关系介入，调动、调整和利用社会资源，在一定的范围内重新协调和分配资源，为处于"弱关系"状态下的社区成员提供各种改变当前状况的机会。在当前，社区工作者为失业下岗人员进行再就业培训，提供再就业机会；为老年人组织各种社会交往活动以增进老年人的身心健康；为家庭暴力和家庭虐待受害者提供法律援助；为社区妇女权益的维护提供法律依据；为残疾人的社会适应提供帮助等等，都属于社会支持网络中的"关系支持"。

（4）社区照顾。社区照顾是建设"关怀社区"（Caring Community）过程中的重要内容，一般指在一个社会服务网络中，专业性的社区工作者组织包括家人、邻里、朋友、志愿服务者以及有关组织对社区内的老人、儿童、病人、残疾人等进行护理和照顾。社区照顾有两种方式："社区内照顾"（care in the community）与"由社区照顾"（care by the community）。前者指在特定的范围和地域内如某一个社区内，以小型机构的形式，为需要照顾的人士提供包括院舍在内的专业性照顾，使得那些特殊人群能够在不远离家门的情况下接受照顾服务；后者指把家庭的照顾功能社会化，由社区工作者进行资源整合，把需要照顾人士的家属、邻居、朋友以及社区内的志愿人士组织起来，构成一个照顾网络，对特殊人群进行照顾。① 鉴于我国的实际情况，以机构和专业照顾的"社区内照顾"只能在少数有条件的社区进行，而动员社区的力量，组织一个社区照顾的网络，则具有很大的可行性和可操作性。

第三，社会支持网络形式。从社会支持网络结构角度看，社会支持网络结构形式可以有个人的、互助的、社区的等多种形式。

（1）个人网络形式。个人网络形式就是社区工作者通过网络资源的整合与提供，为社区成员提供其提升自身克服困难的能力，也就是增权或充权（empowerment）。所谓增权，指个人、组织和社区如何赢得控制权或

---

① 苏景辉. 社区工作：理论与实践. 台北：巨流图书公司，1997. 144

者对自己生活和周围环境实施控制的过程以及结果，在社区工作中，增权就意味着提升助人或自助的能力，并且意味着社会资源（权利）的分享和再分配。"增权"这个词在社会工作领域引用得很多，例如，单亲家庭的增权、女权运动和妇女健康、社区的增权、艾滋病人的增权、健康促进、精神健康，等等。在社会支持网络的构建与发展中，为社区成员增权，使其增强个人"自助"的能力，对于问题的解决是有极为重要的意义的。

（2）互助网络形式。互助网络形式是把面对相同问题的人聚合在一起而建立一种互帮互助的网络关系。这种形式特别适应小范围内的网络层次构建，如邻里、非正式群体、趣缘、业缘等群体间的互动互帮。在社区工作介入的同时，小组（团体）工作的介入对之将是十分有效的。

（3）社区网络形式。社区网络形式是相对较为宏观的支持形式，就是在整个社区的范围内构建支持关系和互动网络，其资源调动和运用、人员、组织、机构的互助互帮更为社会化。社区工作者的任务主要表现在了解和反映社区群众的呼声，发动社区群众关心、支持并参与网络的构建与发展，通过多种形式促使社区问题的解决，推动社区健康稳定地发展。

再从社会支持网络的运作过程看，有制度化和非制度化两种形式。

（1）制度化形式是以政府为主体的支持方式，如社会保障制度、最低生活保障制度、相关政策以及各类应急性的社会救济与送温暖工程等等。这种支持方式有一定的程序性和规范性，但涉及的支持面不宽，支持的内容较为单一，社区成员的参与程度欠高，特别是很难体现社会工作"助人自助"的理念；网络结构虽然稳定，但是网络辐射不强且呈单一方向。

（2）非制度化形式是社区工作调动社会资源，发动社区群众自发组织的互助互帮网络。这种形式群众参与度高，社会资源渠道较多，容易整合。由于群众置身于该网络中，更能体现双向或多向的网络效果。

（三）社会服务及社会工作中社会支持网络构建的意义

当前，我国城乡社区不同程度地存在着诸如失业下岗、老年人、贫困、医疗等社会问题。一方面，这是市场经济条件下社会转型时期正常的社会、经济现象；另一方面，我们又必须认真地对之进行研究和解决。发达国家和地区的经验表明，建立完善的保障制度，为公民编织一张社会安全网，开展专业性的社会工作，为居民提供多种形式的援助和支持，是解决社会问题、缓解社会冲突的最为直接有效的方法。在我国目前社会保障制度还不健全、不完善的情况下，构建社会支持网络，对于推动社会工作和社区工作的发展,对于社区居民"助人自助"理念的确立,对于社会资源的调动和运用,对于社会问题的预防和解决,都具有极为重要和深远的理论意义与现实意义。

1. 促进社区工作的发展

近年来,随着社会工作在内地的快速推进,社区工作在城市社区也得到了如火如荼的发展。但是,由于专业化和职业化的社区工作者缺乏,社区居民的社区工作意识以及"助人自助"理念的淡薄,特别是居民的参与度不高,互动性与互助性不够,致使社区工作的深度、广度和力度受到很大的限制。通过社会支持网络的构建,可以从三个方面推进社区工作的发展:其一,促进社区成员的自助与互助,形成良好的社会工作"助人自助"的理念氛围,使社区群众能身临其境地感受社区工作的参与互动,从而认同和接受社区工作。其二,提供直接、快捷的社区服务,体现社区工作的专业助人特点。在社会支持网络中,亲朋好友、邻里同事等等既是支持的主体也是支持的客体,其直接快捷的助人方式正是弥补了社会保障制度与政府救助的某些不足。其三,强化社区工作调动社会资源的功能,为社区工作者的专业活动提供工作平台。社会支持网络能够发挥较好的支持救助功能,在很大程度上是社区工作者调动、组织、运用了社会资源,这正好与社区工作的主要功能相一致。同时,通过社会资源调动的过程,社区工作者的专业性也得到很好的体现、验证与提高。

2. 促进社会问题的解决

解决社会问题仅仅依靠政府的"送温暖工程"、依赖尚不健全和不完善的社会保障制度还远远不够,必须动员和运用全社会的力量。社会支持网络正是用网络的方式,把社区内各种层面、各种状况的居民连接在一起,加强和提升了抗拒社会风险和经济风险的能力,社区居民所遇到的各种困难和压力必定得到很好的解决和舒缓。

3. 有助于良好社会风气的形成

在社区工作者的组织和运作下,社会支持网络中的成员能够做到经常性的互助互帮,社区成员间的支持不仅表现在物质上,还表现在精神与心理上。心理支持对于受助者的情绪调节与压力减缓具有比物质支持更为重要的意义,受助者从中感到他助、互助的温暖,在其恢复正常生活后,受助者更有切身体会与热情去当助人者。这就在社区形成了"人人为我,我为人人""一人有难,百人相助"的良好社会风气与助人氛围。

二、社会服务形式及其产业化

在社会服务和社会支持网络下,多元化和专门化社会服务的开展和施行,就以不同形式为服务对象提供了福利,从而构成了社会福利体系中的重要成分。社会服务的主要内容是与社会发展和社区建设中社区成员所面对的具体问题相联系的,从空间上看,社会服务主要是在社区中进行,因此从一定角度说,社会服务业可以理解成社区服务;从对象上看,社会服务主要是为社区中各种面临问题的社区群众提供公益性和福利性服务;而从内容上看,社会服务应该是社区发展中最为普遍和普通的问题。

(一) 社区服务及其性质[①]

国家民政部于1987年在大连、武汉座谈会上首次提出"社区服务"的概念,中共中央、国务院1992年将社区服务列入"第三产业"的范畴,1993年中央14个部委联合颁发《关于加快发展社区服务业的意见》。在社区服务的具体实施中,对"社区服务"概念的认识一直存在着不同的意见,主要焦点是,社区服务是公益性、福利性的社会服务事业,还是便民利民的第三产业?

关于社区服务的性质,是理论界和实际工作部门争论的一个热点问题。争论的实质是社区服务福利性与经营性的关系,或者说是社区服务的社会效益和经济效益孰轻孰重的问题。一种观点认为,社区服务是一种福利性事业,是"在政府的支持下,通过调动社区内外资源而进行的'福利性服务'",淡化社区服务的福利性,就会造成方向性的失误。支持这种观点的主要是社区服务的理论研究者。另一种观点则认为,社区服务应强调其经营性,特别是在社区服务需求普遍化、社区服务事业产业化的条件下,应"打破传统的社会福利无偿服务的格局",使之成为"实体经营业"。这一观点的支持者多是来自社区服务实践的工作者。第三种观点主张,社区服务"具有福利性和经营性双重属性"。支持这一观点的多是参与政策制定的理论研究人员。

为什么会引起这样大的争论呢?这是由于当前我国社区服务所涵盖的范围太宽造成的,它既包括社区福利服务,又包括社区社会化服务。前者

---

① 参见:童星. 社区及其相关概念辨析. 南京大学学报. 2006,2

是社会保障向基层的延伸，给社区居民以基本的服务保障；后者则是由于社会化服务业即第三产业发展尚不充分、居民对服务需求的质量日益提高而出现的。

先看社区福利服务与社会保障的关系。社会保障包括经济保障和服务保障，在计划经济条件下，我国的社会保障侧重前者却忽视了后者，而且实施范围窄。在社会主义市场经济条件下，要建立覆盖绝大多数社会成员的社会保障体系，又受到国家财力的限制，因此只能走低层次运行的道路，先满足社区居民对基本服务保障的需求。城市社区服务中的一块——社区福利服务，正是以提供基本服务保障为宗旨，是社会保障向基层的延伸，具有福利性。

由于国家投入资金有限，社区服务从一开始就面临着资金短缺的困难，在经济市场化的背景下，社区服务只有走产业化经营的道路，才能保证自身的良性循环。而走产业化经营道路的只是社区社会化服务这一块，用这一部分经营所获赢利来弥补福利性服务经费的不足。这就是所谓的"以服务养服务""以业养业"。社区社会化服务是为了满足居民对较高层次服务的需求。1993年中央14个部委的"意见"中正式将社区服务作为第三产业，其实就是指的社区社会化服务这一块。这一块的发展方向是市场化、产业化、实体化，具有很明显的经营性。

马斯洛（Abraham H. Maslow）的需要层次论指出，人的基本需要至少五种，并形成一个阶梯：生理需要、安全需要、友爱需要、尊重需要和自我实现的需要。他认为人们首先追求较低层次的需要，只有在较低层次的需要得到合理满足后，较高层次的需要才会突出出来。在社区服务发展的初期，它的对象主要是有困难的老年人、残疾人、优抚对象等特殊群体，也即传统的民政服务对象。随着城市经济的发展，居民收入水平的提高，传统的民政服务对象所占比重逐渐下降，服务对象由特殊群体扩大到全体居民，以及社区内的企事业单位和机关团体。相应地社区服务的内容也就分成了三个层次：第一，面向有困难老年人、残疾人、优抚对象提供的社会福利服务，这是社区服务最基本的内容；第二，面向全体社区居民提供的便民利民服务；第三，面向社区企事业单位和机关团体开展的双向服务，即社区为其范围内的各单位提供服务，社区内的单位也利用它们的资源为社区主要是社区内的居民提供服务。

社区福利服务包括服务内容的第一层次和第二层次中为满足社区居民基本生活服务需要的部分，具有福利性，提供免费或低费服务，不以盈利为目的。社区社会化服务则包括服务内容第二层次中为满足居民较高层次的服务需要及第三层次的需要,"服务享受者一般要按照市场价格付费",具有经营性。

由此,我们可以概括出两种社区服务并存的性质:社区福利服务——免费或低费——社会效益(福利性);社区社会化服务——市场价格——经济效益(经营性)。

社区服务所面临的外在条件、对象及内容等的变化,引起了它的性质变化,现已从计划经济条件下国家包揽一切的"福利性服务"转变为适应市场经济需要的"具有福利性和经营性双重属性"。但是根据西方发达国家的经验,这种具有福利性和经营性双重属性的社区服务只是一个过渡状态,随着国家经济状况的根本改变及社会化服务体系的逐步健全,社区服务中的社区社会化服务必将发生分化,部分项目被吸引进社区福利服务中,而另一部分将被社会化服务所替代。到那时,社区服务(或者就称为社区福利服务)又将显现出福利性的特征,当然这不是短时期内能够达到的。回过头来看上述关于社区服务性质争论的三种观点:第一种观点代表了社区服务的过去和未来,第三种观点反映了社区服务的当前性质,第二种观点则表现了当前转轨时期社区服务中的种种不稳定和偏颇。

明确了社区服务的性质,再来看"社区服务"概念的定义就清楚得多了。目前,学术界给社区服务下的定义有几十种之多,但概括起来不外乎两大类型:规范型和实证型。规范型定义强调社区服务是在政府支持下,通过调动社区的各种资源进行的福利型服务,不包含商业化服务;实证型定义认为社区服务是在社区内动员社区资源为居民提供的福利性服务和便民利民服务。[①] 两种类型定义的区别即在于是否包含商业化服务,是否具有经营性。规范型定义是对社区服务理想状态的描述,但缺少动态分析;实证型定义则较好地揭示了社区服务的现状。我们以为,可以将"社区服务"定义为:社区服务是在政府倡导和支持下,为满足社区成员多层次需要,依托街道办事处和居委会,发动社区内的各种力量(包括法人社团、机构、志愿者)开展的具有福利性和经营性双重属性的社区福利服务和社区社会化服务。

总之,社区服务是有别于"国家"和"市场"的"第三部门"即社会领域的活动,是"国家无力"直接满足居民公共社会需求、"市场又不愿"

---

① 郭伟和. 社区服务的性质、功能和目标之我见. 中国社会工作. 1998,1

以非营利的途径去满足这些需求的社会领域的服务。

（二）社区服务产业化

基于上述对社区服务性质的认识，再来考察一下社区服务产业化的问题。社区服务产业化作为一个经济学概念，是从发展经济的角度，运用市场经济的手段，走产业化规模经营、集约经营的道路，通过经济效益的实现来保证社区服务社会效益的实现，以促进社区服务的可持续发展。实际上就是要使社区服务成为一种生产事业，成为第三产业的一个特殊组成部分，参与市场竞争。社区服务产业化，依赖于一定的条件，包括市场经济的氛围、社区的各种资源（如人力、物力和财力）以及社区服务实体所能提供的工作岗位。社区服务强调以人为中心、以社区资源为载体、以服务为产品，通过多种形式为社区内的居民和单位提供各种层次的服务。

社区服务是否应走产业化道路问题的争论，其实是关于社区服务性质问题争论的延伸。目前的争论大体上也可归纳为三类：大凡认为福利性是社区服务唯一属性的人，不赞成社区服务产业化的提法，认为产业化会使社区服务失去福利本性；强调社区服务具有经营性的人，则坚决主张社区服务走产业化发展道路，并且提出了一系列相应的政策和措施建议；而强调社区服务具有"福利性和经营性双重属性"的人则认为，社区服务应走产业化道路，但认为产业化不等于商业化，不能完全按价值规律和等价交换的原则来运转。

如前所述，当前的社区服务包括社区福利服务和社区社会化服务两部分。前者是给居民以基本的服务保障，是社会保障向基层的延伸，具有福利性；而后者是为满足居民较高层次的服务需求，服务享受者一般要按照市场价格付费，具有经营性。社区服务具有"福利性和经营性双重属性"的性质，决定了它必须走产业化的发展道路。但是走产业化道路的并不是社区服务内容的全部，而只应是社区社会化服务部分。由此，我们再来看看关于社区服务产业化的三种争论：第一种观点的持有者以过于理性的心态看待中国社区服务的发展，却看不到当前我国社区服务资金紧缺以及居民服务需求日益提高的现实；第二种观点因为强调社区服务的经营性，将它的全部内容投入到产业化的发展道路之中，这是欠妥的；第三种观点关于"产业化不等于商业化"的说法并不正确，在市场经济条件下，作为第三产业组成部分的社区服务业，走规模经营、集约经营以提高效益的产业化道路，就必然要按价值规律和等价交换的原则运转，必然体现出商业化的特点,只是可以享受到政府给予的有关优惠政策。其实,走产业化道路的并不包括社区服务的全部内容,像社区福利服务,就不应当按价值规律和等价交换的原则运转。因此,可对第三种观点做部分修正,对产业化范围加以限定,改为:社区服务不能完全按价值规律和等价交换的原则来运转,社区服务应走产业化道路,但走产业化道路的只是社区社会化服务那部分。

社区服务产业化的上述争论,也影响了它的实际操作,一些地方即使在走社区服务产业化道路,但还"犹抱琵琶半遮面"。社区社会化服务走向市场,走产业化道路是毋庸置疑的,关键在于它如何产业化。本书认为:

一是要确定行业内部发展比例。无论是从宏观全局还是从微观操作,都需要对社区服务的产业化作出规划,使各类服务组织、服务项目、服务网点构成一个切合实际、科学合理、发展有序的结构体系。根据目前传统民政服务对象比例缩小,而社区居民服务需求不断增加的情况,以经营性为主、追求经济效益的社区社会化服务应占大部分比例;以福利性为主、追求社会效益的社区福利服务可占小部分比例。当然社区服务业的内部发展比例,应根据各地的不同发展阶段、不同发展情况,随时加以调整。

二是要确立"行业认证"制度。1993年中央14个部委下发的"意见"中,就明确提出了这方面的要求,指出各级民政部门要根据国家产业政策,实行社区服务认证制度。通过认证,明确被认证个人和单位应承担的社区服务任务。这既有利于推进社区服务产业化的进程,又有利于推进社区服务社会化的进程。行业认证的关键在于要对社区服务证书的发放范围做一个界定:一类是各级民政、街道居委会和有关单位兴办的福利服务、优抚服务设施;一类是居委会兴办的居民生活网点和实体;一类是驻区单位对外服务的内部公益设施;一类是符合一定条件的民政对象兴办的个体经营网点和楼道院落内的个体经营网点。

三是要选择好重点。当前,经济领域正进行产业结构调整,国家提出要大力发展第三产业,这给社区服务的产业化提供了良好的机遇。由于现有从事社区服务的各类人员素质还不够高,技术、资金又相当缺乏,加之居民服务需求虽有所增加,但仍以各类家政服务的需求为主,所以社区服务应将投资少、周期短、见效快作为产业发展的重点,走劳动密集型的产业发展道路。

三、社会服务的网络主体与主要内容

从社会福利体系角度看,社会服务的性质应该是非营利性的。根据我国的具体情况,我们目前还无法实现如同欧美和港台等发达国家和地区那样的纯粹免费性的福利服务,而应该试行社会服务业的产业化——既能解决社区特殊群体的特殊要求和特别福利,也可以解决社区中绝大多数成员日常生活、工作中的问题,以提供他们生活的方便,提升他们的生活质量,解决他们的社会福利的问题,还可以解决社区中相关人员的就业问题——这同样也是一种福利形成和福利提供。

需要讨论的问题是,社会(社区)服务的网络主体是什么?服务的主要内容有哪些?

(一)社会服务的网络主体

社会服务及社区服务不是一般意义上的以盈利为目的的营利性商业服务,其基本目标是围绕广义上的社会福利而进行的社会服务。那么,其服务主体就不可能是商业机构和商务人员,而必然是社区及社会工作的社区工作人员,在社会服务网络中,服务主体就是服务机构以及服务者。

1. 主体之一:社区

这里所说的社区,并不是空间意义上的地域性社区,而是社区建设和社区发展中的服务机构及社区管理者。

社区中的服务机构特指以社区居民福祉和利益为核心追求的非营利机构。社区中的非营利机构有别于政府组织和营利组织,它既包括社区内的群众自治组织、娱乐组织、健身团体等,也包括在本社区开展活动的社会上的非政府组织。在港台等地区,社会服务中的服务机构主要是由政府支持和认可的各种非政府组织和非营利组织,在专业化和职业化的社会工作者和志愿者的热情服务下,在社区民众的积极参与下,其社会服务具有很高的福利性质,取得了很大的成就。在我国内地,目前的非营利组织是社区参与的重要组织力量,非营利组织以公共利益的实现为目的,通过专门性的服务活动,参与社区公共服务的提供。但是,由于历史的和社会的等多方面的原因,我国非营利组织的发育还很不健全,不仅数量少,而且服务的专业化和服务水平也很低,这在很大程度上影响和制约了我国社会服务和社区服务的有效开展。不过,随着非政府组织的逐渐发展,随着专业社会工作在我国的不断推进，相信社区服务机构的发展及其功能的发挥会越来越好。

社区管理者是社区服务的组织者、协调者和实施者，社区管理者的工作状况如何，直接影响着社区服务和社会服务的开展及其效果。

从组织构架上看，社区管理者主要包括城市的街道办事处和社区，农村的村民委员会及相关的社区，在城市里，物业公司和业主委员会也是社区服务的主体之一。

第一，街道办事处是政府的派出机构，代表着政府行使权力并进行管理。1954年12月31日全国人大常委会通过《城市街道办事处组织条例》，用法律的形式统一规定了城市街道办事处的性质和任务。1955年，全国各城市都普遍建立了街道办事处。"文化大革命"时期，街道改组为"革命委员会"，主要抓阶级斗争，严重偏离了为居民服务的方向，没有能够正常发挥其功能。1978年后，"革命委员会"逐步恢复为街道办事处，走上了健康发展的轨道。目前，街道办事处在工作对象、工作任务和机构编制等方面与改革开放之前都发生了明显的变化。

首先是工作对象的变化。改革开放前，街道办事处的主要工作对象是"单位体制"以外的社会闲散人员和家庭妇女，这些人员仅占街道社区成员的一部分。随着经济体制改革和社会结构的转型，很多社会问题都呈现在社区和街道范围内，街道工作对象也就逐渐扩展到辖区内所有居民和所有单位。街道和社区内的老人、儿童、失业下岗人员等贫困弱势群体，都成为街道工作的重要对象。

其次是工作任务的变化。伴随着城市社区的发展，街道的工作任务越来越多样化和复杂化，可谓"上管天（环保）、下管地（环境卫生），既管老、又管小，管生、管死、管救济，还管教育和安置"。

第二，社区或居民委员会。这里所说的社区是指社区委员会或居民委员会的组织者和管理者，从很大程度上说，社区和居民委员会最主要的任务就是进行社会服务，他们是社区服务和社会服务的重要组织者、协调者和管理者。公共事务和公益事业是社区内全体居民的公共福利事业，社区委员会或居民委员会需要立足本社区的情况，为社区成员办实事、办善事，切实解决好居民的实际问题。如老年人、残疾人、失依儿童、贫困者等服务工作，也包括社区内的公共事务和公共行政事务，为全体社区成员提供一个和谐的生活环境。在社会服务中，社区和居民委员会的指导和管理作用是十分重要的。

2. 主体之二：社区工作者和社区服务参与者

社区工作者应该是专业性和职业化的社会工作者，他们在社会服务和社区服务过程中发挥着专业性的助人作用。作为一个助人专业，社会工作的专业宗旨是为有需要的人提供服务，通过社会工作者的帮助，使受助者恢复和提升社会功能，解决问题、克服困难、满足需要、获得自我实现。社会工作者最大的优势不仅是能够运用专业性的工作方法，而且还在于能够调动和运用社会资源，构建社会支持网络，为受助者提供切实有效的服务工作。在社区服务和社会服务过程中，社会（社区）工作者起着十分关键的作用。

社区服务参与者是积极参与"自助"和"互助"的社区成员，他们是社区服务网络中重要的服务主体或服务的具体实施者，从自助和互助的角度看，社区参与者也是社区服务的客体，他们是社区服务主体和客体的统一。从这个意义上说，社区参与者既是社会福利的提供者，也是社会福利的接受者，是社会福利体系网络中最为重要和直接的接受群体。

社区服务参与者的福利提供和福利接受是和社会工作者的专业工作联系在一起的。换言之，没有社会工作者的不懈努力和专业工作，没有社会工作者的社会支持网络构建，社区服务参与者的福利提供和福利接受程度就会受到很大的影响，充其量只能是一般的邻里互助和好人好事式的互相帮助，还说不上是一种社会性的"服务"。而缺乏社区群众的积极参与，没有他们的自助和互助精神与行动，社会工作也只能是少数"专业人士"的"专业工作"，很难成为一项有效率的助人活动，充其量只是停留在一般意义上的"专业"和"职业"，也说不上是社会服务的主体。为此，在现代社区建设和社区发展中，在专门化的社会服务中，社会工作和社区服务的参与者结合在一起的意义是十分重要的。

有社区组织和社会工作者以及社区参与者，就构成了社会（区）服务中的网络主体，正是由于社会服务主体网络的功能发挥，才使得社区中社会福利的提供得以形成。

（二）社会服务的主要内容

作为社会福利体系中的重要内容，社会服务是体现和实现社会福利的重要举措，而社会服务网络建设和运作又是在具体的社区中得以开展和实现，为此，社会服务网络的主要服务内容也就是社区服务网络内容。

社区服务网络的内容十分丰富，包括面向弱势群体的社会福利服务，也包括面向全体社区居民的便民和利民服务，还包括面向下岗失业职工的再就业服务以及各种社区保障的社会化服务。

1. 面向弱势群体的社会福利服务

无论社会发展到什么程度，基层社区总会存在着相对意义上的弱势群体，从人口的老龄化和社会发展的不平衡性角度看，一般社区中存在的问题主要是老年人问题、残疾人问题、儿童问题以及贫困问题。

（1）老年人问题。按照联合国规定，一个国家或地区之60岁以上的老年人占总人口的10%以上，或者65岁以上的老年人占总人口的7%以上者，就是老龄化国家或老龄化地区。进入21世纪后，我国城乡已经进入老龄化社会，而实际上，在我国一些大城市，在20世纪90年代初就已经进入老龄化阶段。老龄化社会的到来，一方面反映出整个社会的发展水平普遍提高，人们的物质生活和医疗条件得到极大的改变，自然寿命得到很大的延伸，另一方面也表明，个人、家庭以及社会所承受的养老压力也越来越大。特别是在独生子女成家立业后呈现的"4—2—1"结构模式下，传统的个人及家庭养老已经是力不从心，老年人的养老、医疗以及精神需求满足的社会化以及专业化已经是十分迫切和现实的问题。一个社会老年人的养老福利状况如何，直接反映了该社会的社会福利和社会服务水平，在社会服务网络中，老年人服务具有十分重要的位置。

老年人服务内容应该表现在其衣、食、住、行、医、学、乐等多方面。与老人的家庭养老、社区养老以及机构养老形式相适应，其服务形式也就有老年人家庭、社区以及机构服务等形式。不同于传统社会的居家养老与简单吃穿养老，现代社会的养老需要通过社会化和专业化来提升老年人的生活质量，不仅需要物质养老服务，更需要精神层面的养老服务。

从社会化上看，社会服务网络就是通过专业的社会工作者、社区相关机构以及社区参与者的共同努力与协作，把养老中的各种问题从原来单一的家庭力量扩展到社区中，用社会的资源和力量来加以解决。

从专业化角度看，社会服务网络在社会化服务的同时，需要兴办和开展众多的在家庭内无法完成的社会化服务性工作。其主要包括兴办和运行各种福利设施，如老年人服务中心、安老院、老年公寓、托老所、老人活动中心、老人食堂、老人浴室等等，在欧美等发达国家和我国港台地区，还有"临终关怀"等专业化程度很高的社会服务，为老年人服务起到了十分重要和积极的作用。

在老年人服务内容上，随着物质生活条件的不断提高，在满足老年人物质生活需求的同时,老年人的精神需求和精神疏导也日益成为老年人服务中的重要方面。对于老年人社会交往的需求和心理层面的需求,必须要由专门的社区工作者做好服务工作。如开办老年大学、成立老年人协会、举办老年的各种有益活动等等,这些都和老年人服务的社会化、专业化紧密联系在一起。

社会化和专业化的老年人服务并非是一个简单的"养老"问题,而是提升老年人生活质量、提供老年人福利乃至提升整个社区成员的社会福利的大问题,因此,传统的、单一的家庭养老及其简单的物质养老明显不适应时代的要求,社会服务网络的功能必将越来越得到社会的认同。

(2) 残疾人服务。残疾人由于身体的或智力的等多方面的原因,很难在就业、工作和生活等方面与健全人有相同的竞争条件,他们是典型的弱势群体,亟须社会的帮助和服务。在残疾人服务的分类上,涉及盲人、聋哑人、肢体残疾人、智障者和精神病患者服务;在福利服务的形式上,主要包括发展特殊教育学校、开展残疾人职业培训、兴办福利工厂、建立残疾人活动中心与组织残疾人文化活动。特别需要重视的是,在残疾人社会服务过程中,需要关心残疾人的社会性恢复和回复,从心理上支持和帮助他们能够有正常的社会生活和社会交往。在社会服务网络中,社区、机构、专业社会工作者、社区参与者的责任心和爱心是十分重要的。对于他们具体困难的解决,为他们回归社会而工作,就是为他们提供了很直接的社会福利。

(3) 儿童服务。在独生子女占绝大多数的今天,儿童服务是社会服务中一个新的课题。儿童服务的主要出发点是为社区内学龄前儿童和小学生提供学前教育和课外活动服务,为他们在家庭和学校之外的健康成长提供良好的外部环境,为儿童及其家长提供儿童成长过程中的福利。儿童服务的主要内容包括在社区内兴办托儿所、幼儿园,解决社区内学龄前儿童的"初期社会化"问题,同时也为工作繁忙的家长解决后顾之忧。此外,还涉及儿童保健、营养指导、家教服务、心理咨询、举办假日学校和假期夏令营活动和儿童课外的兴趣活动如书法、绘画、各种竞赛,等等。

和其他的社会服务相类似,儿童服务的主体也是社区、机构以及社会工作者。其中,社区和机构的组织和协调工作如何,直接影响和制约着儿童社会服务的开展,而社会工作和专业人士的介入程度,则关乎儿童社会服务的水平和效果。在现实社区实践中,凡是儿童服务做得好的,其社区和机构的组织协调工作与社会工作者的介入工作必然做得很突出。为此,要加强和提高儿童服务的水平，必须要发挥好社区、机构以及社会工作的积极性，合力推动好儿童社会服务，提升儿童的社会福利。

（4）贫困救助服务。任何社会、任何时代，都会存在着相对意义上的贫困群体，而任何社会、任何时代，也都必须通过多种形式对贫困问题进行救助。在社会转型时期，我国城乡出现了较大的贫富差距，社区内也存在着一些贫困人口，对他们进行相应的服务以解决他们的贫困问题，是社会服务网络中的重要内容之一。

法国社会学家图雷纳将20世纪世界社会转型的特点概括为体制、社会及文化上的断裂。而在中国的社会转型时期，这种断裂的集中表现就是社会的两极分化和社会弱势群体的大量出现。[1] 出于种种原因，我国城市贫民的存在是一个较为普遍的不争事实。其形成原因各异、分类结构复杂。由于失业、下岗失去生活来源的尴尬，由于医疗费用不能落实的无奈，由于子女教育和家庭的沉重负担，由于社会资本缺失导致的无助，他们在物质生活上处于极端贫困，精神和心理上处于极端不安，导致此类弱势群体的严重社会不适。

在深入社区、与社区工作者和社区贫困者的接触过程中，我们可以看到，社区中存在着不少近乎处于绝对贫困状态的家庭和人员。当然，由于时代的不同，现在的城市绝对贫困者并非是"衣不遮体、食不裹腹""上无片瓦，下无立锥之地"的"赤贫"，绝对贫困者大多有衣穿、有饭吃、有房住，但是吃、穿、住的质量很差，而且往往依靠自己的力量无法正常解决，保持基本生活有很大的难度。从贫困者的类型看，较为特殊的有以下几种：

- 55岁以上的双下岗失业家庭。社区中的绝对贫困者有相当部分是原来从外地返城的知识青年以及区属和街道企业的职工，他们原来的工作单位本来就没有实力，企业倒闭后，他们就回到社区，仅仅靠很少的救济金勉强度日。这类人普遍年龄偏大，大多在55岁以上；文化程度低，一般是初中学历，没有什么技能，下岗后很难重新就业。他们的无奈代表了一种声音和愿望，这就是，他们不仅不满足于自己的贫困现状，也不满足于领取低保的救济，他们需要的是有一份自食其力的工作！

- 老年人家庭。在老龄化程度越来越高的今天，老年人安度晚年的基本集中点就是社区。但是，由于社区照顾和机构照顾的不发达，社区内

---

[1] 王思斌. 当前我国社会保障制度的断裂与弥合. 江苏社会科学. 2004，3

老年人养老还是以家庭养老为主。对于那些原来没有工作或前几年失业下岗、现在已经60岁以上的老年人来说,他们的家庭养老伴随着绝对贫困问题同时存在。

• 残疾人家庭。残疾人的身体缺陷和不便本来就无法和正常人在同一起跑线上竞争,明显处于社会的弱势地位。在社会转型过程中,在市场经济大潮的冲击下,原有的残疾人福利企业大多失去了竞争能力而停工停产,残疾工人只能回到社区,依靠失业救济金和低保金维持基本生存。

• 重病家庭。社区中困难程度最大的,莫过于有重大疾病者的家庭。本来下岗失业生活已经十分艰难,家庭中如果再有重病患者,无异于雪上加霜。对于重病患者家庭,最低生活保障制度对之也无可奈何,因为区区几百元的救助金实在是无济于事。很多病人只能是放弃治疗,听天由命,这种情况很是令人酸楚。

• 单亲家庭。社区中单亲家庭主要表现为35～45岁的单身父亲或母亲,带领一个或两个没有成年的孩子生活。作为单身父母本人,由于下岗失业、年龄偏大以及其他各方面的原因,他们重新组织家庭的困难较大,同时,他们还要抚养未成年的孩子读书,因此,生活状况相当不佳。他们除了有与一般贫困家庭相同的物质生活困难的压力之外,更要承受心理上和精神上的巨大压力。而且,他们的不良心理状态还会影响到孩子的健康成长。

城市贫困者是处于社会边缘化的弱势群体,他们的呼声就是发自其内心的呐喊与需要,而这些呼声,又往往在刚性的社会救助政策和制度中被淹没和淡化。笔者在社区探访中深深感悟到,对他们呼声的关注与倾听之后,社会工作者首要的不是同情与怜悯,而是需要站在他们的立场上,客观冷静地来"解析"和"认知"他们的呼声。

• 社会边缘体的呼声。持这一类的呼声者认为,他们生活在不为社会所重视和正视的环境和氛围中,他们的处境反映了他们处于社会的边缘。

• 渴求工作的呼声。这类呼声者认为,他们之所以处于目前的窘境,其主要原因是由于没有工作岗位和工作机会。一般说他们都不想单纯地依靠政府的救助,而是渴求能够得到工作的机会,对于他们来说,工作就是他们的最大愿望。

• 社会资本缺失的呼声。这一类的呼声者认为,他们生活在社会的底层,没有工作,没有收入,实际上根本的问题是我们没有过硬的关系,没有任何社会资源和关系资源，也没有什么财产。他们认为没有什么期望，把其贫穷归结为是命中注定的。

• 遭受社会排斥的呼声。这类呼声者认为，虽然领取低保金是为了解决基本的吃饭问题，但是总感到"吃低保"有一种被歧视的味道，是社会的另一类群体，似乎成了社会的可怜虫，在接受别人的施舍。他们要求平等对待他们，要求得到工作，不因为领低保而被别人歧视。

从上面的呼声分类我们可以看到，以领取低保为主要代表的社会弱势群体之内心世界是复杂的，他们所渴求的并非简单的经济救助，亦包括有自己的精神追求。他们的呼声揭示，对于贫困者，单纯的刚性低保制度和社会救助政策之实施，只能在贫困线或救助线的范围内给他们一定的经济补偿，而对于他们的工作渴求、对他们的精神追求、对他们的境况改变以及自身能力的提升，社会救助制度并不能起到或起不到很大的、有效的作用。为此，助人自助的社会工作介入以及社会服务网络法人构建就是必然的了。

社区调研表明，城市贫民的贫困境况与其"资源关系网络缺失"不无关系，具体看，"资源关系网络缺失"的类型包括：

• 社会关系网络的稀疏与单一。社会关系是社会成员获取社会资源的一个重要网络来源。弱势群体社会关系网络的缺失主要表现在人际关系网络规模小，交往对象单一，同质性高，交往关系网络具有明显的封闭性质，这对于他们贫困状况的改变明显不利。从社区实际看，绝大部分贫困者的社会交往圈不大于居住的小社区，交往的对象是和自己处境相同的"贫困难友"，这种情况使得他们很难依靠自己的力量改变状况。

• 社会认同度低。在现实社会中，弱势群体与其他非弱势群体之间在社会地位、资源获得、生活方式、思想观点、理想需求、劳动机会等诸方面都有很大的差别，往往很难为非弱势群体所认同、接受和支持，以致于形成严重的失落感、自卑感和被排斥感。

这种资源关系网络的扭曲，直接造成了弱势群体心理上的自卑或逆反，是影响弱势群体改变自己处境的最大障碍，也是最低生活保障制度所无法解决的问题，为此，作为社会服务和社会工作的介入，构建一个和谐有效的社会认同与支持网络是很重要的。

对贫困者的救助和服务，解决贫困问题，是一个复杂的系统工程，单靠社会某一方面的力量无法完成，而只有通过社会服务和社会支持网络的共同努力才能够有效地帮助贫困者群体，为社会的和谐发展奠定良好的基础。

2. 面向社区居民的便民利民服务

社会服务网络构建和运作是为社区民众解决实际问题，提升他们的生活质量，提高他们的社会福利供给水平。除面向弱势群体的社会福利服务之外，面向社区居民的便民和利民服务也是社会服务网络中重要的内容，这是社会福利的基本理念和实施方法所决定的。

社会福利的基本理念是提升民众的生活质量，而生活质量的提升涉及方方面面，不仅要解决困难群体的基本生活问题，也要解决一般群众的生活、休闲及工作等方面的实际需要问题。"如果说面向特殊群体的社会福利服务体现了社区服务本质，那么，面向社区居民的便民服务则是社区服务的补充和延续。"[1] 面向社区居民的便民利民服务也是社会福利服务的题中应有之义。

与面向弱势群体的救助性服务不一样，面向社区居民的便民利民服务并非是单一的无偿服务。在一定的条件下，某些服务是需要低价有偿的，例如，由社区及机构组织协调的社区医疗站、家政服务站的相关服务等。但是，就如在本节第二部分所讨论的，此类便民和利民服务的性质不应该是营利性的，而应该是非营利性的，尽管在服务过程中可以有些许盈利。在社会化程度越来越高的现代社会，个人的作用越来越小，对社会的依赖性也越来越高，社会化服务越来越渗入到居民生活和工作的各个方面，由社区、机构和社会工作人员组织实施的社会化服务的作用也越来越明显。从另一个角度看，人们的福利接受也越来越依靠社会的公共福利服务，社会福利成为一个公共物品供给，弱势群体需要这种福利服务和福利供给，非弱势群体也同样需要便民的和利民的公共服务和公共福利。社会服务网络就是这一公共福利服务的重要承担者和运作实施者。

第五节　社会福利体系之四：政府福利制度

就如社会保障的责任主体是国家和政府一样，社会福利的主体之一也应该是国家和政府，因为为公民提供福利是政府的重要责任。

---

[1] 汪大海等. 社区管理. 北京：中国人民大学出版社，2005. 99~100

一、福利国家与国家福利

在讨论政府福利或国家福利之前,我们必须首先讨论福利国家以及福利国家和国家福利之间的关系。

(一)福利国家

关于福利国家的概念一般不是十分严格,在很大程度上,往往与社会保障制度有些相同。一般教科书把福利国家定义为"福利国家有责任保障其公民某些基本的福利水准",认为福利国家的核心是人民享有平等的公民权利,在公民权利的理念下,由国家为公民提供必要的福利保障,就可以使每一个公民都拥有"去商品化"的地位以对抗市场的力量。[1] 福利国家的概念是1945年4月英国工党在其《让我们面向未来》的竞选纲领里提出来的,随着1948年英国工党政府艾德礼首相宣布英国已经建成"福利国家","福利国家"的概念和实践便在发达工业国家普遍流行。20世纪60年代后,西方许多国家如英国、法国、西德、意大利、荷兰、比利时、瑞士、瑞典、挪威、芬兰、丹麦、冰岛等国,都相继宣布本国是"福利国家"。[2]

福利国家的形成和发展大体经历了两个阶段,即工业革命前的社会保险萌芽和现代社会保障制度的建立和完善。其分界线是19世纪80年代德国首相俾斯麦政府推行的社会保险计划所开始的"福利国家"构建和建设。此后的100多年时间里,西方工业国家也纷纷对福利国家进行实践和尝试,到二次世界大战结束后,西方社会出现了一批"福利国家"。

阿萨·布里格斯在其《历史视野中的福利国家》一文中认为,"福利国家大量使用组织力量(政治和行政),至少在三个方向上努力纠正市场作用。第一个方向是保证个人和家庭的最低收入,不管他们的工作和财产的市场价值如何;第二个方向是使个人和家庭能够应对某些导致个人和家庭危机的'社会突发事件'(如疾病、老龄和失业),缩小其不安全的程度;第三个方向是不歧视公民地位或等级,确保他们在人们认可的一定社

---

[1] 钱宁. 现代社会福利思想. 北京:高等教育出版社,2006. 193
[2] 丁开杰,林义. 后福利国家. 上海:三联书店,2004. 2

会服务内获得可得的最好水平的服务。"① 从布里格斯的观点可以看出，他所说的前两个方向其实只是社会保障的范畴，因为和社会保障保证公民的基本生活的基本目标相一致。而第三个方向在一定义以上可以看成是社会福利，因为这是以提高生活质量为目标的社会服务提供。

另有学者认为，福利国家等同于社会政策意义上的福利制度，"福利国家是指通过实施社会保障和社会福利措施而实现社会目标的社会政策"②，这是把福利国家看成是一种社会政策，是社会保障和社会福利措施的结合。还有学者认为，福利国家是一种国家形态，这种国家形态突出地强化了现代国家的社会功能，所以它是一个政治学的概念。③ 这是从国家的社会功能角度看待福利国家。无论是社会政策还是社会功能，都只是把福利国家看成是某种制度，至于福利国家的具体内涵，是保障基本生活的社会保障还是提升生活质量的社会福利，则没有明确的界定。

丁开杰、林义教授认为，福利国家包括三层内容：第一是理想的模式。福利国家是一种理想的供给模式，在这种模式中，国家承担了为其公民提供综合而普遍的福利的责任。第二是国家福利。福利国家就是"国家提供的福利"，美国就是这样的典型。第三是社会保护。在许多国家中，社会保护不是完全由国家提供，而是由独立的个人、志愿者和政府供给的服务的综合产物，这些国家也往往被称之为"福利国家"。④ 从历史上看，研究者把福利国家做出了很多分类，一般把福利国家分为两类：一类是贝弗里奇型的福利国家，即以救助贫困者和相关服务作为政府社会功能的基本出发点，进而发展到把国家的社会保护网扩大到覆盖工业社会中所有可能遭遇社会风险的人群；一类是俾斯麦型的福利国家，即以社会保险法规为基础，以制度性的措施作为政府社会干预的基本措施，使社会各有关成员都为工业社会的风险承担责任。

埃斯平-安德森在《福利资本主义的三个世界》中指出，"当我们纵览世界上各种不同的社会权力和福利国家分层化时将会发现，在国家、市场和家庭之间有着各种性质不同的制度安排。由此我们还发现，福利国家的各种变量并非呈线性分布，而是根据体制类型分类的。"⑤ 他认为，辨别福

---

①④ 丁开杰，林义. 后福利国家. 上海：三联书店，2004. 1, 3
② 徐延辉，林群. 福利制度的运行机制、动力、风险及后果分析. 社会学研究. 2003, 6
③ 周弘. 福利国家向何处去. 中国社会科学. 2001, 3
⑤ [丹麦] 考斯塔·艾斯平-安德森. 福利资本主义的三个世界. 北京：法律出版社，2003.

利国家的类型时,必须把握两个最重要的轴心:一个是劳动力非商品程度;一个是福利受益人的地位分布范围。从这一标准出发,安德森把福利国家分为三种类型:

第一种类型是自由主义福利国家,其中居支配地位的是经济调查式的社会救助、少量的普救式转移支付或作用有限的社会保险计划。给付对象主要是低收入者、依靠国家救助的受保护者。这种类型的福利资格条件十分苛刻并且通常带有羞辱性。国家运用消极的手段以保证最低限度的给付,而以积极的手段对私人部门福利计划予以补贴。这种体制的非商品化效应最低,能够有力地抑制社会权力的扩张,建立起社会分层化秩序。这一模式的典型代表有英国、美国、加拿大和澳大利亚等。

第二种类型是保守/团体型福利国家,也称为欧洲大陆型福利国家。该制度类型的特点是:社会权利的资格以工业业绩为计算基础,即以参与劳动市场的社会保险缴费记录为前提条件,带有保险的精算性质。这类制度最初发生在德国俾斯麦政府期间,之后扩展到整个欧洲大陆。人们的社会权利取决于每个人的工作和参保年限、过去的表现与现在的给付之间的关联程度。在这些国家里,十分强调公民的社会权力,国家完全取代市场而成为福利的主要提供者,那些私人保险和职业性额外给付只能充当配角。此类国家包括奥地利、法国、德国和意大利等。

第三种类型是社会民主型福利国家,把普救主义和非商品化的社会权力扩展到了新中产阶级。"在这些国家,社会民主制度是社会改革的主要推动力……社会民主主义者不能容忍国家和市场之间、工人阶级和中产阶级之间的二元化局面,他们寻求能促进最高平等标准的福利国家,而不是像其他国家那样只满足于最低需求上的平等……这种方案表现为高度的非商品化原则与普救主义相混合的计划……体力劳动者逐渐享受到与领薪的白领雇员或公务员同等权利,所有的阶层都被纳入到一个普救式的保险体系中",所有的人都依赖于这一福利制度。[1] 属于这类的国家有瑞典、丹麦。

我们看到,不同的学者对于福利国家的看法及其分类具有不同的观点,这不仅是由于学者之间的学术视野不同,更是由于受福利国家实践中的复杂性所影响。福利国家的发展过程中,其福利理念、责任主体、受惠

---

[1] [丹麦] 考斯塔·艾斯平-安德森. 福利资本主义的三个世界. 北京:法律出版社,2003. 30~31

对象、福利内容、实施方式等大多有很大的差异，因此，对福利国家概念表述的差异性也是很正常的。不过，无论各国的福利制度有多大的差异，向福利性国家发展以及改革福利制度以追求社会公正，消除社会排斥，提升民众的生活质量，则是绝大多数国家的努力方向，以致于有人把当今世界福利国家的福利改革称之为"后福利国家"[①]。

毋庸讳言，严格意义上看，我国并非福利国家，但是如果把社会保障制度以及社会救助制度也看成是社会福利制度的成分的话，也可以说我们正在努力构建福利国家，尽管我们所理解的福利国家概念和西方的不尽一致。我们目前所努力要做的就是建立完善的社会保障制度，保障公民的基本生活需要，相信在此基础上，我国的福利水平也会越来越高。

（二）国家福利

国家福利就是国家提供的福利。因为国家的责任主体是通过政府来加以具体化的，政府是国家的行政机关，是作为代理行使国家管理经济、社会事务的机构，因此说，国家福利也可以用政府福利的概念，即政府提供和实施的福利。毫无疑问，在福利国家，福利的提供主体均来自国家和政府，如瑞典社会民主党提出的建立"人民之家"和"人民福利"，其实施主体就是国家和政府。即使在美国这样的并非福利性的国家[②]，社会救助的涉及面也很广，水平也很高，以至于有人认为，美国的大胖子大多是"穷人"，正是因为他们穷而得到政府的救助，把救助金只用来吃喝，就导致了肥胖。[③] 美国的社会救济主体也就是表现为政府的福利提供。因此可以说，国家福利或政府福利是绝大多数国家政府所必需提供的，即使该国家不是福利国家甚至是贫穷落后的国家。

国家或政府是社会福利供给中最为重要的主体，在当今世界，任何一个国家或政府都不能忽视和轻视在社会福利实施中的主导和主体作用。这一方面是由政府在社会福利制度中的责任主体所决定，另一方面也是政府掌管社会财政、可以用行政的手段调动和运用社会财力进行福利供给的缘故。尽管"后福利国家"时期社会福利制度强调福利供给的多元化，但是

[①] 参见：丁开杰，林义. 后福利国家. 上海：三联书店，2004
[②] 从社会保障的角度看，很多人认为，美国的社会保障类型是"保险型社会保障制度"，而并非是"福利型社会保障制度"。在美国的社会保障制度中，个人需要承担较大的责任。
[③] 经济学家（www.jjxj.com.cn），2006—01—04

政府的责任和作用仍然是主要的。从一定意义上看,"福利国家"是一种"国家形态"和价值取向,而"政府福利"则是实现和体现这种国家形态和价值取向的具体操作和实施过程。为此,政府福利在现代福利体系中的必要性是十分明显的。

第一,政府的责任主体。社会福利中的政府责任源于近代以来国家责任的转变,近代国家的基本形态是强调国家的权利源于公民的权利,国家绝对不得干涉公民的个人自由权。国家充当着"守夜人"的角色,其公共职能被限定在几个领域,如公安、国防、税收等。19世纪末20世纪初,自由资本主义走向了垄断资本主义,社会分化加剧,社会问题增多,人们已经很难凭借个人或家庭的力量来抵御市场和社会的风险,这就要求政府积极干预社会事务以保护社会弱者的"生存权"和"发展权"。政府通过行政权力广泛地干预社会,为弱者提供就业、住房、培训、医疗、养老等福利资源,这就是政府的责任,"责任政府"被时代推向了前台。

第二,政府的福利"强力推行主体"。在市场经济条件下,每个人所面临的风险以及抵御风险的能力各不一样,每个人对社会支持的要求也不尽一致,少数人由于财富积聚多,有可能对社会福利没有过多的要求,而大多数人则不能在社会和市场中决定自己的命运,对社会福利的要求自然就迫切。作为政府,必须代表广大民众的利益,为他们的福祉着想,强力推行社会福利。事实上,不管是以福利型为主的国家,还是以保险型为主的国家,其社会安全制度都是建筑在法律基础之上的,这也足以说明政府强力推行主体的作用。

第三,政府的资源调动能力。社会福利的供给和给付需要大量的物质性资助,如果仅仅依靠民间组织和慈善机构或其他组织,则远远不能解决福利供给问题,只有通过政府的力量,调动和运用整个社会资源,动用政府财力,才可以很好地解决社会的福利供给问题。在工业化的现代社会,国家有广泛的税源,使得政府有足够的财力用于为民众提供社会福利。"传统社会网络无力应付市场给人们生活带来的不确定性危机,只有国家有能力运用手中的权力保护人民免于社会风险。"[①]

很明显,政府有责任、也有能力为社会及民众提供福利,就是从维护其统治,维护统治解决的整体利益角度,政府也有必要通过国家的强制力量建立社会福利制度。政府通过加强各种税费的征收,以增加其福利供给

---

① 钱宁. 现代社会福利思想. 北京:高等教育出版社,2006. 193

能力，将个人的风险交由全社会承担。

在欧美等发达国家的福利制度建设中，政府在福利供给中起了十分重要的推动作用，英国、瑞典以及丹麦等福利国家是这样，德国、美国、日本等非福利国家也是这样。事实表明，无论一个国家的福利制度是什么性质和类型，无论其社会福利水平是高还是低，政府的主体和主导作用是毋庸置疑的。

改革开放之前，在二元社会结构下，我国的城乡社会福利体系是完全不同的，政府在城市和乡村所承担的福利供给责任也完全不同。在农村，人民公社时代实行的是以家庭保障为主、集体保障为辅的保障模式，政府几乎不直接承担责任，充其量只是和集体一起承担少量"五保户"之"生老病死"的福利和保障。政府在城乡福利上的不同责任主体作用致使城乡居民的社会福利几乎是天壤之别，以至于惯性使然，目前农村的社会福利和社会保障仍然相当落后。

而在城市，计划经济时代的社会福利供给基本上是由政府通过"单位"来包办，只要是城镇户口，个人无需缴纳任何费用却能享受到范围广泛的保障和福利——养老、医疗、就业、教育、住房等等。"在计划体制下，政府、企业与职工之间，客观上存在着一种特殊的利益或者'信用'关系。政府和企业对职工有一种事实上的终身就业承诺及相关的养老、医疗保障承诺；同时，也通过低工资制度对职工的劳动贡献进行了部分的'预先扣除'，并形成了一部分国有资产积累。"[1] 尽管计划经济时代政府对城镇职工的福利保障全部承担了下来，真正起到了"福利责任主体"的作用，但是，这种大包大揽式的"福利兜底"方式又是畸形的，也是片面的。第一，从责任分担上看，政府和单位的大包揽，使得福利接受者缺乏自己应有的责任，容易造成平均主义大锅饭，淡化人们的自我保障意识，也容易降低社会公共资源的利用效率；第二，从范围上看，政府仅是对城镇职工的福利行使了"责任主体"，而对广大农民的福利和保障，政府基本上则没有起到"责任主体"的作用。

随着市场经济体制的确立，我国社会福利的供给模式开始由"国家—单位"模式向"国家—社会"模式转变，福利和保障的社会化程度越来越高，个人和社会的作用也越来越明显，福利和保障的形式也越来越多样

---

[1] 国务院发展研究中心社会保障制度改革研究课题组. 中国城镇失业保障制度改革的回顾与前瞻. 管理世界. 2001, 1

化,农民的福利和保障也越来越引起社会各方面的关注,他们正在被纳入社会安全网之中。虽然在新的福利体系中国家已经不是唯一的责任主体,但是,应该清醒地看到,无论在什么条件下,国家和政府的责任主体是不可以推卸的,政府的主导作用是不能变化的。

从构建完整的社会福利体系看,政府在福利供给中的主要责任有:

第一,立法和制度设计。纵观各国社会福利制度的产生和发展历程,都是以相关的立法来推动和发展的。英国在1601年和1838年先后两次颁布了《济贫法》,由政府为主体对贫民进行救济,此后不断有一系列的法律出台。到1948年,英国政府颁布《国民保险法》《工业伤害法》《国民补救法》《国民医疗保健服务法》等法律,形成了一套由国家统一管理的、几乎包括所有社会保障项目在内并覆盖全体国民的完整社会福利制度。又如,美国在1935年颁布《社会保障法》,基本确立了美国福利体制模式。在立法的基础上,政府还必须进行福利制度的设计,涉及福利理念、福利政策、福利内容、福利落实等等。例如,当初瑞典的福利理念就是建立"人民之家",其福利政策的推行就建立了"从摇篮到坟墓"的社会福利体制。在既定理念和政策的指引下,其福利体系之内容无所不包,瑞典成为福利国家的"橱窗"也就很自然了。就我国而言,虽然1986年社会保障制度改革以来政府已经出台了很多法规,颁发了很多文件,也有相应的社会政策,但是我国的《社会保障法》还没有出台,有些法规和文件带有临时性和局部性,在权威性、规范性、统一性、层次性等方面还存在很多缺陷,致使国家的责任主体还不十分明确,社会保障和社会福利的实施也受到很大影响和制约。为此,加快立法,进一步积极、科学地设计社会福利体制,应该是我国政府目前所应做的重要工作。

第二,财政支持。社会福利的供给主要以经济手段来达致,只有通过经济手段才能为解决社会问题、提升公民生活质量奠定坚实的基础。经济手段必须有财力支撑,财力的最大供给者和保证者当然就离不开政府,换言之,政府在福利供给中具有重要的财力支持的责任,各国福利制度的运行过程莫不如此。无论是早期的济贫为主、后来的保险与保障为主,还是现代的福利为主,欧美国家政府的财力支持与支撑都是毋庸置疑的。20世纪60年代的欧洲,在社会福利制度的运作处于"黄金时期",政府在福利和保障上的支出和增长幅度甚至超过了国民经济的增长幅度,造成了"入不敷出"的局面。尽管这是一个可以另外研究的问题,但是,政府的财政支持责任是明确的。由于我国还是发展中国家,处于社会主义初级阶段,国家还不是十分富裕，因此，投在社会福利和保障上的财力也很有限，但随着福利体制改革的不断深入，随着福利多元化的推进，我们相信，政府的责任会更加明确，财政支持的力度也会更大。

第三，监督和实施。社会福利是一种社会制度，是一种制度的制定和实施，在制度的运作过程中，需要建立健全的社会福利监控机制，才可以保证社会福利制度的良性运行。而监控机制的行使，无疑是政府职能的发挥。绝大多数国家或地区都是由政府部门承担着最主要的社会福利和社会保障的管理责任。即使在福利改革后一些国家将福利资金的筹集、缴纳和管理部分地交由私人机构运作，政府对社会福利的监督和实施仍然是重要的责任和工作。因为社会福利关乎社会的发展与稳定，与绝大多数社会成员有着千丝万缕的联系，只有政府的监督和实施才能保证福利制度的顺利运行。

二、政府福利的主要内容

无论是福利国家抑或非福利国家，作为稳定社会、体恤民众的重要举措，政府必然要不同程度地施与福利，社会福利的涉及领域是广泛的，内容是丰富的。自20世纪40年代福利国家建立以来，福利提供就成为政府的主要责任之一。为此，西方国家普遍通过国家立法的形式，建立和完善了社会福利制度的运行机制。其内容既包括现代公共财政体系，也包括议会对政府的监督以及政府对社会福利机构、慈善机构的监管，还有政府与非营利组织的分工合作，政府向非营利组织购买服务，以及政府对这些组织的必要资助。西方国家政府和其他社会福利组织分工明确，界限清楚，运作效率高，形成了一套较为完整的政府福利体系。

改革开放以后的中国，随着社会保障制度的逐渐推进，政府的福利主体作用也在加强，但是政府至今尚未建立起与现代社会福利相适应的公共财政体系和监督体系，人大对政府实施社会福利的推进作用和监督作用还不十分明显，政府和非营利组织以及社区等福利供给主体之间的边界很模糊。由于非政府组织的发育不健全，在一定意义上，政府的作用就显得尤为重要。

（一）社会保障

在绝大多数国家，社会保障的主体是政府，政府担当着社会保障的财政资助与立法监督的重要职责。因此，政府福利的主要内容之一就是为全体公民提供保障基本生活的社会保障。有学者认为，根据政府介入社会福利供给网络的程度，政府的福利供给体系可以大体分为三种类型，即政府包办型、政府主导型与政府不干预型，其划分的主要标准主要在于考察政府是否主动参与、是否承担直接的管理责任以及政府参与的程度。①

政府包办型的社会福利供给体系主要有英国、瑞典等国家。此类国家推行的是"从摇篮到坟墓"的社会福利政策，政府实施的是全面干预，从通过税收融资到建立庞大的行政机构，都充当了直接管理者的角色。政府包办的方式给财政带来了沉重的负担，并且有一定的"福利病"弊端，因此受到了批评。20世纪70~80年代后福利国家也在不断反思和改革以寻求更好的模式，既能避免高福利对政府财政的压力和对就业市场的消极影响，又不至于降低人们的现有福利水平。

政府不干预型的社会福利供给体系是指政府没有直接出面建立起系统化、正规化的制度体系，主要是一些发展中国家，由于各种原因，政府不愿或无力承担起社会保障的责任。不过，迫于国内社会问题或世界福利发展趋势等舆论压力，不干预型的政府也会以某种方式逐渐介入社会保障领域。

政府主导型的社会福利体系是介乎于政府包办型和政府不干预型之间的一种方式，政府实行的是"有所为，有所不为"的原则，其代表是原联邦德国的社会保险制度和新加坡的公积金制度。在这些国家，政府都以一种积极的姿态介入社会福利领域，不但承担了制度设计、监管以及财政兜底等责任，而且根据经济社会的发展需要不断地对社会福利保障项目、水平等进行调整以期更适应经济社会的发展。从发展趋势看，此类国家都倾向于一种政府主导型的社会化福利保障制度，即政府不是直接承担所有的供款和管理等责任，而是作为一个引导者，通过调动企业、个人、社会等多方面的力量来提供福利保障；不是完全放弃对社会福利的管理，而是以另一种方式来承担责任。

由于各国的具体国情不同，也由于政府福利的供给体系各有特点，还由于社会保障制度的主要内容和特点也各不相同，因此，政府在福利供给体系中的作用各不相同。但是不管如何，政府作为社会保障的主要责任主体是毋庸置疑的。

---

① 范斌. 福利社会学. 北京：社会科学文献出版社，2006. 196~197

我国的社会保障制度构建原则是"广覆盖、多层次、低水平",这是由我国的现实社会经济发展状况所决定的。我国是一个农业大国,农民占总人口的比例很大,所以需要充分考虑农民的社会保障,同时,城市中的失业下岗人员以及老年化社会带来的老年人保障问题,无论从地域、职业还是从内容上看,没有一个覆盖面很广的社会保障网络系统是不行的。由于我国社会经济发展的不平衡性很大,因此,社会保障的层次和层级也需要充分加以兼顾,不可能希望在一个标准下解决问题。特别是在目前的情况下,我们不可能在福利水平上有多大的突破,因此,社会保障会在较长时间内处于较低的水平。不管我们的社会保障起点多低,难点多大,国家的责任主体是不可动摇的。因为建立一套体系完整、制度健全、水平适度并有序发展的社会保障制度,将是中国经济社会协调、和谐与持续发展的必要且重要的条件,也是满足全体人民共享国家改革发展成果的基本途径。

就目前我国的社会保障体制运行看,政府的作用主要表现在:

第一,社会救助。社会救助的责任主体是政府,经费来源于政府,被救助者不需要承担任何附加条件。这是任何国家社会保障制度中不可或缺的部分,即使目前社会保障改革中有从普遍性到选择性转变的倾向,但是政府不会、也不可能放弃社会救助的责任。即使在自由化程度很高的美国,尽管其保障和福利水平相对不高,但是社会救助则发挥着很大的作用。不少低收入的个人和家庭都能够从社会救助中获得较好甚至很好的救助和帮助,从食品补助到住房补贴、低收入房租豁免等无所不有。[1]

当前我国的社会救助主要表现为最低生活保障制度。20世纪90年代末在城镇推行低保,为弱势群体的基本生存和生活提供了保障,解决了他们的实际问题,这是政府为困难群体所提供的一项保障性福利,起到了十分重要的作用。在广大农村,由于不少地区地方政府财政困难,只有少数较为发达的农村才推行最低生活保障,而大部分农村地区的农民没有能够享受到基本的保障。2006年12月22~23日,中共中央举行农村工作会议,首次明确提出了要积极探索建立覆盖城乡居民的社会保障体系,在全国范围建立农村最低生活保障制度,这是一项有利于社会和谐与稳定的重大工程。

我国全面建立农村最低生活保障体系仍然任重道远,截至2005年底,

---

[1] 参阅:杨冠琼. 当代美国社会保障制度. 北京:法律出版社,2001

按照农村人均年纯收入在 85 美元或 683 元人民币以下的标准,全国农村没有解决温饱的绝对贫困人口还有 2 365 万人;若按照农村人均年纯收入在 684~944 元人民币的标准,相对贫困人口还有 4 067 万人。这两项加起来总计 6 432 万人。[①] 由于各地最低生活成本和城乡人均收入水平差距很不一样,需要各地按照自身的条件,建立并完善城乡最低生活保障体系,实现全国 100%的覆盖面,此中,各级政府将承当重要的责任。如果我们仔细观察各国的社会保障制度,以最低生活保障制度为名称或者类似名称的制度并不多见,多数国家采取的是形式多样的社会救济。不采用多种救济形式与最低生活保障制度的组合,是有其一定道理的。这是因为落实到单个人头上,救济价值总额可能很高。这容易造成有劳动能力的低保人员不工作反而比去工作更划算,也就是造成了工作者与不工作者的相对收入结构的扭曲。

由于救济和补助形式五花八门、透明度较为缺乏,著名诺贝尔经济学奖得主弗里德曼就提出一个"负所得税"方案,建议用"负所得税"来取代各种各样的救济和补贴。所谓"负所得税",就是政府对收入未达到规定水平的家庭所得的补助,其补助额就是所规定人均收入水平与该家庭人均收入之间的差额。之所以称"负所得税",这是因为一般的"正所得税"是政府对家庭所得的征税,而"负所得税"则是政府对家庭的反向支付。弗里德曼的方案无疑就是最低收入保障方案。但是,这里应该注意到,弗里德曼的方案也同样摒弃了多种救济形式与最低生活保障制度的组合。因此,我们有必要注意最低生活保障制度不要造成相对收入扭曲问题。

还应该注意,最低生活保障制度作为一种救济,也有别于扶贫。救济是一种社会福利对困难群体的收入或者生活扶助。而扶贫则是与市场兼容的,是对可扶持者提高自身经济和收入能力的扶持和促进。建立农村最低生活保障制度是维护农民作为公民应当享有的生存权利的需要,是实现社会稳定、构建和谐社会的需要,是健全农村社会保障体系、改革和完善传统农村社会救济制度的需要,是市场经济发展的客观要求,也是促进农村经济发展的需要。中共中央决定在全国范围内建立农村最低生活保障制度,是党和政府关心人民群众的具体体现,彰显了党和政府统筹城乡发展的坚定决心,体现了党和政府立党为公、执政为民、"以人为本"的执政理念,也体现了政府的福利主体作用。

---

① 第一财经时报,2006—12—26

第二，社会保险。作为我国社会保障体系中的基本子系统，社会保险对公民的养老、失业以及医疗、工伤等起着十分重要的保障作用。从福利供给主体看，政府的作用主要表现在两个方面：其一，政府的政策制定与监督。社会保险是在既定的社会政策下，通过立法手段建立社会保险基金而对公民在遇到特殊情况下给予的经济补偿。在社会保险的实施过程中，政府在社会政策的框架下，还必须对社会保险的运作进行监督，包括资金的筹集和应用的监督。其二，资金的支持。尽管社会保险的资金来源于国家、单位和个人，但是，国家的主体作用和政府的福利供给是极其重要的，特别是对于一些欠发达地区以及没有单位或单位效益很差的个人来说，政府为其社会保险适度"买单"是必须和必要的，这样就很好地体现了政府福利的主体地位和主体作用。

（二）特殊性的社会福利事业

我们这里讨论的特殊性社会福利并非是一般意义上的社会保险，如养老保险等，而是在社会保险之外的、必须由国家及政府负责的福利。特殊的社会福利事业主要指由政府为主体而组织和实施的老年人福利、儿童福利、残疾人福利及其机构运作，主张政府为老年人、残疾人以及儿童等弱势群体提供的社会救助与福利供给，是绝大多数国家社会福利制度中不可或缺的部分。尽管有市场运作及商业福利事业的介入，但是，作为特殊人群的社会福利，政府的责任是不可推卸的，主体地位是明确的。

之所以把老年人、残疾人和儿童福利作为特殊性的社会福利事业，是因为相对于其他群体的社会福利，其自给性或自助性程度不高，需要借助于他助性的社会福利提供才能满足需求，而政府的资助与组织就是最好的社会福利提供，其主要表现在政府的资金投入与监督实施两个方面。

第一个方面，资金投入。特殊性社会福利的资金投入属于"财政性社会保障基金"，其来源于国家税收，通过经常性预算和财政拨款的形式而形成，直接体现着国家在社会福利上的责任。在西欧和北欧等福利国家，财政性社会福利基金十分庞大，一般财政预算的30%～50%被用于社会福利开支。而在现阶段的中国，由于社会保险基金在财政系统之外运行，政府财政直接承当的社会保障拨款只限于救灾济贫、公务员保险、军人保障及官办福利事业等，其规模在国家财政预算中所占比重还不到10%。[1] 其

---

[1] 郑功成. 社会保障学——理念、制度、实践与思辨. 北京：商务印书馆，2004. 332

中的"官办福利事业"就是以老年人福利院、残疾人福利院以及儿童福利院为主的"特殊性福利事业"。在比例本来就很小、数额本来就很少的政府财政拨款里，涉及所谓的"官办福利事业"的财政资金投入必然更加有限，因此，这也在很大程度上制约了特殊性福利事业的发展。

从福利国家或社会保障的类型看，我国建设完善的社会保障制度之根本目的也不是构建如同北欧那样的"福利国家"，尽管如此，社会保障的责任主体无疑是政府，政府的财政拨款成为筹措社会保障资金的一个固定的及主要的来源渠道。因为没有国家和政府的财政作为经济后盾，就很难建立起健全的社会保障制度和社会福利体系，或者，即使建立了相应的社会保障制度和社会福利体系，缺乏政府的财政支持也难以得到健康的发展。很明显，政府的财政支持和资金投入决定着社会保障制度和社会福利体系构建与运行的成功与否。

特殊性福利事业之特殊，就是因为福利对象不能通过自身的力量解决自己的问题，比如老年人、残疾人以及失依儿童等群体，就十分需要专门的机构与专门的工作人员对他们进行专业性的照顾和服务。这是因为在社会化程度很高的现代社会，家庭的功能已经在很大程度上弱化，老年人、残疾人的问题不可以寄希望于在家庭内得到很好解决，而必须在社会化、专业化的制度化框架下由政府作为责任主体在社会政策的引导下加以解决。在我国的社会保障制度体系中，一直就有狭义上的，特指老年人、残疾人、儿童等方面的社会福利事业，各地也有数量不等的各种福利院机构，而且费用都是由政府财政提供，为解决特殊性人群的问题起到了很重要的作用。但是，随着我国进入老龄化社会以及老龄化程度越来越高，随着残疾人的权益的提高和就业的难度加大，随着流动人口的增加而带来的生育方面存在的问题增加，原有的福利院机构模式已经不适应时代的要求，特别是规模小、数量少、经费紧张的问题必将越来越突出，为此，政府加大财政拨款和资金投入的力度就十分重要了。

第二方面，监督实施与服务。政府加大财政拨款和资金投入的力度，为特殊性福利"买单"，并不是意味着政府需要直接经营特殊性福利机构。此类服务性机构可以在政府的指导和监督下实行社会化和专业化运作，政府只需要起监督实施的作用。为此，发挥非政府组织、非营利组织的作用就显得十分必要。在香港，政府有"社会福利署"专司福利供给和福利服务工作；民间有"社会服务联合会"协调与整合专业性的服务机构，在政府的支持、资助和监督下，负责福利计划的具体施行，充分发挥着其专业化和社会化服务的作用。目前，我国对于特殊性人群的社会福利实施的管理工作主要由民政部门行使政府职能，福利院的行政管理人员也是由民政部门任命和管理，是一种"官办福利"。尽管这种管理模式也为特殊性人群的福利起到了很大的保障作用，但是总的说并没有凸显专业性和社会化的特征，不能适应新形势下对福利事业的要求。政府的主要作用就是在立法的前提下，制定好社会政策，对第三部门加以指导和监督，发挥好第三部门的社会化和专业化的作用，把特殊性福利事业推向新的高度。

（三）公共福利事业

公共福利事业是指由国家为主体的，以全体公民为对象的服务性和福利性的公益性事业，包括医疗卫生、教育文化、体育健身、环境保护等等。这是一种福利接受对象普遍、福利内容广泛、福利形式多样、福利功能突出的"公共产品"供给，国家和政府承担全部的或绝大多数费用，实行免费或低费服务。与特殊性福利不同，公共福利不是局限在特定领域或范围以内，而是每一个公民在社会生活过程中都能够而且必须接受到的福利，其根本目标不单是为了解决社会成员的基本生活或解除社会成员的后顾之忧，而是在于促使社会成员生活质量的不断提高；不仅是为了解决社会成员的物质生活问题，更为重要的是为了保证社会成员的教育、文化、健康、生活环境条件等方面的需求，以提高民众的综合生活质量。

公共福利事业就是政府为责任主体的某种公共产品供给。在非福利国家，即使其物质生活方面的福利供给水平不高，但是，在公共福利事业上，一定有相应的公共产品的供给，因为公共福利事业涉及社会成员的素质教育、健康卫生，涉及社会的良性发展。为此，公共福利事业应该是政府福利中极为重要的内容。在西方发达国家，政府对于公共福利的投入在整个社会福利投入中一直占有很高的比例，直接保障了社会成员能够得到良好的免费或低费教育、医疗以及休闲等，大幅度提升了社会成员的生活质量水平，使其在物质生活和精神生活层面都得到很好的福利供给和福利保障。

新中国成立以来，特别是改革开放之后，我国的公共福利也不断得到较好和较快的发展。社会成员的受教育机会和受教育程度得到大幅度的提高，医疗卫生事业的发展也为公民的身体健康奠定了良好的基础，人均寿命不断提高，接近和达到了世界发达国家的水准，群众性的健身场所和设备也越来越多，越来越完善，环境的整治也得到很大的改善，社会主义和谐社会构建中的公共福利条件越来越好，人与人之间、人和社会之间、人和自然之间的和谐关系也越来越好。但是，我国城乡二元社会结构造成城乡发展的差异，客观上也导致了农村在公共福利事业发展上的相对落后，以及由于某些方面的改革滞后或不彻底，导致教育、医疗等方面依然存在不少问题，公共福利事业还需要在政府的主导下加大改革的力度，加快发展的步伐。

就城乡差距而言，我国广大农村的教育、医疗、环境保护以及其他与此相关的福利事业在总体上还十分落后。农民子弟因学费及家庭困难等原因所引起的辍学及失学现象还屡见不鲜，教育的公共福利功能并没有很好地在部分农民子弟身上得到发挥。由于经济困难而引起的看不起病，"小病熬""大病拖"甚至错失医疗机会的事例也常有发生，很多农民还没有被真正纳入医疗保险的体系，更不用说享受公共福利。在其他方面，农村的公共福利供给总体上还是处于"福利缺失"或"福利不够"的状态。鉴于此，在社会主义和谐社会构建以及社会主义新农村建设中，政府必须加大公共产品供给力度，增大公共福利的水平，切实把农村的教育和医疗以及其他相关公共福利事业作为一项制度建设好，让广大农民能够享受到公共福利。

就某些方面的改革或发展滞后而言，无论是城市还是农村，在医疗体制的改革上还存在着不少问题，社会各界也对这个问题做了不少探讨。我们认为，撇开医疗体制改革中的具体问题，首要的是需要树立一种观点，即，医疗卫生事业是关乎到国民健康、关系到千家万户、关系到社会良性发展的"公共福利事业"，而不是简单地"看病吃药"。这就要求政府从社会政策的角度而不是从市场的角度来看待医院的布局问题，医疗设备的配置问题，医生的待遇问题，药品的购买规范问题等等。其中，政府的资金投入和监督是必须的，也是重要的。即使在城市社区中，有不少的低收入者也陷入了"有病无钱看""小病成大病"的怪圈，他们所能接受的社会福利仅是政府提供的最低生活保障，也只能依靠这些来维持基本生活，而公共福利中的医疗卫生福利供给对他们则微乎其微。要改变这种状况，就必须全社会努力，其中加大政府的公共福利供给力度是最为重要的。

第四章
社会福利体系中社会工作和社会保障的同源性分析

在社会福利体系中,社会工作和社会保障的联系最为紧密也最为直接,在社会福利的发展历史中,二者之间存在着明显的同源性和异轨性。分析社会工作和社会保障的关系,对于构建和完善社会福利体系并发挥好社会福利的功能将具有十分积极的意义。

第一节 社会工作和社会保障发展的同源性和异轨性

在人类社会漫长的历史发展过程中,对老、弱、病、残等社会弱势群体的认识经历了一个不断变化和发展的过程,到了近、现代工业社会,逐步形成和完善了对社会上处于困境的群体提供援助的有效机制:社会工作和社会保障。二者都是萌芽于宗教思想和早期的慈善事业及济贫制度等社会救助活动,共同的宗旨就是以专业性和制度化为保障,从物质和精神、实物救济和心理疏导等方面为人们解决实际问题,以提升其生活质量与福利水平。

一、社会工作和社会保障的共同思想基础

西方社会宗教慈善团体与政府介入的济贫事业可谓源远流长,社会工作和社会保障制度源于西方的慈善救济和社会救助并不是偶然的。在对一些社会现象的解释上,人们一直具有较为深厚的思想认识基础。

（一）关于贫穷的看法

人类具有各种各样的需要和需求，满足需要和缓解贫穷是社会工作和社会保障二者共同的基本目标，其具体的实践办法显然与如何界定贫穷以及如何看待其原因有关。界定贫穷的视角众多，简单来说，物质性的生活贫穷就是人们缺乏获得食物、改善生活条件的条件和资源。从马斯洛的人类需要层次理论的对应面看，生理需求的不足就是缺乏食物、安全需求的不足就是缺少保障、归属需求的不足就是被排除了参与社会活动、尊重需求的不足就是有遭到歧视的可能，最低需求层次不能得到满足，必然会反映为贫穷。常见的关于贫穷产生的原因和解释的理论有如下几种[①]：

1. 贫穷文化论

该理论认为穷人并非主流文化的一部分，因其独特的文化、价值观和道德而成为异类；低下阶层人士往往被视为由于自身行为而沦为穷人的一部分。

2. 社会达尔文主义

该理论运用进化论的"适者生存"原理解释贫穷现象，强调贫穷源于个人而非社会，认为贫穷与个人自身有关且多源于懒惰，因此贫穷人士也往往被称为依赖者。

3. 社会结构论

该理论认为影响整个社会或由于社会的短缺和困难而出现的需要，可称为社会引发的需要，这种需要有时可视为一种剥夺，并在物质资源、精神或情感、认知、人际、机会、人权、生理等方面得以体现。社会需要的因素可能对个体的正常需要产生负面影响，如经济转型中的行业调整使许多人失去工作，城市农村的二元体制使农村民众缺乏平等的机会。

4. "人环两因论"

该理论认为人与环境的适应性平衡是两者追求的目标，人的困境可能在于个人，也可能在于环境，要从个人与环境两个视角予以剖析。

对于贫穷产生原因的认识尤其是统治阶级对于贫穷责任的界定直接影响到对贫穷者的态度和实施济贫的方法。贫穷文化论和社会达尔文主义主要是从贫穷者自身的特征寻找原因，更多地认为是个人的责任；社会结构论则认为是社会的短缺和困难引发了社会成员的需要不足或贫穷，因此更

---

① 顾东辉. 社会工作概论. 上海：译文出版社，2005. 14

多地认为是社会的责任;"人环两因论"则认为贫穷是人与环境失衡、两者不当互动的结果,贫穷就是个人原因与环境原因整合的产物,可能单独源于个人,可能单独源于社会结构,也可能是某个社会场景中个人根据自身状况积极或消极应变的产物。无论社会工作还是社会保障基本上都是从"人环两因论"的角度来认识贫穷和解决贫穷问题的。社会工作者一方面通过专业方法介入个人的生活,另一方面参与到政策制定或者政策建议中,从两个方面解决问题。社会保障制度的制定首先是将解决贫穷问题视为国家和政府的责任,而不仅仅是个人的原因,同时在政策制定中也激励个人自身努力解决贫穷问题。

贫穷是一个复杂的社会问题,关于"贫穷"的研究和争论也一直没有停止过,正是从"贫穷"问题的思考产生了形式多样的社会救济制度,随着社会的进步和发展,最终产生了社会工作和社会保障两种解决贫穷以及社会问题的重要方法。

(二)宗教思想的影响

宗教被称为西方慈善之母,其思想和实践对社会救助及早期社会工作和社会保障产生了深远的影响。基督教文明所宣扬的"博爱"观念更是社会工作专业发展的一个直接的思想根源。宗教对于社会工作的影响表现在工作者和机构的一些基本价值判断与道德伦理,主要表现在爱、给予、人性三个方面。基督教强调爱人如己,认为人因其需要而接受服务,并非其他原因;宣扬服务众生的利他主义精神,主张用谦逊的态度方式去服务他人,无私地、不求回报地关心他人的疾苦和需要。

与此同时,许多宗教团体还直接开办各种慈善事业救济贫民,并一度成为西方国家维护社会稳定和保障社会成员基本生存的重要基础。宗教对于后来的社会工作和社会保障而言不仅仅强化了平等、公平、互助等道德基础,还为社会救助以及后来的社会工作方法和社会保障制度安排提供了方法基础。

(三)人文主义和人道主义

发端于15世纪欧洲文艺复兴运动的人文主义和人道主义思想,对社会工作和社会保障的哲学思想和实践模式都产生了不可忽视的影响。人文主义起源于14世纪,是欧洲文艺复兴时期的指导思想。人文主义的发展是一场世俗的运动,是科学反对神学、人性对抗神道的思想和实践运动,其目的在于为人类行动提供一种哲学基础,主张放弃经院哲学的空洞和形而上学思考,鼓励人们接近人的现实生活,热爱生命并崇尚自由。人文主义本质上是人性的解放,主张人回归到真实的生活世界中去。人文主义的主要内容包括:强调人的价值和尊严;人应该主宰这个世界;对人的本质持乐观态度;人是理性的存在,拥有真理的内在来源;个人的自由在自然界和社会中享有崇高的地位。人文主义坚持相信人类可以通过自己的行动去创造和改变,人的潜能也能得到发挥。人文主义对社会工作的影响体现在很多方面,不仅表现在社会工作者的精神境界上,也体现在专业工作者一贯待人处事的态度与方式上。[1]

人道主义作为一种思潮和理论,是人文主义思想发展的结果,人道主义价值观主要包括四个方面:

(1) 承认人的价值在于尊严,并把它作为衡量一切事物的尺度。

(2) 对人的本性持乐观态度,认为人是有尊严、有理性的,人拥有追求真理的动力。

(3) 人道主义认为天赋的和社会的个人自由有极高的价值。人道主义者相信只要为人们提供机会和自由,人的潜能就能释放出来。

(4) 人道主义宣传通过社会改革减轻人们的痛苦,主张给人们发展的机会及促进个人的权利。

人道主义中最重要的价值在于提出"人权"和"人道"的观念,这与社会救助以及社会工作和社会保障关注人的基本权利和推动社会进步的目标是紧密相连的。人道主义使得国家、社会以及更多的个体认识到,每个人都有其价值,必须维护和保障弱势群体的基本权利。人道主义的传播使得个人和社会的慈善事业得到进一步的发展,同时也促使国家制定相应的政策制度保障人的基本生活。因此,人文主义和人道主义思想为社会工作和社会保障提供了哲学基础。

(四)乌托邦主义

"乌托邦"一词成为理想社会的代名词是在莫尔的《乌托邦》(又名《关于最完美的国家制度和乌托邦新岛的既有益又有趣的金书》)一书出版之后,《乌托邦》批判了当时的英国社会,宣称私有制是万恶之源,并描绘了一个没有剥削、财产公有、分配公平的理想社会。乌托邦最大的特点

---

[1] 王思斌. 社会工作导论. 北京:高等教育出版社,2005. 78

就是在政治上实行民主制，在经济上实行公有制，社会结构是城乡一体化，精神上是高尚文明，分配方面则是按需分配。其内容涉及社会制度、分配制度乃至人民健康等诸多方面，并号召人们相互帮助，以人道主义的理念尽量减轻别人的贫穷和困苦，照顾到别人的快乐与幸福。社会工作和社会保障最终追求的目标也正是构建一个和谐的社会，因此，乌托邦主义无论是在思想上还是在实践上都对二者产生了一定的影响。

在社会工作领域，社会工作者是一群有信念和理想的专业人员，他们相信人类美好的前景，主张社会的公平和正义。作为一门解决社会问题和促进弱势群体福利的专业，社会工作就是在这些基本理念的指导下，通过积极倡导社会改良，改变不公平的社会制度，促成社会平等和社会正义。从某种程度上来说，社会工作者都是理想主义者，他们对美好的社会和正义目标都怀有持久的热诚，并相信通过人们的努力可以解决社会中的不同问题，通过积极的社会制度安排和专业实践可以满足不同的社会需要。[1]莫尔之后，"乌托邦主义"得到了进一步的发展，演变为空想社会论。空想社会论的产生与发展，虽然是探讨的整个社会制度的问题，并且是一种空想主义，但它确实涉及了国民福利问题与收入分配问题。公平原则与按劳分配、按需分配等思想客观上为现代社会保障理论与实践的发展提供了指导。总而言之，乌托邦主义作为对一种理想社会的描述和展望，对早期社会工作者的实践和后来的专业理念发展产生了不可忽视的影响；乌托邦主义中关于制度安排的具体论述也是现代社会保障制度设计的基础。

二、社会救助与社会工作的历史渊源关系

社会工作和社会保障制度并不是按照预先设计好的蓝图创造出来的，而是在解决个人和社会的需求的过程中不断发展和完善的，是一国的社会、政治、经济、文化、道德等因素共同决定的。欧洲早期的社会思想传统、基督教文明以及人道主义的发展为社会工作的发展提供了深厚的社会基础，而工业革命所带来的社会变迁则成为社会工作专业形成与发展、社会保障制度建立与完善的直接动因。

---

[1] 王思斌. 社会工作导论. 北京：高等教育出版社，2005. 83

（一）英国的伊丽莎白《济贫法》

英国是工业革命的策源地，是最早出现近现代社会问题的国家，因此，也是最早实施社会救济制度的国家。为了解决当时的贫困问题，英国最先由教会开办了济贫事业，但是随着贫民的增多，教会财力入不敷出，在这种情况下政府便不得不出面来着手接管和解决这些问题。1601年，英国政府颁布了伊丽莎白《济贫法》（与后来1834年的济贫法相区别，史称旧济贫法），其主要内容有：

1. 规定每一个教区每周应向地主征收济贫税，明确了政府在救济贫民问题上的责任。

2. 规定贫民救济应由地方教区举办，每一教区设立监察员若干人，中央政府亦设置监察人员，首创国家设立机构、建立制度进行救济的先例。

3. 规定凡有工作能力的贫民，必须参加工作，以工作换取救济。教区设有贫民习艺所供男女儿童学艺，教区亦义务代为介绍，或配给原料及工具，强迫其进行工作自救。

4. 禁止无家可归者及无业游民行乞游荡，分救济工作为院内救济与院外救济两种，设济贫所收容救济，强迫其在济贫所里工作，有家者给予家庭补助，使其仍在家居住。

5. 规定人民有救济其家人和亲属的义务，教区即公共救济机构仅在贫民不能从其家人或亲戚那里获得救济时，方给予救助。

6. 济贫法将贫民分成三类：（1）体力健全的贫民，须强迫入"感化所"或"习艺所"工作；（2）不能工作的贫民，包括病患者、老人、残废者、精神病患者及须抚育幼小子女的母亲，令其进入"救济院"或施以"院外救济"；（3）失去依靠的儿童，包括孤儿、弃儿或父母无力抚养的儿童，设法领养或寄养。[1]

旧济贫法的主旨是通过政府来督促劳动者劳动，稳定社会秩序，从而使社会救济开始走上了国家化和社会化的道路。[2] 旧济贫法强调，被救济者要尽可能通过自己的劳动来获取救济，从一定意义上说，这里已经具有后来社会工作"助人自助"基本理念的萌芽成分。此外，济贫法还规定了

---

[1] 王思斌. 社会工作导论. 北京：高等教育出版社，2005. 29
[2] 和春雷. 社会保障制度的国际比较. 北京：法律出版社，2001. 4

在救助活动中除了直接发放救济物资外,还要协调社会资源,调动社会力量,这种要求在一定程度上超越了以往的志愿者在救助活动中所发挥的作用,"由政府的参与、专人的负责(贫民监督员)、院外救济的实施,足见已带进社会工作的观念和方法"①,也为专业社会工作职责范围的确定提供了实践基础。因此,1601年伊丽莎白《济贫法》的颁布既初步建立了社会救助制度,又初步奠定了救济工作实施的方法,是社会工作与社会保障制度的共同起源。

针对旧济贫法颁布以来实施的一些问题,在著名社会改革家查德威克(Edwin Chadwick)的推动下,1834年,英国政府又颁布了《济贫法修正案》(新济贫法),该法提出用两个原则②对旧济贫法加以修正以提高社会救助的社会效应。与旧济贫法不同,新济贫法认定获得社会救济属于公民的合法权利,社会有责任对贫困者实施救济,有保障公民生存的义务。社会救济不是消极行动,而是一项积极的福利举措,并要求由经过专门训练的社会工作人员从事这类工作。

在新济贫法的影响下,欧美社会救助事业开始不断地向组织化和制度化方向发展,这就为社会救助事业提供了规范化的发展框架,初步确定了社会救助工作中两种不同手法——社会工作和社会保障——的分化与分工。

1834年的新济贫法表明,社会保障与社会工作从两个不同的需求层面与工作维度,同时以萌芽的形式出现在社会救济之中。一方面,从社会责任主体及公民的受助权利看,已经出现了社会保障政策依据的雏形,标志着社会保障开始向政策化、制度化方向发展;另一方面,从由受过专门训练的工作者从事救济工作看,专业化的社会工作也成了社会救济中新的要求,标志着社会救助开始向专业化、职业化方向发展。因此,英国两次济贫法既建立了社会救助制度,又初步奠定了救济工作实施的方法,是社会工作与社会保障制度的共同起源。

(二)德国的汉堡制和爱尔伯福制

德国也是较早实施规范化社会救济的西欧国家。1772—1773年间,德

---

① 徐震,林万亿.当代社会工作.台湾:五南出版公司,1999. 43
② 这两个原则是:劣等处置原则或最低工资原则,即接受救济者之待遇不能高于在业劳动者的最低收入水平;济贫院检验原则,即把一切救济活动和被救济者集中于济贫院进行,停止一切院外的救济活动。

国饥荒频繁,对贫民的救助问题成了燃眉之急,各城区纷纷组织"公爱协会",与地方团体共同从事救助事业,如设立"强迫工作所"收容乞丐等,但收效不大。1788年,德国的汉堡市实施一种救济制度(汉堡制),规定在汉堡市设一中央办事处,处理全市救济事务。全市分为若干个区,每区设检察员1人,救济员若干人,实行综合管理下的分区助人自助式的救济制度,采取对失业者介绍工作,对贫苦儿童送往职业学校习艺,对患病者送往医院诊治等措施,使救济工作更趋组织化和科学化。

1852年,爱尔伯福市进一步改进了汉堡制,把全市分为544段,每段约有居民300人,规定其间贫民不得超过4人。每段设救济员1人,凡求助者都须与济贫员接洽,调查后才给予补助。以后每2周调查1次。济贫员为义务荣誉职务,由政府委派地方热心人事担任。全市每14段为一赈济区,设监察员1人领导区内济贫员,并由区内各段组成赈济委员会,每2周开1次会,讨论全区济贫工作并形成报告、提案,交给全市各区联合组成的中央委员会。中央委员会是最高的救济机构。

爱尔伯福制具有鲜明的特点:

第一,行政权力集中,监督严密,指挥灵活,因此行政效率比较高。

第二,赈济人员管理的区域不大,贫民的人数也不多,因此可以照顾得较为周到。经常性开会,也有助于收集信息,了解全局。

第三,济贫工作不仅注重消极的救助,而且还扶助贫民自主与自立。

第四,赈济员在接受受助者申请和实施救助之前,都必须做家庭访问调查,有详细的记录,经常开会讨论问题。

爱尔伯福制完善和规范了救助的手续与程序,实行每一个社区设专职的救助管理人员,使得社会救助更为制度化,尽管济贫工作还不是完全的政府行为,但是已经具备了政策化和制度化的雏形。同时,爱尔伯福制的具体实践也体现出早期社会工作方法的特点,由专职的赈济员做家庭探访、经常性地开会研究有关问题已经接近社会工作的个案工作方法,而由社区专业人员联结志愿者提供服务则是社区工作方法的启蒙,也是社区中社会支持网络构建的雏形。从救助对象和救助目的之同一角度看,早期社会工作和社会保障在社会救助中的"同源性"已从萌芽形式表现出来,随着救助活动的逐渐规范化和制度化,最终形成了目的相同、手法各异的两种专业和学科——社会工作和社会保障。

(三) 慈善组织会社

社会工作从有组织的援助与改良贫民生活的志愿活动成为一个专业和学科，是在18世纪中期到19世纪末期。[①] 其间，慈善组织会社（Charity Organization Society，COS）起到了积极的推动作用。慈善组织会社于19世纪末20世纪初盛行于英美，由于工业发展，失业增多，贫民问题引起社会关注，各种具有不同目标的慈善组织纷纷成立。但是在征募捐款、救济贫民等活动中出现了各自为政、重复浪费、相互冲突的混乱局面。针对这种情况，索里（Solly）牧师建议成立一个理事会，以协调政府与民间各种慈善组织的活动，在他的倡导下，1869年，伦敦成立了第一个慈善组织协会，称为"伦敦组织慈善救济暨抑制行乞协会"。9年之后，1877年美国也在水牛城成立第一个慈善组织会社，其后的6年中，美国的慈善组织会社达25个之多，形成了一个风行英美的慈善组织会社运动。

慈善组织会社中的"友善访问员"从事专门化的服务，他们的实践为社会工作的发展积累了实践经验，其工作方式也促进了社会工作者的专门化进程，他们的实践经验成为社会工作专业化的重要基础。更为重要的是，友善服务员所开展的个别调查成为个案工作的开端。"友善访问员"访问申请救助者，开展个别调查了解其社会背景并制定应采取的措施；实践中运用调查、登记、互助、协作等方法向贫民提供适当的救济也是个案社会工作方法的直接来源。慈善组织会社运用统一的理念协调组织慈善救济事业，为形成具有共同价值和统一概念范畴的社会工作专业体系创造了条件，是实现社会工作专业化的一个重要实践基础。

另一方面，慈善组织会社运用统一的理念和管理来组织协调慈善救济事业，使得社会救济事业更加具有系统性和统筹性，促进各救济机构、慈善组织为解决问题采取合作，是实施系统的社会救助体系的探索，也提供了实践模式上的示范。

(四) 睦邻组织运动

睦邻组织运动是通过社区改良来实现助人目标的一场运动，它以社区为工作场所，使得人们在更大的范围内来关注和解决社会问题。睦邻组织

[①] Brieland Donald, 1995, *Social Work Practice: History and Evolution*, in Encyclopedia of Social Work, NASW Press.

运动把救助工作由简单的物质救济进一步扩展到对受助者精神的关怀和对社区的改造。为了研究和解决社会实际问题，让受过高等教育的阶层中一些人和贫民共同生活，可以使得贫困者和富裕者打成一片，实现政治上的平等和民主，而且还可以使贫民获得接受教育和享受文化生活的机会。同时，知识分子深入贫民区与贫民共同生活，可以促使他们对社区中的贫穷等问题做更为深入的了解和研究，有助于社会问题的合理解决。1884年，英国伦敦东部圣犹太教区的牧师巴涅特发动当时就读于牛津、剑桥大学的贵族子弟前往该地区做社区研究，以便实际了解贫民的生活状况并寻找解决问题的对策，为贫民服务。他们在贫民区首创了一个"大学社区睦邻服务中心"，为了纪念一位誓为贫民服务但因病早逝的牛津大学讲师汤恩比而将其取名为"汤恩比馆"。根据台湾学者叶楚生的观点，睦邻组织运动对社会工作发展具有重要的意义：首先，社会工作的目的在于寻求个人与社会生活的改善，其工作方式应该与个人和社会双方同时入手；其次，社会工作应随时依据社区实际需要安排工作，并要发动、组织或配合社会力量来共同工作；再次，社会工作可以以整个社区为工作对象，并应该以促进全面的社区福利为目的；最后，社会工作的实施方法不仅可以运用社会个案工作方法，还同时发展了社会团体工作和社区工作两种社会工作方法。睦邻组织运动为社会工作发展了新的服务工作方式，促进了社会工作的专业化发展。[①]

从英国早期的济贫立法到后来的慈善组织会社及睦邻组织运动看出，济贫过程逐渐由简单的救济与救助活动发展到有基本理念和基本手法的专门性的工作方法。随着社会工作"受薪者"出现，社会工作也就最终成为一个社会职业。

19世纪末20世纪初以后，资本主义国家纷纷加紧工业化。工业化的发展不断破坏旧的工作与生产方式，致使家庭活动范围缩小，功能下降，社会结构及其功能也发生了很大变化。各种犯罪现象层出不穷，其数量则远远超过传统城市中的无业游民，这一阶段的西方社会对行业性的社会工作提出了客观要求，社会问题需要专门的受薪人员来解决，工作者需要理解普通大众的生活和痛苦，还要具备专门的知识，社会工作开始从志愿性工作向行业性工作转变。

随着行业性社会工作的发展和行业协会的成立，作为行业的社会工作

---

① 徐震，林万亿. 当代社会工作. 台北：五南图书出版公司，1999. 43

者与关心社会福利的志愿群体逐渐区分开来,人们对社会工作的期望和要求也愈来愈高。而且,仅仅依靠未受训者凭爱心、善心和乐于助人的态度去解决社会问题无论是在数量上还是水准上都远远不够。这个时期的社会工作开始加入了更多科学的成分,尤其是受到社会学的极大影响。社会工作训练和教育也开始逐渐发展,大量训练班先后成立,随后一些大学纷纷成立社会工作学院,开展社会工作的课程。1904年纽约社会工作学院成立,1901年美国的哥伦比亚大学和芝加哥大学等开设了社会工作的有关课程,这些课程为社会工作向专业性发展提供了理论和知识的储备。1917年芮德芒琪出版了《社会诊断》一书,被视为专业社会工作诞生的标志。此后,社会工作训练和教育得到迅速的发展。随着20世纪初以后美国社会工作教育与研究的深入开展以及社会工作专业协会和机构的纷纷建立,早期救济贫民过程中的救助活动最终发展成为专业化的社会工作,并成为一个职业、一项专业、一门学科,在解决社会问题中发挥着不可替代的作用。

三、社会救助与社会保障的历史渊源关系

在社会救助中,国家以立法的形式承担起保障全体公民基本生活的责任,并且也在法律的基础上给予公民享有救助的基本权利,1601年英国的济贫法和随后的一系列法案都表明了国家在承担社会保障责任方面的作用。现代社会保障制度的演化同19世纪以来西方产业革命的发展历史密切相关,尤其是同英美产业革命的发展和城市化的进程联系在一起。19世纪英美盛行的社会达尔文主义以及功利主义的社会伦理,也深刻影响了当时济贫事业的发展和日后社会保障制度的建立。当福利成为一种有组织的社会资源时,福利分配不仅要考虑到个人和群体的生存价值,同时也必须考虑到它对政治和社会秩序的影响;当社会保障被统治者看成不只是济贫,而且是有利于国家治理和社会稳定时,社会救助就必然会从早先的低层面济贫上升到政策性和制度化的社会保障制度,此时,保障对象已经不再是简单地定位于"穷人",而是定位于社会全体公民;当德国首相俾斯麦接受了"一个想得到养老金的人是最安分也最容易被驯服"[①]的观点而采取相关立法时,现代意义上的社会保障制度就最终从济贫活动中脱胎而出。

从1883年到1889年,德国先后颁布了《疾病社会保险法》《工伤保险

---

① 郑秉文,何春雷. 社会保障导论. 北京:高等教育出版社,2001. 9

法》以及《老年和残障社会保险法》,这一系列社会保险法的颁布,标志着社会保障制度由萌芽期进入了形成期。以社会保险制度的出现作为现代社会保障制度产生的标志,有三点原因:(1)社会保险属于制度化的保障机制,从而完成了由济贫时代的不确定性、临时性到稳定性、经常性的转变;(2)由雇员、雇主共同供款和国家资助建立起来的社会保险制度,真正确立了社会责任与风险的共同分担机制;(3)受保障者无需以牺牲人格尊严和接受惩戒为受益条件,免去了济贫制度下的经济状况调查和济贫院的奚落。[1]

尽管社会保险制度在产生之初只不过是统治者的一种"怀柔术",但它的出现确实使社会保障进程产生了质的飞跃,由零星的救灾济贫措施发展成为国家固定的社会政策,施舍式的社会救助发展成为公民的一种法定权利。到20世纪初,欧洲大部分国家都程度不同地推行了社会保障制度。1935年,美国通过了历史上第一部《社会保障法》,此后"社会保障"或"社会安全"一词开始广泛使用。1942年,英国伦敦经济学院院长贝弗里奇发表了《社会保险及相关服务》,即著名的《贝弗里奇报告》,提出了关于建立社会保障制度的一系列全面计划和建议,出现了"洛阳纸贵"的轰动效应[2],对英国及欧美各国社会保障体制的建立产生了重大影响。1948年,英国首相艾德礼公开向全世界宣布,英国已经建成了世界上第一个"从摇篮到坟墓"的"福利国家"。此后,社会保障制度在世界许多国家得到快速发展。

通过简单的历史分析,我们较为清晰地看到,作为政策性和制度化的社会保障与作为专业化和职业化的社会工作具有明显的"同源性"和"异轨性"。"同源性"体现在二者具有共同的思想渊源和理论基础,并且都是由早期的济贫实践演化而来;"异轨性"是因为随着济贫方法的多样化、规范化、组织化、专业化、法制化和政策化倾向,二者又有各自不同的发展轨迹。社会保障逐渐形成了以社会保险、社会救助为核心的发展主线,而社会工作则从早期的个案工作发展到团体工作以及近代的社区工作,逐渐形成了一门系统化的专业和职业,二者成为现代社会福利体系中两个不可或缺的重要组成部分。

---

[1] 郑功成. 社会保障学——理念、制度、实践与思辨. 北京:商务印书馆,2000. 129
[2] 《贝弗里奇报告》发表后,卖出了63.5万本,美国人也买去5万本。参见:林万亿. 福利国家:历史比较分析. 台北:巨流图书出版公司,1994. 51

第二节　社会工作和社会保障对象的同一性与交叉性

同源性特征决定了作为一门专业的社会工作之发展和作为一种制度的社会保障之成长是密不可分的。社会救助的专门化、技术化和职业化要求，必然形成"以人为本""助人自助"的专业性社会工作；而社会救助的法制化、政策化和制度化要求，必然产生"权利和义务相统一""广泛性和公平性相结合"的社会保障制度。"社会工作从社会福利制度需要代理人来实施日益增长的福利项目这一事实中发展起来"[①]，社会保障制度又在社会工作的发展和推动下得到进一步的完善。从"同源性"我们看出，专业性的社会工作和制度化的社会保障是在早期的济贫活动中分化成两个不同方向发展而来。之所以是两个不同的发展方向，主要由于济贫工作客观上既需要灵活的方法和专业性的技巧，也需要国家作为主体，承担起救助和保障公民基本生活的责任。由此观之，社会工作和社会保障的不同方向发展，只是救助主体的分化与实施方法的分类，而作为救助客体则同样是由于种种原因处于社会底层的弱势群体。

一、社会工作的对象

社会工作的对象是指直接接受社会工作服务的个人或群体。从社会工作起源的角度看，早期的慈善家们最初帮助的是那些无家可归的流浪者、儿童和老人、因失业等原因而致贫的贫困者以及战争中的负伤者等。实际上，在各国社会工作发展的初期，社会工作首先帮助的都是社会上最边缘、最困难、从道义上讲最应该帮助的人。随着社会的发展、社会问题的增多，社会成员的心理压力不断增大，社会工作的服务对象已经扩展到各个阶层。当然，由于社会福利资源的短缺，至今一些发展中国家的社会工作实践基本对象也依然是那些最需要帮助的人，如孤儿、孤寡老人、残疾人以及因自然灾害和社会原因而陷入困境的人。

---

① 王思斌. 社会工作概论. 北京：高等教育出版社，1999. 47

（一）社会工作的基本对象

社会工作的对象并不是固定的，而是一个动态的群体，只要社会成员因各种原因遭遇到危机时，就已经进入社会工作对象的范围。社会工作在其形成过程中基本上是以最贫困的个人和家庭为对象的，20 世纪 30 年代以来特别是第二次世界大战之后，社区也逐渐成为社会工作的对象，并最终确立了个案、团体和社区三大工作方法。相应地，社会工作的对象从性质上来说也可以分为三大类：个体（包括个人和家庭）、团体和社区。从受助者的特点看，社会工作的对象包括：儿童、青少年、妇女、老年人、贫民、残障人士、劳动者等等。

（二）社会工作的领域

从社会工作的产生与发展来看，它是与社会问题的出现及解决联系在一起的，主要致力于贫穷、失业、疾病、婚姻家庭、吸毒、酗酒、犯罪等方面。从最初的贫困问题到现代社会各种新的社会问题的出现，社会工作的领域也在不断地扩展，从国际上的一般情况来看，主要包括以下几个方面[①]：

1. 公共救助。它是政府或社会服务机构对经济匮乏从而物质生活面临危机的社会成员提供的物质方面的支持和帮助。

2. 家庭服务。它是对家庭因社会或家庭成员方面的原因而陷入困境所进行的支持性服务，是以家庭整体为对象的服务。

3. 儿童服务。国际上的儿童服务是指对未成年人的服务，即包括对儿童和少年的福利服务。主要包括对失依、流浪儿童的救助，对受虐儿童的援助，对儿童受教育权利的保护以及对沾染不良行为的少年儿童的帮助。

4. 老人服务。主要包括老人家庭服务、医疗保健服务、社会适应服务及老人救助等。

5. 康复服务。主要是针对残障人士而开展的福利服务。

6. 学校社会工作。主要是以帮助学生正常地学习和健康成长为目的的服务。

7. 就业服务。社会工作在就业培训、职业辅导等方面做工作，促进

---

① 王思斌. 社会工作导论. 北京：高等教育出版社，2004. 18～20

就业。其中既包括对求职人员的劳动技能培训，也包括对其求职技能的培训，以及与劳动就业管理部门、用人机构建立联系，促进双方互相了解和相互接纳，从而实现就业。此外社会工作也可以在福利保障、劳动保险、职业康复以及人力资源发展等方面继续对职工给予支持。

8. 矫治服务。矫治社会工作是指专业社会工作者和志愿人员运用专业理论和方法对罪犯或有犯罪危险的违法人员提供思想教育、心理辅导、行为纠正，使之消除犯罪心理，修正其行为模式，以适应正常的社会生活的服务。

9. 心理健康服务。社会工作者可以通过心理辅导帮助人们纾缓心理压力，使其正常地投入工作和生活。另外，对于那些有较严重精神病患的人，社会工作者可以对他们进行精神健康方面的服务与治疗。

10. 医疗社会工作。医疗社会工作首先是针对患病者进行的服务工作，主要针对一些阻碍患者得到有效治疗的方面，如因贫困不能就医或者是医治过程中因医患关系不协调而影响医疗效果。社会工作者介入其中，对患者实施帮助提供服务，进行社会诊断和社会治疗，以改善患者的健康状况。此外，在公共卫生政策方面社会工作者也发挥着重要的作用。

11. 社会保险服务。社会保险是现代社会保障制度的重要组成部分，它是通过一定措施向因工伤、意外事故、退休等原因致使收入减少的劳动者及其家庭成员提供经济上的援助。而社会工作的介入可以向当事人实施政策咨询、协助办理保险业务等方面的工作，从这一点也可以看到，社会工作和社会保障制度紧密地联系在一起。

（三）社会工作对象的扩大

随着社会的变化、社会问题的复杂化和社会的进步，社会工作的对象和领域也在扩大，主要表现为社会工作的性质由补救性、治疗性向预防、补救与发展相结合的方向发展。社会变迁的加速和社会成员心理压力的增加，使得缓解人们的心理压力成为社会工作的重要任务。这样，社会工作的对象就大大扩展了，不再是局限于社会上的贫困者，而是扩展至社会的中上层。比如，对工作压力大的中年群体实施心理支持与发展服务、对物质生活无忧的老年群体实施社区服务、对边缘青少年进行辅导服务等等。福利国家的出现更加使得社会工作从面向贫弱者的救助性工作发展成面对全体国民的、全面的、制度化的关怀。人的需求是多层次的，为了满足各个群体不同层次的需要，社会工作本身也在不断地发展，不断地扩展其服务的对象和领域。

二、社会保障的对象

(一) 社会保障的基本对象

社会保障制度是指以国家或政府为主体,依据法律规定,通过国民收入再分配,对公民在暂时或永久失去劳动能力以及由于各种原因生活困难时给予其物质帮助,以保障其基本生活的制度。[①] 在社会生活中,每个人在其一生中都会面临生、老、病、死、伤、残、失业等风险,而这些风险仅靠个人和家庭力量是难以抗拒和承担的,这也就是社会保障之所以需要的根本原因。社会保障制度最初也是对弱势群体的保障,但是"弱势群体"是一个相对性和变化性的概念,随着时代的发展和社会的变迁,社会弱势群体也会发生相应的变化。

由于社会保障的多层次,不同群体的不同需求以及各个国家不同的国情,在确立具体的社会保障对象上,尤其是每一个具体项目的保障对象上,国与国之间的差别很大。大体上来说,现代国家基本上采取两种原则来确定社会保障的对象:一种是以德国为代表的"特殊性原则",其确立的保障对象主要是工薪劳动者;一种是以福利国家瑞典为代表的"普遍性原则",以全体居民或公民为保障对象。一般来说,现代社会保障对象的界定往往是进行量化的,也就是根据一些具体标准来决定能否进入社会保障体系以及具体的保障水平。

(二) 社会保障的范围

社会保障的范围在不同国家之间差别也很大,这是受经济发展水平、社会文化背景、历史因素、基本国情等复杂因素所制约,为社会福利制度所决定的。如以瑞典为代表的北欧高福利国家的保障范围就是"从摇篮到坟墓"的广覆盖、高水平的全面保障,而在另外的一些国家与地区,只对不能依靠自己力量的群体进行维持基本生活的保障。总体上说,社会保障的范围包括对象范围和内容范围两个部分。对象范围是指享受社会保障的对象是全体公民还是特定范围的民众,这里就涉及"普遍性原则"和"特殊性原则"。随着时代的发展和社会的进步,即使"特殊性原则"的社会

---

① 孙光德,董克用. 社会保障概论. 北京:中国人民大学出版社,2000.4

保障制度，也在向扩大保障对象范围上转变。在内容范围上，社会保障一般包括两个方面：一是提供基本生活保障的范围，满足社会成员基本的生存需要，如养老金、失业救济金等；一是满足特殊需要的范围，有专门的对象，如生育补助、子女津贴等。① 我国社会保障体系目前由社会保险、社会救助、社会福利和社会优抚构成，其中社会保险包括养老保险、医疗保险、失业保险、工伤保险、生育保险等。社会保障的范围也是不断发展变化的，正如社会保障出现之初仅限于对某一部分群体，而后随着社会发展的需要才逐步扩展到多个领域。

三、社会工作和社会保障对象的同一性与交叉性

从"同源性"我们看到，专业性的社会工作和制度化的社会保障是在早期的济贫活动中分化成两个不同方向发展而来。之所以是两个不同的发展方向，主要由于济贫工作客观上既需要灵活的方法和专业性的技巧，也需要国家作为主体，承担起救助和保障公民基本生活的责任。由是观之，社会工作和社会保障的不同方向发展，只是救助主体的分化与实施方法的分类；而作为救助客体，则同是由于多种原因处于社会底层的弱势群体。因此，社会工作和社会保障的对象既是同一的，又是交叉的。

之所以说二者的对象具有同一性，是指社会工作和社会保障所服务和保障的对象都是那些通过自己的力量而无法摆脱困境的社会底层民众。他们或失去生活来源，或患有疾病，或遇到其他困难，或有烦恼的心理压力，处于各种社会经济风险之中，需要得到他人和社会的帮助。专业性的社会工作以"助人自助"和"以人为本"的基本理念，采取个案的、团体的以及社区的专业方法介入到案主对象中去为他们解决问题。而社会保障制度则在社会政策指引下，以法律为依据，对公民在遇到因失业、年老以及疾病等不能依靠自己的力量生活时给予一定的保障，以保证公民的基本生活水平。社会工作和社会保障从不同的角度，以不同的手法服务于相同的社会群体，因此说，二者的对象是同一的。

之所以说二者的对象具有交叉性，是指由于社会工作和社会保障的服务手法、内容重点各不同，从微观的操作层面看，二者的对象并非绝对的同一。具体看，所谓交叉性，是指社会工作和社会保障既有相同的对象，

---

① 童星. 社会保障与管理. 南京大学出版社，2003. 13

也有不同的对象,二者的对象像两个交叉重叠在一起的圆,有重合的一面,也有各自独立的一面。就现代社会保障制度而言,尽管在具体保障项目上有可能根据不同的群体采取不同的保障内容,但是,社会保障的对象是全体公民则无可置疑。而对于社会工作来说,它只是把"有需要"的人作为自己的案主对象,换言之,那些有制度化保障、不属于社会弱势者或不需要社会工作介入的群体,相对来说就不是社会工作的对象。社会工作是把在社会保障制度安全网下还不能解决的问题,特别是有帮助需要的人作为特定对象。因此,从这个意义上说,社会工作和社会保障的对象是交叉的,而功能又是互补的。

因此,社会工作和社会保障在服务对象和服务内容上具有同一性,但又是交叉的。社会保障的政策化和制度化导致其必然具有一定的刚性,往往是根据既定的标准来衡量是否应该纳入保障范围之内;社会工作的专业化和职业化特征也决定了其灵活性和多样性,根据客观需求提供服务。从这个意义上说,社会工作和社会保障的对象是交叉的,同时二者服务对象的交叉性也决定了其在功能上具有互补性。

第三节　社会工作和社会保障的同旨性与功能互补性

作为一门专业的社会工作之发展和作为一种制度的社会保障之产生都基于相同的社会背景,出于相同的社会目的,两者都可以视为是"解决工业社会的社会问题的组织化的努力"[①]。社会工作和社会保障的宗旨都是为了解决社会问题、缓解社会矛盾、维护社会稳定、促进社会和谐发展。这样的一种同旨性关联使得社会工作与社会保障成为实现社会福利理想、完善社会支持网络的有力保证。

一、社会工作与社会保障的功能

作为社会福利体系中两个最为主要的子系统,社会工作与社会保障在发挥各自独特的功能之同时,也在功能上相互补充,具有促进社会福利的共同功能。

---

① 王思斌. 社会工作概论. 北京:高等教育出版社,1999. 47

(一) 社会工作的功能

社会工作是一种专业的助人活动,通过介入到个人与环境的互动和重叠中去,协调两者的关系,从而使整个社会运行机制更稳定有效。因此,社会工作不仅仅是对于受助者发挥重大作用,对于整个社会的和谐发展也具有重大的意义。

对于受助者来说,社会工作可以发挥以下作用:

1. 提供物质帮助

社会工作者通过整合社会资源,帮助他们在合法条件下获得物质上的支持,解决其生活方面的困难。比如,通过政策方面的服务使他们获得制度规定范围内的经济和物质支持,通过与非营利组织、社会服务机构的连接使他们得到优惠的甚至是免费的服务。

2. 给予心理支持

某些生活上陷入困境的人士在许多情况下并不是因为经济原因,而是由于社会关系失调或事业上的压力等原因所致。社会工作者可以通过心理辅导等方法,帮助他们认识压力、缓解压力,积极地对待生活和挑战,也可以通过建立社会支持网络给他们以心理上的支持。

3. 促进能力发展

社会工作的基本价值观念是助人自助,社会工作不但要具体地帮助有困难的人士解决困难,而且要帮助他们增强自己的能力以应付各种挑战,即帮助他们增强战胜困难的能力,以达到自助的目的。个人能力的提高不但有利于解决现时的困难,而且对于克服未来社会生活中的困难也有重要帮助,并能促进其自身发展。

4. 维护合法权益

维护社会弱势群体的合法权益是政府与社会的责任,也是一个社会公平程度的表现。社会工作者要伸张正义,通过服务、宣传、影响社会政策等方式帮助弱势群体,争取和维护其合法权益。[1]

对于整个社会来说,社会工作对于社会的运行也发挥着重要的功能。首先,社会工作能够促进社会的稳定。社会工作者通过对社会弱势群体如失业者、贫困者、残疾者、青少年失足者等进行工作,使这部分人增强适应社会环境与社会变革的能力,获得社会的公平对待,甚至将其由社会的

---

[1] 王思斌. 社会工作导论. 北京:高等教育出版社,2005. 23

负担变为社会财富的创造者。社会成员基本生活得到保障,就会增强他们对社会生活的安全感和社会凝聚力,进而缓解或者消除种种社会不稳定因素。其次社会工作有利于精神文明的发展。社会工作倡导的人道主义,尊重人的价值,关心人、爱护人、帮助人等理念是推动社会主义精神文明建设的重要机制。同时,社会工作的一些实践活动,如安置无依无靠的弱者、扶贫救残、敬老爱幼等也是精神文民建设的具体内容。社会工作的价值取向可以推动社会主义精神文明建设,提高整个民族的道德水准。[1]

社会工作对受助者提供实际的帮助、解决现实的问题从而减少社会矛盾,有利于社会的稳定与和谐。另一方面,社会工作者在实务操作中对于许多政策会有更加深刻的见解,可以提出完善或者制定相关社会政策的建议,参与和促进合理的社会政策的出台,从而减少社会矛盾,使社会在更加公平合理的制度下运行。

(二) 社会保障制度的功能

社会保障作为一种制度,是通过国家立法的形式,为保障公民的基本生活、安定社会、促进社会发展而制定的一系列措施的总称。社会保障制度从无到有,由最初的济贫实践演变为现在形式多样、内容丰富的社会制度并不是偶然的,因为社会保障制度对于个人、国家和社会都有重大的意义。

第一,社会保障制度保障社会成员的基本生活,使社会成员的心理上具有"安全感"。现代国家社会保障体系最低限度都是保障社会成员的基本生活,如我国的"最低生活保障制度",就是使生活困难的社会弱势群体能够维持基本生活水准。

第二,社会保障制度具有稳定的功能,即通过社会保障解决无收入者、低收入者以及因意外灾害造成难以维持基本生存和生活,以免因生存受到威胁而引起社会震荡和不稳定,保持良好的政治、经济和社会秩序。[2]这是社会保障制度产生的经济社会背景,也是纾缓社会矛盾、实现社会和谐发展的内在需求。中国共产党十六大报告指出:"建立同经济发展相适应的社会保障体系,是国家稳定和长治久安的重要保障。"从这个角度来看,社会保障制度是社会的"安全网"和"减震器"。对于社会成员尤其

---

[1] 宋林飞. 社会工作概论. 南京:南京大学出版社,2002. 50
[2] 云秀清. 和谐社会与社会保障功能研究. 阴山学刊. 2006. 2

是劳动者来说,社会保障所带来的经济上的基本生活保障和社会心理上的安全感无疑是社会稳定的基础。

第三,社会保障制度具有调节的功能。[①] 社会保障基金来源于国民收入的分配和再分配,社会保障基金的筹集,一般是通过税收或"转移性支付"给予保证。税收更多地来自高收入者,而社会保障的给付又主要是低收入的贫困者,这种分配实际是社会经济关系的调整、调节,一般在以下三个方面进行:其一,在不同的阶级或阶层的社会成员之间的分配关系;其二,国家与职工、国家与企业、企业与职工之间的分配关系;其三,在代际之间的分配关系。社会分配不公所引起的矛盾会破坏社会发展终极目标的实现。这种社会、经济关系的调节有助于克服社会分配的不公和缩小社会贫富之间的差距。社会保障通过国民收入的分配和再分配,统一筹集社会保障基金,分配给不能维持基本生活的贫困者,使他们有稳定的基本生活来源。这种调节在一定程度上有利于缩小社会收入差距,对于调节社会经济关系起到了积极的作用。

(三) 社会工作和社会保障的同旨性

专业性的社会工作自形成之日起,就充当着社会福利制度代理人的角色。早期的社会工作主要是对贫困者和弱势群体开展一些救济与扶助工作,工作的地点也通常是福利院和贫民区。后来,随着社会进步和社会福利制度的建立健全、社会工作专业化的发展,其工作领域延伸到了许多社会部门,医院、学校、司法机构和企业等部门也发展出了专业的社会工作。社会工作的对象也由社会底层人士扩展到社会各阶层的成员,服务的内容也由针对贫困产生的社会问题扩展到精神健康、行为矫治、人际关系调适,甚至由于富裕带来的种种社会问题。社会工作专业化的发展使得社会工作的服务场所已"不限于一两个政府部门和数百间福利机构";社会工作专业的使命也不再仅限于被动地回应所处社会问题的发展变化,而是"在不断转变的环境中,协助人与人之间、人与社会之间面对各种情况或问题,以达到改善人在社会中生活质量的目的"。[②]

现代社会福利制度是西方工业化和现代化的产物,并伴随着社会问题

---

① 杨玉芝,鹿桂香. 论社会保障功能. 沈阳师范学院学报. 2000. 6
② 麦萍施. 社区照顾与社区工作教育的初探. 载:夏学銮主编. 社区照顾的理论、政策与实践. 北京大学出版社,1996

的深入而发生着改变。随着工业化、城市化进程的加快以及老龄社会的到来，贫困、失业、老年人等问题日益严重。个人的力量在这些问题前显得十分弱小，这就需要一种社会的力量提供保障使社会成员能够免除后顾之忧。在这种情况下，政府必须承担起国民福祉的责任，通过一系列的保障与福利施与来解决社会问题，维护社会安全，为此，以社会保险为基本层面、内容各不相同的社会保障制度应运而生。由此可见，社会工作与社会保障之最终目的，都是为了提升民众的福祉，维护社会的稳定，促进和谐发展。同旨性进一步说明，社会工作与社会保障是社会福利体系和社会支持网络中两个重要的组成部分。

二、社会工作与社会保障功能的互补性

福利是人类生存和发展的基本追求目标，是指一种好的生活状态或满意的生活质量。"社会福利制度是指由一整套目的在于改善公民生活素质的福利理念、资源、机构等构成的社会系统，它和政治制度、经济制度等一样，是一个国家社会发展和进步不可或缺的重要组成部分。"[1] 从历史发展和现实来看，社会福利制度的实施与推进，是通过专业性和技术性的社会工作与政策化和制度化的社会保障之两个方面的共同努力来实现，因为二者的功能存在着互补性。

（一）社会工作与社会保障实施的特点

从总体上看，以助人为目的的专业性社会工作手法和以保障公民基本生活为目的的社会保障制度同属于社会福利事业，也都以提升民众的福祉、维护社会的稳定、促进和谐发展为目标，但是不同的发展道路使得二者在具体的实施过程中呈现出不同的特色。

首先，以立法为基础的社会保障在实施公平与公正的过程中主要是一种理性的制度化安排，以"助人自助""以人为本"为基本理念的社会工作，则更多地体现为一种感性的行为过程，是一种爱心的充分体现，人道主义和人性伦理是它的内核与追求。

其次，社会保障是社会政策的制度化实施过程，社会工作就是"利他主义"人性化的具体展示过程。从本质上看，作为一门专业，社会工作主

---

[1] 王思斌. 社会工作导论. 北京：高等教育出版社，2004. 51

要是通过治疗和政策来改善个人和社群的福祉,社会工作是一种关爱活动,而社会保障则更多地是一种照章"赔付"与"给付"的制度运作过程。社会工作本身独特的价值伦理观决定了尊重人、关爱人是最为重要的价值目标偏好,决定了专业行动要在最大程度上保护受助者的利益。社会工作价值体系通过对专业共同体的社会责任和道德义务进行明确规定,从而确保社会工作专业为维护社会正义和公平发挥应有的作用。

再次,社会保障是在制度框架下把保障对象看成保障标准范围内的"公民",社会工作则更多地把案主对象看成是现实生活中的"人",是需要帮助和"增权"的弱势者。正因为此,社会保障制度在实施过程中具有"刚性",往往是严格依据既定的标准来确定保障的对象和保障的内容,而现实操作的复杂性和不确定因素使得一些社会成员无法得到应有的保障。社会工作则不是根据既定的标准而是完全根据人的需求来确定受助者,因此社会工作的对象具有更强的灵活性和动态性。

(二) 社会工作和社会保障的功能互补性

社会工作和社会保障以不同的手法、从不同的方面,为社会的稳定与和谐、为社会福利的确立和提升起着专业化和制度化的保证作用。作为一门助人的专业,社会工作是社会福利体系中必不可少的一个组成部分,是完成社会服务、实现社会控制和社会发展目标的重要手段。作为建立在立法基础上的社会保障制度,其直接目标是通过国民收入的再分配,为广大民众免除和解决后顾之忧,为社会良性发展构建一张安全网,直接推动社会福利的确立与提升。可以认为,社会工作和社会保障是社会福利体系的两个不同方面,有着相辅相成的密切关系。

首先,社会保障制度的建立和完善能够更为有效、充分地调动和运用福利资源,在提高保障水平的同时,也确定和扩大了社会工作的案主对象,使得社会工作的救助活动更有计划性和目标性,强化了社会工作稳定社会发展,减缓社会矛盾的功能,为社会工作专业化发展提供了广阔的空间。[①]

其次,社会工作专业本身的发展,可以提高社会服务的质量,改善社会保障管理和资源配置的效率,促进社会保障制度本身不断得到完善。一方面,社会工作者往往直面受助者,了解到社会保障制度实施的微观层

---

① 周沛. 社区社会工作. 北京:社会科学文献出版社,2002. 102~104

面,更加深刻地了解社会政策的优点和不足,从而为社会保障政策的制定和修改提供合理的建议。另一方面,社会工作教育可以培养出大量社会福利服务者,由社会工作者实施社会福利政策对于个人和政府而言都是更加合适的。对于个人来说,他们可以获得更加"人性化"的帮助,社会工作者还秉承"助人自助"的理念,不仅解决现实的困难,还帮助受助者增强解决问题的能力。对于政府来说,社会工作者可以作为政府的联络者,做好社会、组织和社区的协调者,通过提供专业服务,可以协助弱势群体直面和消除生活中的压力,并促使他们整合于社会组织中,提高个人及团体的适应能力。

再次,社会工作以平等、人道的理念使社会保障的实施在坚持制度的刚性之同时,还能兼顾到"以人为本"的弹性工作方法,有利于促进社会保障制度的革新并朝着有利于受助者的方向发展。社会保障制度是以国家为主导的,更多地是从国家和社会的整体利益出发,而社会工作更多地是从个人的角度出发。前者是宏观角度而后者是微观角度,只有将二者融合起来才能更好地发挥社会福利功能。社会保障和社会工作的对象是动态的,不同类型的对象的需求也不同,而相对来说政策是比较稳定的,必然会造成一些服务对象和服务项目被排斥在体制之外。社会工作则没有固定的服务对象,可以根据不同的需求及时提供服务。因此,社会工作在社会保障体系还不完善的情况下,可以弥补体制不足,提升社会福利的覆盖面和受益面。

总而言之,具有共同起源的社会工作和社会保障具有共同的最终目标,即提升民众的福祉、维护社会的稳定、促进和谐发展,但是专业化和职业化的社会工作以及政策化和制度化的社会保障发挥的功能却不是完全相同的。二者服务的对象不完全重合,实施的方法不尽一致,因此其功能必然是互补的。一方面,社会工作是社会保障体系的补充,国家通过社会福利向社会成员提供各种服务设施和服务,但某些成员可能因为各种原因无法享受,此时社会工作可以通过专业化服务帮助其获得福利,所以完善的社会保障体系离不开社会工作。另一方面,社会保障的推行,也为专业社会工作的顺利展开提供了良好的工作环境,社会工作专业化和职业化的进一步发展和壮大也需要社会保障体系的平台。

第四节　社会工作与社会保障制度协调发展是构建和谐社会的客观要求

中共中央十六届四中全会提出构建和谐社会的目标，和谐社会的构建要以关注和解决社会问题、维护社会公平与公正为前提，要以提升社会福利为追求。构建社会主义和谐社会，要求社会保障体系比较健全，社会就业比较充分，家庭财产普遍增加，人民过上更加富足的生活；要求基层民主更加健全，社会秩序良好，人民安居乐业；要求形成全民学习、终身学习的学习型社会，促进人的全面发展；要求整个社会走上生产发展、生活富裕、生态良好的文明发展道路。因此，建立完善的社会保障制度，重视并开展专业社会工作，协调好社会工作与社会保障的功能"合力"，充分发挥其在社会福利体系中的功能，是和谐社会构建过程中极为重要的方面。

一、社会保障制度与构建和谐社会

社会保障制度的建立、完善与和谐社会构建之间是一个正相关关系，和谐社会离不开社会保障，社会保障能够促进社会和谐，这是由社会保障的基本功能和本质内涵所决定的。从社会保障制度的产生过程和功能发挥可以清楚地看出，社会保障的历史使命就是立足于化解社会矛盾、缓解社会冲突、促进社会和谐发展。资产阶级政治家在100多年前就清醒地认识到社会保险是化解社会矛盾、化解阶级对抗之重要的、不可替代的制度安排。近100多年来，我们可以看到这样一个事实，凡是有健全社会保障制度的国家，贫富之间的对抗、劳资之间的对抗几乎不怎么存在，社会关系通常是和谐有序的；反之，凡是社会保险制度不健全的国家，其国内社会矛盾与社会冲突通常都是较为尖锐，不稳定状态相对明显。社会保障普遍建立之后，西方资本主义国家劳资之间的关系便由过去的尖锐对立走向妥协合作，过去劳资关系中的单赢格局，经过社会保障制度的确立，走向了劳资双方双赢的格局。① 社会福利事业反映了人类公平正义、人道主义和

---

①② 郑功成. 和谐社会与社会保障. 见：公共管理高层论坛（第2辑）. 南京：南京大学出版社，2005

人性伦理的彰显，社会保障制度以社会保险化解劳资矛盾，以社会救助缩小贫富差距，以社会福利实现发展成果共享，这就构成了和谐社会发展的基石。

我国现阶段存在的社会问题以及某些方面的不和谐，与社会保障的不健全、不完善有着密切关系。现在，社会各界已经越来越清醒地认识到，构建和谐社会，就必然要有完善的、健全的社会保障制度，把社会保障制度作为化解社会矛盾、促进改革成果共享的必要和重要的制度安排。"社会保障是构建和谐社会的核心指标，社会保障制度的健全与完备，在很大程度上代表一个社会的和谐程度。"[②] 目前，我国有关社会保障方面的研究越来越深入，社会保障制度的改革也在探索和实践之中，社会保障制度的实施为和谐社会的构建提供了最基本的保证。

二、社会工作与构建和谐社会

（一）社会工作对于构建和谐社会的意义

社会工作的推进和发展，在和谐社会构建中同样起着十分积极和重要的作用。从总体上看，以助人为目的的专业性社会工作手法和社会保障制度同属于社会福利事业，人道主义和人性伦理是它的内核与追求。如果说，以立法为基础的社会保障在践行公平与公正的过程中主要是一种理性的制度化安排，那么，以"助人自助""以人为本"为基本理念的社会工作，则更多地体现为一种感性的行为过程，是一种爱心的充分体现；如果说，社会保障是社会政策的制度化实施过程，那么，社会工作就是"利他主义"人性化的具体展示过程；社会工作本身独特的价值伦理观决定了尊重人、关爱人是最为重要的价值目标偏好，决定了专业行动要在最大程度上保护受助者的利益。社会工作价值体系通过对专业共同体的社会责任和道德义务进行明确规定，从而确保社会工作专业为维护社会正义和公平发挥应有的作用。在构建社会主义和谐社会中，社会工作的一系列专业特点和价值伦理对于调整人与人、人与社会的关系，特别是调整弱势群体和社会的关系，具有极其重要的理论与实践意义。专业社会工作的推进与展开，必然会把大写的"爱"撒向不同身份的社群，让整个社会不仅最大可能地做到公平与公正，而且，还让整个社会充满"爱"，使得我们的社会更加和谐！可以认为，如果说社会保障是构建和谐社会的核心指标，那么，社会工作就是构建和谐社会的基本要求。

社会工作对于和谐社会的意义主要体现在以下几个方面[①]：

第一，社会工作不断丰富了构建和谐社会的理念。社会工作的主要任务是增进人类福利，帮助满足所有人的基本需要，特别关注弱者、被压迫者和贫穷者的需要和权利。对社会工作来说，关注和解决生活中的问题是十分重要的。在这样一种理念中，社会工作非常强调"以人为本""人与环境、人与人、人与社会的协调""尊重每个人的价值""助人自助"等观念，这些观念与构建和谐社会的理念是一致的，也丰富了和谐社会的理念。

第二，社会工作不断发展着构建和谐社会的价值。社会工作是一个以价值为本的专业，社会工作认为人是最重要的，社会问题是在他人以及社会的互动中产生的，人们可以通过解决这些问题来改善人的生活。社会工作者为了案主的利益而促进社会公正和社会变革。"案主"包括个人、家庭、群体、组织以及社区。社会工作敏感于文化和种族的多样性，并努力消灭歧视、压迫、贫穷和其他形式的社会不公正。这一价值观具体体现为三个和谐：一是人与物的和谐，以经济建设为中心，为构建和谐社会提供物质基础，同时精神文明建设也要跟上；二是人与人的和谐，包括社会、家庭、民族、地区以及人际之间的和谐，和睦共处，互助互爱；三是人与自然、环境的和谐，如资源保护和利用问题，环境污染问题等等。实现这三个和谐的核心，就是实现人与环境之间平衡中的人的主体地位的体现和人权的伸张。实现这三个和谐，就要求我们在构建和谐社会的实际工作中，要秉持宽容、宽厚的态度，接纳不同的群体需求；要在社会交往中诚实守信，良性互动，和睦共处；要在整个社会中维护每个人的基本权利，灌注希望，维护一种积极、健康、向上的社会氛围。

第三，社会工作不断创新了构建和谐社会的方法。构建和谐社会，需要面对和解决诸多的社会问题。这些问题存在一定的层次性，大致可分为：宏观问题、中观问题和微观问题，社会工作中的三大经典方法即个案工作、团体工作及社区工作可以各有侧重地对应解决上述三类问题。宏观问题即失业、贫困、自然灾害、种族冲突、青少年犯罪等涉及社会制度性变迁和结构性调整所产生的问题，这类问题的解决主要运用到社区方法和社会立法及社会行政、社会研究与咨询等间接服务方法。中观问题主要包

---

① 刘斌志. 论社会工作在构建和谐社会中的地位及作用. 北京科技大学学报. 2005，4

括家庭暴力、婚姻冲突、儿童权益保护等，此类问题是介乎宏观与微观之间的问题，它的解决主要依赖团体工作方法。微观问题为个人对社会的适应不良。这种适应不良概括起来有两大原因：第一是个体自身的生理、心理、社会功能或单方面不足或两三方面均有不足，妨碍了其对社会的适应；第二是社会存在一定的障碍阻碍了个体功能的发挥，因而影响其对社会的适应。个案工作方法是解决此类问题的主要方法。三种经典方法相辅相成，共同预防和解决各种社会问题，促进社会的和谐稳定与发展。

第四，社会工作不断拓展了构建和谐社会的体制。有学者认为，中国的城市和农村分别处于计划经济体制的中心和边缘地带，既存在着现代的、制度化的社会福利制度，也存在着传统的自助与互助制度。助人系统包括民间和政府两个子系统，民间子系统是由来自家庭或家族自助以及来自邻里、亲友之间的互助构成，这种形式的自助和互助是由来自中国社会中的差序格局决定的；政府子系统分别通过工作单位的职业福利和政府部门提供的社会救助来实现，这是由社会成员的身份隶属所决定的。但是社会工作的诞生和发展，为和谐社会的构建提供了一个新的体制，就是"社会助人系统"。该系统一方面通过社会福利机构如社会福利院、孤儿院、养老院、慈善机构等各类社会工作机构为各类人员提供社会福利；另一方面，通过新闻媒体、电子网络等非福利机构的爱心行动为一些有特殊需要的人提供帮助。这是由人的基本权利所决定的，是对个体的人格和尊严的尊重，是对原有两个子系统不足的弥补，更是社会工作实务与专业发展的贡献。

第五，社会工作不断增加了构建和谐社会的社会资本。社会工作十分重视社会关系与社会资本的运用。社会工作理解人际关系、社会关系是引起积极变化的重要工具。社会工作使人们一起加入社会发展的过程，努力加强人们之间的关系，使他们做出有目的的努力以促进、恢复、维持和提高个人、家庭、社会群体、组织、社区和社会的福利，这就是社会资本的积累。因此，在构建和谐社会的过程中，要让公民以公民性组织，以主体姿态，以自助、自治的方式组织起来，参与社会管理，参与社会矛盾的解决。国家用税收政策支持社会组织、志愿者组织活动，通过发展一些低税与无税的部门，调节社会资源的分配，给弱势群体以关怀，并在此过程中扩大就业，缓解社会矛盾。同时，还要建立以责任、信任和诚实为核心的价值体系，提高社会资本的战略地位，充分认识到建设社会资本也是实施科学发展观的价值基础。因为，在一个没有责任感的社会，其凝聚力就会大大被削弱，社会的和谐程度就会受到损害。

(二) 我国社会工作发展的现状

我国社会工作教育从 20 个世纪 90 年代以来已经有了很大的扩张，但是它仅是被院校作为一个专业来发展，作为贯彻和落实社会福利政策的专业化的职业服务系统却没有能够发展起来。为数众多的社会工作专业的毕业生大部分都没有能够在社会福利服务过程中发挥出他们的专业才能，社区中那些需要帮助的弱势群体仍然缺乏专业性疏导和技术性支持的渠道。造成我国社会工作发展缓慢的主要原因有以下几个方面：

第一，社会工作的"职业缺失"。由于多方面的原因，我国专业社会工作尚没有在整个社会职业系统中占有一席之地，在"三百六十行"中，还没有社会工作这一行。尽管在一些地区和一些行业，社会工作职业化已经开始试行，但是从总体上看，社会各界对专业社会工作及其功能的认识还十分朦胧与模糊，社会工作还很难找到自己的"用武之地"。

第二，社会工作的"身份差异与错位"。从理论上和本质上看，社会工作是一种科学的助人方法，是一门学科，一个专业，是一个工作过程，也是一个建构过程，因此，社会工作有明显的专业特征、学科属性以及实务特点。同英美及我国港台地区的社会工作相比较，我国内地目前社会工作的身份定位比较特殊，还不能称之为专业化的社会工作。究其原因，主要是目前中国社会工作主体还是传统的行使着政府职能的"社会团体"，如共青团、妇联、工会以及政府的民政部门等等。从很大程度上看，这些部门的工作开展更多地是职能工作而不是专业工作。因此，由于活动空间的受阻，专业社会工作就很难展开。

第三，社会工作的"社区替代"。在许多大中城市的社区中，大多有社会工作站，由社会工作者负责处理社区中的多种事务。其实，这种社会工作只是社区事务或街道职能的延伸，还不是一种建立在科学方法基础之上的、具有专业性特征的社会工作。由于条件和认识的局限，专业化的社会工作在社区还没有得到严格意义上的推进。

正是由于上述原因，我国的社会工作在其"名分"不清、定位不准、功能不明的情况下，除少数设置相关专业的高校系科以外，社会对其关注和关切程度还远远不够，以致于社会工作不能发挥出其应有的功能和作用，这无疑影响和制约了和谐社会的构建。

三、社会工作与社会保障制度的和谐发展

如果从广义的角度来理解社会福利，社会保障和社会工作都是社会福利体系中的一部分。社会工作不但本身作为和谐社会的社会福利内容，同时它的诞生、发展与成熟，更是和谐社会的文明标志之一。如果说社会保障是构建和谐社会的核心指标，那么，社会工作就是构建和谐社会的基本要求。需要指出的是，目前国内尚存在着重社会保障而轻社会工作的倾向。社会各界对完善社会保障制度的重要性有较为清晰的认识，政府也下了很大力气来促进社会保障制度的建立和完善。近年来，在以医疗保险、失业保险为重点的社会保险和以最低生活保障制度为重点的社会救助等方面狠抓落实，取得了一定的成绩。但是，毋庸讳言，专业性社会工作的推进与发展却举步维艰，困难重重。

我国社会工作要真正从书斋走向社会，从理论走向实践，在构建和谐社会的过程中发挥出应有的作用，就应该从以下几个方面推动其发展：

（一）将社会工作作为一个社会职业，增强政府和社会成员对社会工作的认同感[①]

首先，社会工作成为一个职业，才能为专业社会工作提供良好的发展平台和空间。目前，上海已经首先将社会工作作为一门职业，上海的社会工作发展在全国处于领先地位。尽管上海社会工作的发展与其经济社会水平紧密相连，但是，也不得不承认社会工作的职业化使其获得了一个更好的发展空间。其次，中国社会工作要取得政府层面的认同。政府在考虑社会工作时，必须注意改变原有的传统看法。社会工作不是行政工作，也不仅仅是救急救贫的一种临时性补救措施，而应把社会工作和乐善好施、扶危济贫、开发人的潜能、维护人的尊严和保障社会公平等方面有机结合起来，把社会工作作为我国社会可持续全面发展模式的一个重要组成部分，作为和谐社会建设的一个有效机制。最后，社会工作要取得社会成员的认同。社会成员对社会工作的理解、认可和接纳程度是社会工作专业发展的根本动力。这不仅能够拓宽社会工作专业人员的选择范围和志愿人员的选用区域，而且能够拓宽社会工作的经费筹集渠道。事实上，社会工作以社

[①] 参见：孙秀艳. 和谐社会视野中的社会工作. 河南科技大学学报. 2005，4

会公正为目标，是社会健康、有效发展必不可少的环节，涉及每个社会成员的利益，但人们往往没有意识到这一点。所以充分认识社会工作的重要性，增强对社会工作的认同感是推进社会工作发展的前提条件。

（二）扩大专业社会工作对社会问题的实际介入范围

首先，政府要重视和支持社会工作事业的发展，加大社会工作推进的力度，把社会工作看成是和谐社会构建中的重要力量。长期以来，我国并不存在真正意义上的社会工作，计划体制下政府包揽了社会工作的事务，事实证明那是不可行的。当然，如果政府对社会工作完全置之不理，任其自行发展也一样行不通。因为我国社会工作的专业体制虽然得以逐渐建立，却也不是一朝一夕、一蹴而就的事。现阶段专业社会工作还处于起步兴起阶段，社会组织尚不健全，社会的力量还没有完全发展起来，社会福利、社会服务等方面的政策尚待进一步完善，而诸多的社会问题又确实需要社会工作来解决。因此，目前社会工作的发展还必须依赖政府在经济和制度上的支持，政府可以通过加大对社会工作项目的投入来推进其发展。经费不足、筹集渠道不畅是制约我国社会工作发展的一个重要原因，增加政府投入，建立社会福利基金、社区基金以及采取措施进行募捐等，都是解决的可能途径。

其次，要准确把握政府介入社会工作的尺度，健全社会组织及其服务功能。任何一个新鲜事务的产生必然具有其价值，社会工作也是根据需求产生的。在计划经济时代全能政府的管理模式，不但使政府成为全部社会资源的占有者，而且使政府成为解决各种社会问题的责任人，在此模式下社会工作没有存在的空间。随着计划经济的解体，国家包揽社会一切事务的旧体制逐渐被打破，特别是20世纪90年代以来，政府、企业和一些事业单位的社会服务职能逐步剥离并回归社会，政府的职能定位由经济型转向公共服务型，中国社会工作找到了生存和发展的空间。济贫首先是政府的责任，但是社会服务不能完全靠政府提供，政府要通过社会组织来完成一些公共职能，社会组织的发育和完善是一个和谐社会所必需的。加强社会建设和管理，是提高构建和谐社会能力的五项举措之一，也是胡锦涛总书记强调的和谐社会建设的十项重点工作之一。当前我国的社会保障体系还不完善，处于探索之中，社会工作有很大的发展空间，如果制度上使得社会工作具有施展的平台，一定能产生积极的作用。

（三）社会工作和社会保障和谐发展

2006年10月11日中国共产党第十六届中央委员会第六次全体会议通过的《中共中央关于建设社会主义和谐社会若干问题的决定》指出，造就一支结构合理、素质优良的社会工作人才队伍，是构建社会主义和谐社会的迫切要求，这是中央第一次从全局的角度号召发展和推进专业社会工作，意味着社会工作的春天已经真正来临。决定还指出，完善社会保障制度，保障群众的基本生活，逐步建立社会保险、社会救助、社会福利、慈善事业相衔接的覆盖城乡居民的社会保障体系，这也充分表明了中央加大社会保障制度的力度和信心，也为我们协调发展社会工作和社会保障，构建社会福利体系指明了方向。

社会工作与社会保障具有共同的思想来源，共同的宗旨，二者都是提升人类福祉的重要方面。当前，我国对于社会保障体系的建立十分重视，而社会工作的发展相对缓慢，其中一个关键原因就是社会工作缺乏发展的平台。事实上，社会工作可以在社会保障体系的完善中发挥积极的作用。从社会保障政策的制定来说，社会工作者了解社会保障制度实施的微观层面，更加深刻地了解社会政策的优点和不足，从而为社会保障政策的制定和修改提供合理的建议。从社会保障政策的实施来说，社会工作教育可以培养出大量社会福利服务者，由社会工作者实施社会福利政策对于个人来说更加人性化、对于政府而言更加具有效率。因此，社会工作和社会保障的和谐发展有利于早日完善我国的社会保障体系，进而为社会主义和谐社会的构建奠定良好的基础。

第五章
社会福利思潮交锋、政策选择与模式比较

社会福利思想有着悠久的历史，在各流派的交锋与争鸣中，自由主义、社会民主主义、保守主义等社会福利思想在一段时间占据了主流。一个国家社会福利政策的选择与制定，与占主导地位的社会福利思潮有很大的关联，而一个国家的福利模式和福利体制的构建，则与其实施的社会福利政策密切相关。

第一节 社会福利思潮

在过去的两个世纪中，自由主义、社会民主主义与保守主义是并列的三大政治意识形态和思想潮流，其各自的社会福利观也成为社会福利思潮的主要组成部分。

一、自由主义社会福利思想

自由主义（Liberalism）社会福利思想是西方近现代社会福利思想的重要流派。在社会福利领域，传统的自由主义可以追溯到古典主义的亚当·斯密（Adam Smith）、马尔萨斯（Thomas Robert Malthus）、穆勒（John Stuart Mill）以及近代晚期的格林（Green Thomas Hill）、霍布豪斯（Hobhouse Leonard Trelawny）等人的思想。而在当代的社会福利思想家中，举自由主义大旗者当以哈耶克（Friedrich A. Von Hayek）与弗里德曼（Mildun Friedman）为代表。自由主义社会福利思想举"反集体主义"

大旗,以个人主义为核心价值观,积极主张市场经济的自由竞争,反对国家对经济和社会生活的干预,认为人的自由是不可侵犯的权利。自由主义对现代西方工业社会之福利的影响体现在:对制度化的社会福利持否定态度,主张实行剩余式的社会福利,极力推行志愿主义(Voluntarism),并突出市场与职业福利的作用。

(一)古典自由主义社会福利思想

以亚当·斯密、穆勒等为代表的自由主义学说是近代古典自由主义社会福利思想的典型。他们关于自由的观点深深影响了西方社会福利思想的基本内容,即社会问题是个人责任的结果,它的解决当然应该依靠自己而不是社会和政府。政府应承担有限的职能,对社会问题进行有限的干预。他们的思想对19世纪前期的济贫制和19世纪晚期的社会保险制产生了重大影响。

1. 亚当·斯密的社会福利思想

亚当·斯密(Adam Smith,1723—1790)是西方古典政治经济学派的代表人物。1776年,亚当·斯密的名著《国民财富的性质和原因的研究》(《国富论》)出版。在福利思想上,亚当·斯密一直是自由主义的一面旗帜。

经济自由主义思想是贯穿亚当·斯密《国民财富的性质和原因的研究》一书的主线。他认为,既然自然秩序支配着人类的社会经济活动,那么,顺应自然让其自发地起作用才最有利于国民财富的增长。因此,一个国家最好的政策就是自由主义的政策。亚当·斯密认为,人的利己心是其从事各种经济活动的基本动力,在"看不见的手"的作用下,可以促进国民财富的增长,使资源得到合理利用,满足"经济人"的最好途径就是经济自由。政府管制减少了社会收入,使社会资本不能增加。而听任资本和劳动自由寻找用途,就可以使社会资本迅速增加。所以亚当·斯密崇尚经济自由,坚决主张实行自由放任政策,认为只有在经济自由竞争的条件下,才能使财富的创造达到最优效率和最大化。

在亚当·斯密看来,政府有三个主要方面的职能,即:保卫国家不受外来侵犯;建立严正的司法机关,保护公民的权益;举办和维护那些私营企业无利可图的公共福利事业和公共设施。政府充当的是"守夜人"角色。基于这样的认识,亚当·斯密主张放任的自由市场,针对重商主义的传统经济理论和政策所主张的国家干预经济的问题,提出了反对任何国家干预经济的自由经济理论。他认为事实上自发的市场调节比国家干预更有效,要让市场决定价值这只"看不见的手"自发调节供求关系,决定生产的效益和调节经济生活秩序。正是在充分的自由竞争中,个人的利益才得以实现,国民财富也得到迅速增长,社会福利也就不断得到增进。

亚当·斯密认为,对劳动者的福利要加以关心,要注意改善他们的生活状况,一个大部分社会成员处于贫困悲惨状况的社会,绝不能说是一个繁荣幸福的社会。因此,要制定最低工资率,保证工人自己及其家庭的基本生活需要,从而保证劳动者的供应能够得到持续。有关工资的理论也是亚当·斯密的社会福利思想的基本内容之一。他反对重商主义的低工资政策,认为要关注平民的福利。亚当·斯密指出,依靠劳动生活者的工资至少必须能维持其生活所需,在大部分情况下,工资还应该能够超过维持劳动者自己所需,以维持其家庭生活。"即使最低级普通的劳动者夫妇二人劳动所得,也必须能够稍稍超过维持他俩自身生活所需要的费用。"亚当·斯密主张最低工资率,以保证工人及其家庭的生存,以保证劳动的持续供给。工资率的上升依赖于对劳动需求的增大;而劳动的需求决定于国民财富的增长率。"使劳动工资增高的,不是庞大的现有国民财富,而是不断增加的国民财富。因此,最高的劳动工资不在最富有的国家出现,却在最繁荣,即最快变得富裕的国家出现。"[1] 所以提高工资的途径是繁荣经济。在经济增长的同时提高工人的工资,使劳动者能分享到经济繁荣的成果。

亚当·斯密社会福利思想的核心是自由放任主义,个人按其利己心活动,来推进社会福利,是自然秩序要求,个人自己做主较之政府干预能发挥更好的作用。"看不见的手"越能充分发挥作用,个人利益与社会利益越有可能很好地调和,国民财富的增长与社会福利的增进越能得到很好的实现。政府是经济运行的"守夜人",提供公共物品与公共服务。亚当·斯密的观点表明了他对个人与社会、市场与国家关系的态度,他所表达的自由主义的福利观,虽然没有像后来的新自由主义那样完全否定社会福利的必要性,但他所说的市场第一、福利第二的主张,却成为一切自由主义福利观的基本态度。[2]

在自由放任制度下,亚当·斯密主张通过最低工资率、通过以国民财

---

[1] [英] 亚当·斯密. 国民财富的性质和原因的研究. 北京:商务印书馆,1972. 62~63
[2] 钱宁. 现代社会福利思想. 北京:高等教育出版社,2006. 53

富增加为基础的劳动工资的增加来改善下层阶级的生活状况,以此达到利益的和谐。

2. 穆勒的社会福利思想

约翰·斯图尔特·穆勒(John Stuart Mill,1806—1873),英国著名自由主义经济学家、社会学家,功利主义学说的重要代表人物。他的社会福利思想集中体现于《政治经济学原理》一书中。

作为自由主义的代表人物,穆勒将自由放在十分重要的位置。他指出:"自由放任主义将成为最普遍的原则,除非为了某些特殊的利益,否则,凡是背离这一原则的,都是有害的。"他一方面坚持传统自由主义原则,同时又努力使传统自由主义原则与新的社会现实结合起来。他一方面强调个人对自己的一切所拥有的充分自由,另一方面又强调自由的有限性,认为个人自由"必须不使自己成为他人的妨碍"[1]。穆勒对自由主义的理解比较宽广,包括意识形态上的自由、趣味和志趣自由、个人之间的相互联合的自由等等,他没有把自由仅仅局限在狭隘的经济自由主义立场上,而是从更广泛的思想自由、政治自由和经济自由等方面论述个人自由。他认为,人应该争取最大多数人的幸福,个性是人类福利的主要因素之一,也是个人进步和社会进步的主要因素之一。只有个性发展了,每个人才能对自己、对他人更加有价值。他甚至把个人和个人价值、个人和首创性、个人和社会福利、个人和国家进步联系起来考察,以说明个性自由和社会福利的关联。

穆勒还区分了两种性质的政府干预,一种是命令式政府干预,即对个人自由加以限制;另一种是非命令式政府干预,即政府不发布命令或法令,而是给予劝告和传播信息,或者政府允许个人自由地以自己的方式追求具有普遍利益的目标,但并不是将事情完全交给个人去做,同时也设立自己的机构做同样的事。穆勒反对政府干预,但是"不干预原则在一些情况下不一定适用,或不一定普遍适用"。不干预原则不适用于初等教育、社会弱势群体、永久性契约、规定劳动时间、利他行为、公益服务与社会事务等政府必须要出手的情况,所以可以说穆勒主张的是有限的政府干预。

在穆勒的有限自由理论与有限的政府干预理论的基础上,他提出要进行有限的社会救济。人类应生活在互助状态下,而不是自然竞争状态下,

---

[1] 转引自:丁建定,魏科科. 社会福利思想. 武汉:华中科技大学出版社,2005.80

所以针对贫困人口的社会救济是必需的。然而如何最大限度地给予必要帮助而又尽量不使个人过分依赖这种帮助？答案是有限救济，即以不损害个人自助精神和自立意识为限的救济。帮助过多或者没有帮助都会损害人的自立精神与干劲。对有需要的人提供帮助是必须的，但是这种帮助决不能取代个人自己的劳动、技能与节俭，应鼓励其自助，所以接受救济者的生活水平不能高于自食其力者，否则这种救济制度就会从根本上使所有的人丧失自力、自助的精神。

既然主张有限救济，那么可以实行什么样的具体措施呢？穆勒进一步提出了一些具体的建议，例如：由国家依法规定给予身体健康的穷人最低限度的救济，由慈善组织对穷人进行划分，区分真正需要救济者与非真正需要救济者，然后由慈善组织对于真正需要救济者提供充分的救济，国家则必须按一般原则办事。①

穆勒的社会福利思想，是在"最大多数人的最大福利""一切人的集团的利益"等增进社会总福利的、超阶级的功利主义口号下提出的。他同时强调个人自由的有限性与政府职能的有限性，体现了自由主义社会福利思想的一般特征。

（二）新自由主义社会福利思想

19世纪至20世纪早期，西方国家的政府政策始终以古典自由主义之"反集体主义"的理念为核心。20世纪20年代经济危机的出现，导致了"反集体主义"的影响式微。然而，在沉寂多年后，反集体主义的理念卷土重来，新自由主义社会福利思想出现于30~40年代，其发展与产生的影响则到了70年代以后，在政治上成为了70年代末撒切尔夫人和80年代初里根政府的政策之思想基础。新自由主义继承了传统自由主义社会福利思想的基本原则，以哈耶克、弗里德曼等为代表的新自由主义思想家认为人的自由是不可侵犯的权利，反对国家对经济与社会生活的干预，积极主张市场经济的自由竞争，反对福利国家与集体福利，提倡社会福利市场化与民营化。这些理念成为当代西方社会福利制度改革的理论基础。

1. 霍布豪斯的社会福利思想

霍布豪斯（Hobhouse Leonard Trelawny，1864—1929）是英国近代晚期自由主义的著名思想家，其著作《自由主义》集中体现了他的社会福

---

① 丁建定，魏科科. 社会福利思想. 武汉：华中科技大学出版社，2005.84

利思想。

霍布豪斯的自由主义社会福利思想的核心是个人与社会之间的相互责任。个人自由与社会集体之间存在着有机的互动关系，他认为对自由必须加以一定的限制。自由主义信念意味着只有以个人的"自我指引力"为基础才能建立一个真正的社会，在其中"自由与其说是个人的权利，不如说是个人的必需"，"自由是社会生活的一个方面。互相帮助的重要性并不次于互相克制，集体行动理论的基本原则性并不次于个人自由理论"。他认为无论是社会还是个人都不具有优先地位，任何个人都是立足于社会的，任何社会都是由处于相互关系中的个人组成的整体。个人与社会的关系是"有机"的。①

基于这种自由观，霍布豪斯在国家观上表现出多元主义，他认为国家只是社会上许多团体中的一种，它的强制与控制的权力和资格是其与别的自愿的团体的区别。国家应该对社会经济与生活实施干预，国家应保障公民的工作权利与基本生活权利，这是维持一个良好的社会秩序不可或缺的必要条件。只有一个国家仍存在着由于社会经济组织不良而失业的人或工资过低的人，这就不仅仅是社会慈善事业的耻辱，而且是社会公正的耻辱。国家要为所有的人的利益服务，在工业社会中，国家的职能必然涉及劳动与资本的关系，它作为中央的权力机构发挥"最高的调控权威的作用"。它要做的是调和各利益群体之间的关系，它不取消雇主联合会与工会之间的契约自由，而是规定契约必须遵循的限制和条件，也就是要"保证公平竞赛的游戏规则"。国家对劳动中的卫生和安全条件、工时限制、疾病和事故的照顾以及最低工资做出规定。通过纠正不平等，它使契约自由以比过去更加深刻、更加真实的意义得到实现。

结合自身的时代背景，霍布豪斯认为，要想解决英国社会经济制度的缺陷，既要依靠个人的努力，也要依靠国家和社会的责任。"个人与社会之间有一种相互责任"，在与社会福利相关的几乎所有方面，如儿童保护、妇女保障、老年保障、劳动工资等领域，他都提出了自己的主张。

关于贫困和济贫，霍布豪斯指出，我们不应该仅仅注意到救济穷人，而应该力求避免贫穷。为避免贫穷，可以有三种方法：一是为个人提供可

---

① 殷叙彝. "自由社会主义"和"社会自由主义"——论霍布豪斯的新自由主义. 当代世界与社会主义. 2005，3

据以脚踏实地工作的基础,二是国家举办的社会保险,三是用济贫法制度对寡妇、孤儿以及单亲家庭的母亲进行救济。公共支出的一大部分可以用来消灭贫困,以达到"社会和谐"。

与近代初期的古典自由主义社会福利思想相比,霍布豪斯的自由主义社会福利思想的进步在于,他认为自由具有限制性与可共享性,主张国家对社会经济生活实行干预,通过干预而更好地实现自由。主张社会问题的解决不能仅靠个人,也要依靠国家的社会福利政策,个人与国家都各自有其权利与义务。这种社会福利思潮成为以社会保险制度为核心的现代社会保障制度的思想基础。

2. 哈耶克的社会福利思想

弗雷德里希·奥古斯特·冯·哈耶克（Friedrich A. Von Hayek, 1899—1992）是20世纪西方著名的经济学家和政治哲学家,是当代新自由主义的代表人物。他的著作《通往奴役之路》《自由宪章》和《法律、立法与自由》是阐述到其新自由主义社会福利观的代表作。

哈耶克将社会秩序区分为"人造的秩序"和"自生自发的秩序"。"人造的秩序"指一种源于外部的秩序或安排,是一种人为的建构;"自生自发的秩序"则指一种自我生成的或源于内部的秩序,产生于人们自发的社会交往并经由"试错过程"和"赢者生存"的实践过程逐步演化形成的秩序。① 哈耶克认为,自生自发的秩序要从根本上优于人造的秩序,自生自发的秩序和人造的秩序这两种秩序在追求目的和特殊利益上存在差异。人造的秩序趋向于某些刻意的安排,它具有一个特定的目的,并且始终是服务于该秩序的创造者的目的。相反,自生自发的秩序是非刻意创造出来的,因而既没有特定的目的,也不可能仅服务于某个人或集团。这两种秩序在知识和信息的利用问题上也有所不同。人造的秩序往往具有"建构论的唯理主义"传统。其基本命题之一是：人生而具有智识的和道德的禀赋,而这种禀赋能够使人根据审慎的思考而建构文明或重构社会,并宣称所有的社会制度都是而且应当是审慎思考之设计的产物。与其相反,自生自发的秩序与"进化的理性主义"传统相联系。文明并非一般人所想象的条理井然的智识或理性设计的产物。人们对于那些决定社会制度进程的大多数特定事实,都处于一种必然的无从救济

---

① ［英］弗里德利希·冯·哈耶克. 法律、立法与自由. 北京：中国大百科出版社, 2000. 55

的无知状态,因此,他们不可能经由理性设计并建构一个具有特定目标的社会秩序。①

"以一劳永逸的共同利益或某种实质上的共同善作为制度建构的基础,实质上是对人的理性的僭越和对他人自由的侵犯"②,所以,哈耶克对"福利国家"这种"人造的秩序"提出了尖锐的批评。他反对福利国家有如下的理由:第一,福利国家构成了对个人自由的威胁。"真正决定人们得到什么东西的,已不再是自由的竞争性试验,而是权力机关所做的决策。"福利国家以"家长式"的管理方式剥夺了个人的选择权,代之以整齐划一的标准。"政府不是运用它所控制的有限资源提供某种特定服务,而是运用自己的强制性权力迫使人们得到某类专家认为他们所需求的东西",于是,个人的自由和责任日益削弱,个人的自由受到了严重威胁。第二,福利国家具有短视和低效倾向。它想"要毕其功于一役"地解决老年救济、失业、健康卫生等社会问题,而采取一种"全盘性的强制性方案","给予政府排他而专制性的权力",而排除可资替代的试验方法,使"其他更为有效的方案胎死腹中"。这样将造成社会福利供给的过剩或不足,引起资源浪费,效率低下。这种"单一渠道的发展模式,将成为未来发展的主要障碍"。③ 第三,福利国家遏制了自由市场经济,破坏了社会经济发展。哈耶克认为,福利国家实行强制性收入再分配政策,一方面高额的税收政策打击了福利创造者的积极性,降低了个人积累。另一方面,福利国家以集体主义和国家责任为特征,提供高水平的福利政策,从而破坏了社会弱势群体的独立性与自我负责精神,助长了懒汉倾向,破坏了社会经济发展所需的动力和竞争力。

从根本上说,哈耶克关注的是福利国家对市场经济的负面影响以及由此带来的对公民自由的限制,然而他并没有彻底否定福利国家,他不是反对国家提供的一切福利和服务,他只是反对将一切责任都归属到政府的范畴。哈耶克认为,在社会经济领域引入一定程度的计划性是必须的,只是这种计划性不能代替作为占据资本主义经济调节手段中主导地位的竞争。他所主张的是一种有选择性的福利,如哈耶克支持国家为公众修造公园,

---

① 童星. 现代社会学理论新编. 南京:南京大学出版社,2003. 235~236
② 资琳. 制度何以为凭?——兼评桑德尔"自由主义与正义的局限". 西北政法学院学报. 2006,4
③ [英]弗里德利希·冯·哈耶克. 自由秩序原理(下). 北京:三联书店,1997. 12~13

在教育和公共卫生方面投资，赞成通过社会保险和慈善的方式为公民提供"最低收入保障"，尤其为社区中最需要的老人、病人和失业者提供支持。①

面对西方国家20世纪70年代的"福利危机"，哈耶克及其所倡导的发挥市场效率和个人责任的新自由主义理论正顺应潮流，适应西方国家社会经济发展与社会保障制度改革的需要。哈耶克的社会福利思想，不仅影响了撒切尔政府时期英国的社会保障制度改革，而且，对里根政府时期美国的社会福利改革及其他一些西方国家的社会保障制度也产生了较大的影响。

3. 弗里德曼的社会福利思想

米尔顿·弗里德曼（Mildun Friedman，1912—2006），美国著名经济学家，货币主义的倡导者，新自由主义的代表之一，1976年诺贝尔经济学奖获得者。其最主要著作《资本主义与自由》，深入讨论了医疗福利制度、教育券制度、负所得税制度，集中体现了他的社会福利思想。

弗里德曼的货币经济学说集中体现了他的社会福利思想，针对凯恩斯的宏观经济理论和福利国家学说，弗里德曼认为自由意味着一个人不受其他人的强制性的压制，对自由最大的威胁是权利的集中。他坚决支持自由经济，反对国家对经济生活实施过多的干预。20世纪30年代的经济危机不是由于私有经济固有的不稳定引起的，相反是由于政府管理不当造成的，要达到经济的稳定与增长就需要减少政府的干预。虽然社会的有效运行需要政府行为。但政府的职能又必须限制在一定的范围内，以保证自由不受侵犯。自由社会中政府的角色应当是"规则制定者"和"裁判员"，以解决不同个人的自由之间的冲突。②

弗里德曼反对集体主义，主张个人主义。与哈耶克一样，他认为集体主义是一条"通向奴役的道路"。认为个人的福祉应完全从属于个人的经验，他反对"社会"福利的界定，在某种程度上他不承认以社会福利作为个人与社会之间整合的价值判断，也拒绝赋予福利以集体主义的性质。个人的福利，即个人生活的美好状态，可以通过市场的交换而获得，只有市场失灵不能有效提供"公共利益"时，政府才可以介入。

弗里德曼的社会福利思想以他的收入分配主张为基础。弗里德曼指出，福利国家通过累进所得税和遗产税等税收政策进行收入再分配，是

---

① 熊跃根. 论国家、市场与福利之间的关系：西方社会政策理念发展及其反思. 社会学研究. 1999，3

② [美] 米尔顿·弗里德曼. 资本主义与自由. 北京：商务印书馆，2004. 31

"使用强制手段从某些人手里拿取一些东西,把它们给予别人,因而,和个人自由发生了正面的冲突。"① 所以,弗里德曼反对以再分配的方式来确定弱势群体在基本需要方面的满足,他认为国家福利应是一种以非再分配形式体现的"公共利益"。

弗里德曼认为帮助贫民计划应该采取"现金"而非"物质"的方式,最直接的方式就是采取"负所得税"制度,即政府对于低收入者,按照其实际收入与维持一定社会生活水平需要的差额,运用税收形式,依率计算给予低收入者补助的一种方法。其计算公式是:

负所得税 =(收入保障数 - 个人实际收入)× 负所得税税率

个人可支配收入 = 个人实际收入 + 负所得税

这一思路实际上是试图将现行的所得税的累进税率结构进一步扩展到最低的收入阶层去。通过负所得税对那些纳税所得低于某一标准的人提供补助,补助的依据是被补助人的收入水平,补助的程度取决于被补助人的所得低到何种程度,补助的数额会随着其收入的增加而逐步减少。这一安排明显的好处是:首先,它是专门针对贫穷问题的;其次,它向个人提供最有用的形式的帮助,即现金;第三,它是一般性的,从而能替代现在已经实施得很多的特殊措施;第四,它明白地表示出社会所负担的费用;第五,它在市场之外发生作用;第六,它并没有完全消除被帮助者的自助动机。② 用负所得税来传递福利,"既可以维护市场的功效,又能保障社会中弱势阶层的利益"③。

与哈耶克相比,弗里德曼的社会福利思想只能算作一种温和的自由主义。与他的货币学说相结合,他不同意国家的福利干预是对个人自由的一种强暴,市场失灵时制度性的福利体制下对福利领取者的补偿问题可由政府介入,采取"非再分配"的方式,以"现金"而非"物质"的形式提供"公共利益"。弗里德曼的福利思想对里根时期的美国的社会政策产生了重大影响。

二、社会民主主义社会福利思想

社会民主主义(Social Democratism)是 19 世纪中期以后发展起来的,

---

① [美] 米尔顿·弗里德曼. 资本主义与自由. 北京:商务印书馆,2004. 187
② [美] 米尔顿·弗里德曼. 资本主义与自由. 北京:商务印书馆,2004. 208
③ 熊跃根. 论国家、市场与福利之间的关系:西方社会政策理念发展及其反思. 社会学研究. 1999. 3

主张对资本主义社会进行改良的思潮和社会运动。它从费边社会主义、讲坛社会主义发展而来，以马歇尔、蒂特马斯等为代表人物。随着西方经济与社会生活的变化，社会民主主义逐渐形成系统的社会福利思想体系。从意识形态上看，社会民主主义介于资本主义与社会主义之间，其福利理念由于具有强烈的社会正义色彩，因而是一种进步的改良主义。社会民主主义以平等、自由、互爱为基本价值观。它认为国家对公民的福祉承担着某种责任，在社会与经济生活中，提倡国家实施强有力的干预，政府的角色是为社会中有需要的个人提供资金和服务。在资源的再分配上，社会民主主义奉行平均主义的目标，以期达到维护社会公平的目的。国家应该尽可能承担全面社会责任，政府应采取有效的措施为全体公民建立充分的社会福利制度。

（一）费边社会主义的社会福利思想

"费边社会主义"是英国一些学者在1884年成立的"费边社"的基础上创立的一种社会学说。"费边社"的成员包括一批关心社会问题的中产阶级知识分子，如著名文学家萧伯纳、社会理论家韦伯夫妇等。平等、自由、博爱，加上两个衍生的价值观念：作为平等之子的民主参与，以及作为平等、博爱后代的人文主义，构成了英国费边社会主义的核心价值体系。[1] 费边社会主义的价值观总的来说是一种集体主义的价值观，费边社会主义的基本特征是民主渐进的社会改良和精英主义取向，其首要特征是通过社会改良，而非通过暴力革命方式提升福祉，改善人类生活状况，这也是他们明显不同于马克思主义的重要分野。

费边社会主义体系的共同特征是对民主过程的完全承诺和对社会福利服务明确无疑的支持。其社会福利思想的基本观点是：第一，从社会有机体的理念出发，强调要提高国民效率必须保证国民最低生活标准；第二，从平等、自由、民主、协作与人道主义的社会价值观，推论出享受此种最低文明生活是每个公民的天赋权力；第三，认为政府是一个理想的可用来为社会服务的工具，政府有责任和义务组织各种社会服务，采取各种手段，包括某种形式的财富分配来达到这一目标；第四，主张个人必须为社会工作，为公益献身，社会作为回报必须保证个人的自我实现；第五，认为社会中的人应在平等的基础上保持协作关系，贫富收入不宜过分悬殊，

---

[1] 刘继同. "蒂特马斯典范"与费边社会主义福利理论综介. 人文杂志. 2004, 1

摆脱贫困,过上具有人的尊严的生活是每个人的权利。[①]

以集体主义为基本价值观的费边社会主义者普遍赞成国家干预和国家福利提供,否定"最小国家干预"观念,认为享有福利是个人的基本权利。费边社会主义的社会福利思想是19世纪末20世纪初资本主义开始从自由竞争向垄断过渡时期的阶级矛盾急剧尖锐化的产物,费边社会主义的福利观对于近代社会福利制度的兴起,在意识形态领域某种程度上起了重要作用,在西方福利理论流派中占有重要位置。它试图用温和的、渐进的改良政策实现它所热爱的"社会主义"。它对西方福利国家在福利制度特别是英国工党对福利发展和福利理念的形成有较大的影响,对英国在第二次世界大战后实施"普遍福利"政策并推行"福利国家"制度起到了奠基作用。

(二) 蒂特马斯典范

理查德·M·蒂特马斯(Richard M. Titmuss,1907—1973),是英国社会政策的鼻祖,在欧美学术界,蒂特马斯已成为社会政策与国家福利的代名词,成为社会政策与社会福利理论的一面旗帜。其福利理论为福利国家奠定理论基础,被称为"蒂特马斯典范"。蒂特马斯主要著作包括《社会政策问题》《福利国家论集》《收入分配与社会变迁》《福利的承诺》《赠与关系》以及《社会政策导论》等。

蒂特马斯将社会福利分为三种理想类型:剩余福利模型(The Residual Welfare Model)、工作能力—成绩模型(The Industrial Achievement-Performance Model)、制度性再分配模型(The Institutional Redistributive Model)。[②] 其各自特征可通过表5—1来归纳[③]:

表 5—1　　　　　　　蒂特马斯三种福利模型的比较

考察角度	剩余福利模型	工作能力—成绩模型	制度性再分配模型
国家的作用	国家只对市场和家庭不能满足的需求进行干预	国家应该根据生产效率和工作表现满足需求	普遍主义的国家管理服务,应该再分配收入和减少社会的不平等

[①] 童星. 社会保障与管理. 南京:南京大学出版社,2002. 63
[②] [美] Richard M. Titmuss. 社会政策十讲. 台北:商务印书馆,1991. 18~19
[③] 范斌. 福利社会学. 北京:社会科学文献出版社,2006. 109~110

续表

考察角度	剩余福利模型	工作能力—成绩模型	制度性再分配模型
优先考虑的事项	市场自由的价值占主导地位，私人的供给受到偏爱	首先关心的是经济的成功，但社会需求的满足也被看作是必要的	满足社会需求被给予优先权，超过对经济效率的关心
接受者的地位	接受者被打上了失败者的烙印	接受者被看作是由于经济原因得到支持的潜在生产力资源	具有公民身份的所有社会成员都是接受者
政治立场	右	中	左

剩余福利模型基于一个理念前提：即私有市场和家庭是两个"自然的"渠道；个人需要可能通过它们而获得适当的满足。只有当它崩溃时，社会福利设施才应该介入运作，并且只是暂时的。这个模型的理论基础可以追溯到早年英国的济贫法。

在工作能力—成绩模型中，社会福利机构在满足社会价值需要、实现地位差异和工作表现、生产力方面具有显著的作用；应该论功行赏，按照各人的优点、工作表现和生产力来满足其社会需要。社会福利具有一定的功能，专家技术官僚发挥一定的辅助作用，通过社会保险，人们现有的社会地位状况和特权受到了一定的保护，所以该模式也被称为"婢女模式"（Handmaiden Mode）。德国就是这种类型的代表。

制度性再分配模型排除了市场的作用，社会福利是主要统合制度，供给是根据需要的原则来提供一种普及性服务，其目标是平等、社会团结。这个模型强调，通过提高全民的生活水平来加强社会福利，确保社会正义和公平分配国家的财富，提高人们的参与能力以及人们的健康水平和教育水平。

蒂特马斯坚决反对通过市场而不是再分配方式提供福利的私营化策略，他主张实行普遍的社会福利制度。蒂特马斯认为经济政策与社会政策区别的本质是市场与政府的区别，社会政策更具社会凝聚力，那就不应该建立国家福利制度，而且这种国家福利制度应该以普遍性为原则。"以更为普遍的财政福利和以工业成就为基础的制度性资源再分配，来实现分配的正义以及建立一个更为平等的社会"，"普及性社会福利制度不仅具有天赋人权和自然公正的理论基础，而且可以避免选择性福利制度给那些接受社会福利服务弱势社群所带来的'制度性耻辱化过程'"。①

蒂特马斯认为社会福利发展和社会政策议题是人类社会普及性的核心议题，蒂特马斯典范以平等与自由为核心价值观，主张国家在福利发展中扮演不可或缺的角色，坚决要求实行普遍性的福利。蒂特马斯的福利理论被评价为"福利的哲学"，他在社会福利与社会政策领域的影响堪称达到了登峰造极的地步。他的许多观点还与现在的关于社会保障理论的争论相联系，并激发着这方面的争鸣与研究连续不断地展开。

（三）瑞典社会民主主义社会福利思想

19世纪80年代，瑞典工人运动的发展以及工人组织和社会主义政党的建立，推动了瑞典社会民主主义的产生。瑞典早期社会民主主义的代表人物是布兰亭。20世纪30年代，在两次世界大战之间，瑞典社会民主主义有了新的发展。针对经济危机，一大批社会民主主义思想家提出了自己的社会经济主张，此期间的代表人物是厄恩斯特·威格夫斯（Ernst Wigforss，1881—1977）。瑞典社会民主主义的忠实奉行者是成立于1889年的瑞典社会民主党，它的指导思想是社会民主主义，崇尚自由、平等、公正和公平，奉行社会改良主义的阶级合作路线。

1. 布兰亭的社会福利主张

布兰亭（Karl Hjalmar Branting，1860—1925）是瑞典社会民主党的第一任主席，于1920年、1921—1923年、1924—1925年三次担任内阁首相。

布兰亭提出，要以改良主义与和平的方式实现瑞典的社会主义，因此，他强调通过社会改革、建立社会保障制度对社会发展起促进作用。竭力主张建立普遍性的社会保险，建立有效的社会保障制度，是布兰亭社会民主主义思想的重要内容。

布兰亭主张社会保障与社会福利应实行普遍性原则，他曾指出，不仅应强调对老年工人的社会关怀，而且小农场主、农业工人以及小工商业者等群体都应该被包括在其中。社会保险不仅是公民的基本权利，而且是政府的基本责任。布兰亭认为，瑞典社会保险制度还应该以强制性为主要特点，否则，人们就会为了眼前利益而忽视长远利益。他指出，"在精神和知识世界，个人自由应该占统治地位，而在社会的经济生活中，个人自由

---

① 刘继同. "蒂特马斯典范"与费边社会主义福利理论综介. 人文杂志. 2004，1

简单地掩盖了强制性的力量，如果允许个人在那里自由行动，结果还是强制。"①

布兰亭的观点基本上代表了19世纪与20世纪之交瑞典社会民主党的主张，他提出的要以改良主义与和平的方式实现瑞典社会主义的构想和策略，为以后瑞典的福利国家发展奠定了基础。

2. 威格夫斯的社会福利思想

厄恩斯特·威格夫斯（Ernst Wigforss, 1881—1977），是20世纪初富有影响力的社会民主主义思想家。他系统论述了瑞典社会民主主义平等、自由、民主的目标，以及实现这些目标的途径，即通过建立完善的社会保障制度达至。

威格夫斯认为，自由主义的福利政策是通过改变分配方式来提供剩余型福利以保护私有财产，与此不同的是，瑞典社会民主主义的社会福利政策之社会民主主义则应以再分配的方式提供惠及全体居民的社会福利，这种再分配通过公共控制和扩大公共财政来实现，并以激进的税收改革提供财政支持。

威格夫斯指出，社会保障概念应该超出仅局限于产业工人的劳动权利范畴，它包括公共养老金、儿童补贴、工伤事故保险、疾病保险以及提供充分住房等。一个文明的社会应该为其全体居民提供有保障的生活水平，即使那些没有对经济生产做出贡献者也应该具有这样的生活水平。只有实现全体民众的社会保障，才有可能实现社会民主党的平等、自由和民主的目标。②

财富之更加平等的分配能够增加集体福利，能够增进大多数人的社会保障，可以为更加富裕的人类生活提供物质条件。威格夫斯否定经济的快速增长可以自发消除贫困并创建出一种更加公平有效的福利分配的观点。他认为，合理的公共政策既应该为工业社会的人们提供针对生活风险的社会保险，也应该提供公共服务，应该将教育和健康关怀等从市场领域分离出来，这些服务并不构成经济的负担，而是实实在在的人力资本投资。③

---

①③ 丁建定. 瑞典社会保障制度的发展. 北京：中国劳动社会保障出版社，2004. 24, 48
② 丁建定、魏科科. 社会福利思想. 武汉：华中科技大学出版社，2005. 200

三、保守主义的社会福利思想

保守主义（Conservatism）是西方思想史的重要流派，与自由主义相比，保守主义福利观反对积极自由，主张消极自由。在其社会福利思想上则对自由放任思想持批判态度，这种批判源自德国的历史学派，以李斯特瓦格纳和施穆勒为主要代表。他们认为，市场中纯粹的货币关系不是经济效率的唯一的或者最好的保证。

保守主义福利思想将总体性和有机性作为自己的价值取向。保守主义社会福利思想以集体为出发点，强调制度理性，其自由概念不主张个体从集体的要求中摆脱出来，而是强调个体对于集体应该承担起义务，而且，这种义务远远优先于个体自身所应获得的权利。

保守主义社会福利思想的一个最重要的观点是实行"君主政体的福利国家"（Monarchical Welfare State），使父权制和极权主义永久化是保守主义社会福利思想家的理想，"声称将为社会福利、阶级和谐、忠诚和生产力提供保证。在这个模式中，有效率的生产体系并非归因于竞争，而归因于纪律。在协调国家、集体和个人利益时，一个权威性的制度远远胜于无序的市场"①。这是使资本主义超越阶级斗争的最适当的法律、政治和社会的保护层。保守主义认为一切世俗的政治统治，要想持久而稳固，就必须获得一种超越的或先在的正当性。换言之，一切世俗的政治统治，最终都必须立足于一种超越的或先验的力量。世俗统治者只不过是被赋予了这种力量而担当了其载体而已，这和西方所谓"君权神授"的观念是非常契合的，反映出的是保守主义为了应对现代性发生的挑战而在政治层面上做出的不懈努力。

（一）李斯特的"国家主义"社会政策主张

弗里德里克·李斯特（Friedrich List，1789—1846）是德国历史学派的先驱，是国家主义是代表人，是德国19世纪20到40年代工业资产阶级的最大的思想家和积极的社会活动家。其代表是1841年出版的《政治经济学的国民体系》，集中体现了他以国家和民族为核心，通过贸易保护主

---

① ［丹麦］考斯塔·艾斯平-安德森. 福利资本主义的三个世界. 北京：法律出版社，2003. 8

义和国家干预政策尽快发展民族工商业的政策观点。

李斯特批评了亚当·斯密自由放任经济学说的三大缺点：第一是无限制的世界主义，不顾国家的观念与利益；第二是死的物质主义，只知道注意物的交换价值，而对于国家精神上、政治上、现在或将来的利益，以及国家的生产力，则一概弃之不顾；第三是无组织的个人主义，忽视社会工作的性质与生产力联合的作用。① 古典经济学是一种"世界主义"与"个人主义"，而不是"国家主义"的经济学。

李斯特认为个人追逐自身利益的结果并不一定能促进整个社会的利益。一方面在国家发展中，许多事关国家利益的事情如国防、基础设施和公共事业也无法借助私人力量来完成；另一方面在国际竞争中，对一个国家有利的结果不一定有利于他国，为了保护本国利益，就有必要通过政府干预的贸易和产业政策使本国私人经济获得充分发展，取得有利的国际竞争地位。

李斯特将自己的经济学称为国家经济学，他反对个人主义，站在国家社会的立场上，力主通过国家干预以确保德国未来的经济发展，他的学说和政策主张适应了当时的德国社会经济的发展，对德国经济政策有很大的影响。

（二）新历史学派的社会福利思想

19世纪70年代以后，德国统一大业基本完成，如何实现经济快速发展与社会的基本稳定成为德国社会的重要问题，新历史学派阶段成为德国资产阶级政治经济学的主要流派。其主要代表人物有古斯塔夫·施穆勒（Gustav Schmoller，1838—1917）、阿道夫·瓦格纳（Adolf Wagnar，1835—1917）、桑巴特（W. Sombart，1863—1941）。他们于1872年建立"社会政策协会"，其社会政策的概念与思想自此开始。

新历史学派非常强调伦理道理和法律等意识形态因素在经济中的作用，并以此解释各种社会经济现象。当时德国经济社会现实中广泛存在的劳资矛盾、工资问题等都是一种伦理关系，可以通过民族精神的强调与道德观念的变化而得到解决。这成为新历史学派的改良主义政策主张的理论依据之一。

新历史学派热衷于鼓吹阶级调和，极力主张自上而下的社会改良，提倡实施社会立法，促进社会福利事业的发展。如何缓解劳资矛盾，填平两

---

① 和春雷. 当代德国社会保障制度. 北京：法律出版社，2001. 45

者在理想、精神和世界观方面的"深渊",关系着帝国的前途和命运。社会稳定的一个威胁就是过度的阶级和阶级对立的现象,社会的稳定发展要靠大规模的自上而下的社会改良。所以,新历史学派思想家主张通过社会立法,推行社会保险制度,建立工厂监督员制度和劳资纠纷仲裁制度,加强劳动保护,对贫穷者提供社会救济,自上而下地实行新的社会改革,以改善工人的劳动条件和生活条件,借以改变工人的教养和心理状态,从而缓解劳资冲突。同时,在一些经济领域推进国家化,并改革财政制度。①

新历史学派主张"国家至上",国家是集体经济最高形式,提倡实行"国家经济",国家应直接干预经济生活的管理,负起"文明和福利"的责任。国家干预是解决当时德意志帝国"劳工问题"的最主要途径。"国家经济"的精髓即是推行积极的社会政策税收,即不应当把国家的职能局限于法律目的之狭隘范围以内,而必须使复杂的国家活动实现社会目的需要,扩张政府职能。税收不仅仅是作为筹集国家经费的纯财政手段,更重要的它可以作为改变国民收入分配的工具,赋予税收广泛的经济调节和社会职能,使一般财富的分配职能从属于社会政策的目的。

新历史学派反对古典政治经济学所揭示的普遍性经济规律,鼓吹国家的阶级调和,宣扬利益和谐,主张社会改良主义,提倡以税收作为收入再分配的手段。他们的经济社会主张,对19世纪末德国俾斯麦政府的经济社会政策产生了直接的影响。

四、凯恩斯主义的社会福利思想

(一)凯恩斯主义的产生

自由主义的种种弊病到20世纪30年代的经济危机中总爆发,严重打击了资本主义的经济发展。自由放任的政策使经济时常会像一匹脱缰之马,冲出正常轨道,造成经济的严重损失并导致阶级矛盾日益尖锐。大危机说明,市场并非万能的,为了公众利益,使用各种直接、间接手段对宏观的以及各种具体微观的经济过程进行控制调节是绝对必要的,也是完全可能的。而进行这种控制调节活动的主体无疑就是国家。

显然,20世纪30年代西方资本主义社会经济的现实,将对传统的市场

---

① 丁建定,魏科科. 社会福利思想. 武汉:华中科技大学出版社,2005. 146

竞争的自由主义经济学说提出挑战，促使西方经济学说发生变化，以应对资本主义新变化的需要。这样，20世纪30年代就成为西方经济学说发生重要变化的时期，其中凯恩斯学派开辟了西方资本主义经济政策的新时代。20世纪20～30年代，西方资本主义国家的共同特点是遭受失业的严重困扰，这唤起了人们在经济学内部进行一种新的思考方式，经济危机使得西方社会经济政策发生了明显变化，就业的稳定开始成为经济政策的主要目标。

（二）充分就业理论与凯恩斯的社会经济主张

约翰·梅纳德·凯恩斯（John Maynard Keynes，1883—1946）是20世纪前期英国著名的经济学家，其成名之作是他在1936年出版的《就业、利息和货币通论》。凯恩斯主义从宏观经济学角度，最早对社会福利制度进行了实证分析和推理，深深影响了西方国家社会福利制度的建立。

凯恩斯思想的精髓表现在"充分就业"的理论之中。古典经济学否认非自愿失业的存在，失业主要表现为摩擦性失业和自愿性失业，而且供给会自动创造需求，从而促进生产的扩大，推动充分就业的实现，这就是著名的"萨伊定理"。凯恩斯指出，到了20世纪30年代，除了摩擦性失业与自愿性失业外，更重要的是存在一种失业状态：即一部分人愿意接受现行工资而工作，但却无工作可做，这就是"非自愿性失业"。"如果当工资的价格相对于货币工资做出微小上升时，为了现行的货币工资而愿意工作的劳动供给总量和在同一货币工资之下的对劳动的需求总量都大于现行的就业量，那么，人们便处于非自愿失业状态。"[①]

凯恩斯认为充分就业即是不存在非自愿性失业，"没有'非自愿'失业的情况称之为'充分'就业，在这样的定义之下，'摩擦'和'自愿'失业并不与'充分'就业发生矛盾"[②]。作为对自由主义的深刻反思，凯恩斯认为资本主义社会难以实现充分就业的根本原因，是社会需求与新投资量的不足，而不是供给不足。如何扩大社会需求与增加投资，凯恩斯突出强调国家对经济的干预，而摒弃自由放任主义的传统政策，强调通过国家干预来弥补市场的缺陷，国家是公共意志的代表，应负起调剂国民经济的责任。具体表现为：（1）通过收入再分配政策措施提高消费倾向，现存的社会经济的主要缺陷在于不能提供充分就业以及在财富与所得方面的不公平。采取措施对收入进行再分配，一方面可以提高消费倾向，另一方面也

---

①② [英]凯恩斯. 就业、利息和货币通论. 北京：商务印书馆，1999. 20

有利于资本的生长。从社会公平与正义角度,社会财富与所得分配的不平等不应该得到辩护。(2)强调通过财政金融政策、税收政策作为宏观经济的调控手段,在经济停滞阶段要努力扩大社会保障支出,创造就业机会;在宏观管理形势得到恢复,经济繁荣以后要压缩社会保障开支。这个方案是以国家财政赤字为代价的。(3)由社会来统制资本量,以消费促投资,让资本的边际效率逐渐下降,"通过收入分配或其他方法来提高消费倾向,从而使维持一定水平的就业量所需要的现行投资量具有较小的数值","仅仅依赖银行政策对利率之影响,似乎还不足以达到最适度的投资量","要达到离充分不远之境,其唯一办法,乃是把投资这件事情由社会总揽"。①

(三)凯恩斯主义的影响

凯恩斯主义把充分就业作为社会经济发展的主要目标,其实现则主要依赖于国家干预政策,对资本主义的社会经济政策做出调整。社会政策的出发点第一次开始从社会伦理等角度转向维护整个现存制度的生存方面,从此福利制度已不仅是给穷人撒下的最后一张"安全网",而且也是给现存制度撒下的"安全网"。他的理论为20世纪30年代后西方资本主义国家干预政策的广泛实施提供了理论基础,为第二次世界大战后西方资本主义国家社会保障与社会福利制度的发展尤其是西欧福利国家的建立与发展,做出了巨大的贡献。

第二节 社会福利的政策选择

一个国家与社会在一定时期内主导的社会福利思潮必定对本国的社会福利政策产生重大的影响,那么在各种流派的社会福利思想影响下,各国做出了哪些福利政策选择呢?

一、贝弗里奇报告的政策导向——凯恩斯主义的充分体现

威廉·亨利·贝弗里奇(William Beveridge,1879—1963)是福利国家的理论建构者之一,毕生致力于英国社会福利制度的理论研究和实践。

---

① [英]凯恩斯.就业、利息和货币通论.北京:商务印书馆,1999.335

1919—1937 年，贝弗里奇担任伦敦经济学院院长。1941 年，英国成立社会保险和相关服务部际协调委员会，着手制定战后社会保障计划。经济学家贝弗里奇爵士受英国战后重建委员会主席阿瑟·格林伍德先生委托，出任部际协调委员会主席，负责对现行的国家社会保险方案及相关服务进行调查，并就战后重建社会保障、社会福利计划进行构思设计，提出具体方案和建议。1942 年 11 月，《社会保障及相关服务》（Social Insurance and Allied Services)，即《贝弗里奇报告》正式出版。贝弗里奇报告总结了自 1897 年《工伤赔偿法》以来近 45 年的社会保险经验，分析了英国社会保障制度的现状，制定了"一种维持国民生活标准的保险计划"，该报告的主要内容有：

第一，社会保障的主要目标是解决英国战后消除影响英国社会进步、经济发展和人民生活的五大障碍即"贫困、疾病、愚昧、肮脏和懒散"，其中消除贫困是首要任务。

第二，社会保障计划应该覆盖所有的公民，主要包括六大类人群：（1）雇员，指根据合同受雇为他人工作的人员；（2）其他从事有酬工作的人员，包括雇主、商人和自由职业者；（3）家庭主妇；（4）其他在工作年龄段内却没有从事有酬工作的人员；（5）尚未达到工作年龄的人员；（6）超出工作年龄的退休人员。[①] 社会保障计划的实施根据人群分别处理，从人们的不同需要出发，提出相应的对策。

第三，社会保障计划由三个不同部分组成：即满足最低需要的社会保险；用于解决特殊需要的国民救助；用于满足额外需要的自愿保险。社会保险方案作为社会保障的主要方式，应遵循六个基本原则：（1）基本生活待遇标准统一原则；（2）缴费费率统一原则；（3）行政管理职责统一原则；（4）待遇标准适当原则；（5）广泛保障原则；（6）分门别类，适合不同人群原则。[②]

第四，提出了一系列的全方位的福利措施，报告设计了一整套"从摇篮到坟墓"的社会福利制度，提出国家将为每个公民提供九种社会保险待遇，具体包括：（1）失业、伤残和培训金保险；（2）退休养老金；（3）生育保险金；（4）寡妇保险金；（5）监护人保险金；（6）扶养补贴；（7）子女补贴；（8）工伤养老金；（9）一次性补助金（包括结婚、生育、丧葬和

---

①② ［英］威廉·贝弗里奇，贝弗里奇报告——社会保险和相关服务．北京：中国劳动社会保障出版社，2004．7，136

工亡四种补助金)。另外,还要提供全方位的医疗和康复服务,并根据本人经济状况提供国民救助。其中有许多为新的福利项目,如为儿童提供的子女补贴。政府要统一管理社会保障工作、通过社会保障实现国民收入再分配。①

英国政府基本接受了贝弗里奇报告的建议,于1944年发布了社会保险白皮书。1945年英国工党上台执政后,逐渐推行贝弗里奇报告中的社会保险计划,颁布了《国民保险法》《家庭津贴法》《国家卫生服务法》《国民救助法》等一系列以国民保险为核心的法案。这些法案均在1948年7月5日前生效,这一天标志着世界上第一个"从摇篮到坟墓"的福利国家的建立。

贝弗里奇报告充分体现了凯恩斯主义的社会福利思想,它以政府扩大干预为基础,以强制性保险为主、国家救济为辅,确保最低生活需要,将整个社会成员系于一体,以此来进行收入再分配,调节经济,维持就业,稳定社会。贝弗里奇报告的问世,标志着英国福利思想的发展已经完成了由理论向政策的过渡。贝弗里奇报告提出了现代社会保障制度的一般内容和基本原则,它在社会保障发展史上具有划时代的意义,对英国、欧洲乃至整个世界的社会保障制度建设和发展产生了极为深远的影响,被视为福利国家的蓝本和现代社会保障制度建设的里程碑。

二、俾斯麦的"想得到养老金的人最容易被驯服"的政策依据——保守主义福利观的体现

19世纪后期,在普鲁士领导下,德国于1864年至1871年三次战争后而结束了长期封建割据状态,建立了统一的德意志帝国,俾斯麦出任第一任宰相。当时的德国社会状况是:一方面罢工、暴力以及由此引起的日益紧张的劳资冲突会损害国家的经济发展与对外政策;另一方面,马克思主义思想的传播与社会主义运动的兴起已经直接威胁到现行政权的稳定。面对这样的社会矛盾与阶级矛盾,为巩固帝国专制政权,俾斯麦采取"大棒加胡萝卜"政策。一方面通过《反社会党人非常法》,残酷镇压工人运动;另一方面也接受"社会政策协会"的部分主张,通过社

---

① 威廉·贝弗里奇. 贝弗里奇报告——社会保险和相关服务(第五、第六部分). 北京:中国劳动社会保障出版社,2004

会政策与社会保障措施保护劳动者，安抚工人阶级。经俾斯麦建议，德国威廉一世于1881年颁布德国社会保障的"大宪章"——《黄金诏书》。诏书申明："对社会问题的解决，不只是镇压社会民主主义的不法行为，而是力求稳定地、积极地促进工人福利。"工人在患病、发生事故、伤残和老年经济困难时应该受到保障，他们有权要求救济，工人保障应由工人自行管理。

俾斯麦社会政策思想的最初体现是，1883年6月15日颁布了以法律形式强制实施的《工人疾病保险规定的准则》；1884年6月27日国会正式通过了强制实施的《工伤事故保险法》，该法规定，在工作中发生事故者或死难者家属均能从实行事故保险的同业工伤事故保险联合会中获取抚恤金。1888年5月31日国会正式通过了《劳工老年和残疾保险法》，其中规定对工人和低职官员一律实行老年和残疾社会人口保险，70岁以上者可以获得养老金，伤残者可以获得伤残救济金；保险资金来自国家、劳动者、雇主三方，雇员与雇主各负责保险费的一半。俾斯麦指出：国家必须把社会保险立法抓紧做好，这并不是对工人阶级的施舍，而是因为那些愿意好好劳动而无法得到工作者应该得到帮助。

俾斯麦的社会保障与社会福利政策更多地是强调社会保险，他的政策不是纯福利性的，它从不同角度强调劳动的重要性。受益者并不是全体公民，也不是最需要救济的贫民，而是在法律规定范围内应投保的劳动者。首先针对的是从事最危险工作的厂矿劳动者，解除其后顾之忧，以保证雇工更好地工作，创造社会财富。社会保险均由雇主与劳工联合组成的自治机构予以办理，政府给予监督。可以这么说，德国是把重点放在该体制的受益人曾为社会做出多大贡献上，解决因工伤、疾病等原因而失去或暂时失去工作能力及失业的公民所面临的经济困难，使其重新回到工作大军中，一方面维护社会的稳定，一方面创造社会财富。

19世纪末，德国俾斯麦政府构建社会保障体系的动机，并非单一出自人道理由，而更多地是出自政治策略上的考虑。德国政府及"铁血宰相"俾斯麦首相将构建社会保障体系视为"一种消除革命的投资"，声称"社会弊病的医治，一定不能仅仅依靠对社会民主党过火行为的镇压，同时也要积极促进工人阶级的福利"，"一个期待养老金的人是最守本分的，也是最容易被统治的"。

中世纪流传下来的封建家长制思想和保守主义传统与近代新历史学派的福利思想的国家主义理论相结合，构成了德国俾斯麦政府社会保险立法的政策依据。其社会福利与社会政策是主张国家干预经济和对资本主义进行社会改良,通过"人人为大家,大家为人人"的互助互帮的原则,使受保人不致陷入贫困。俾斯麦的政策鼓吹劳资合作,政府采取积极措施,关心和改善工人状况,解决严重的社会问题,保护私有财产,维护社会经济发展活力以尽量使劳动者在一定的社会秩序中都有所得,同时维护政权统治的稳定性。俾斯麦的政策在全社会范围内推行社会保障,使之第一次确立为正式的公共社会保障计划。德国于1911年将相关社会保险法令汇编为德意志帝国社会保险法,1912年,被保险人范围扩及所有工薪阶层,战后予以扩充,俾斯麦的政策成为当今德国社会保险的立法基础,是德国成为"君主政体的福利国家"的政策源泉。

三、瑞典社会民主党的"人民之家"政策选项——社会民主主义的具体实践

20世纪30年代,瑞典工业化的发展,使得社会问题集中地体现出来,也使得许多社会问题的性质和影响程度发生了很大变化,贫困、失业等社会问题不再仅仅被视为个人因素的结果,而被认为是社会发展过程中缺乏有效社会调控的结果。这就需要政府采取更加积极主动的措施,减轻社会问题的影响,保证工业社会自身及每一个成员的正常发展。因此,如何采取有效的经济政策和社会政策,促进社会经济的稳定发展,提供更多的就业机会,减轻包括失业在内的各种社会问题的压力,就成为瑞典社会各界关注的焦点。瑞典社会民主党著名政治领袖汉森(Per Albin Hansson,1885—1946),结合瑞典社会发展的历史与现实以及瑞典社会民主主义福利思想传统,于1928年提出了"人民之家"计划。1932年,他出任社会民主党首相,积极领导了瑞典社会改革,而"人民之家"计划就是瑞典社会民主主义福利思想的具体政策体现。

汉森批判资本主义运行机制导致了瑞典社会缺乏有效的社会保障制度。私人企业自行组织和管理生产,他们一味追求经济利润,而忽视了社会成本与社会责任,失业、生活保障、工作权利、民主决策等社会成本不包括在其成本与利润的核算中。社会上存在着严重的不平等现象,"一些人住在宫殿之中,而大多数人则认为如能继续住在他们的破屋之中就已经是够幸运的了。一些人生活富裕,而大多数人则挨门乞讨。"公民在资本主义社会中没有被当作一个受尊敬个体,他们没得到充分的经济、生活、

政治保障。所以，国家就应该承担起对全体公民的责任，以"人民之家"来保护所有公民的利益。

"人民之家"计划是指将国家比喻为家庭，号召把国家建设成像一个好的家庭那样，没有特权或者剥削者，只有平等、关怀、合作与互助。汉森指出："家庭的基础是团结一致与共同感情。好的家庭不会认为任何人是优先考虑的或者是不被认可的；它不会承认任何人的特殊利益，或者把任何人当作后娘养的孩子。这里不存在对他人的歧视，不存在以他人为代价而谋取个人私利，强大者也不压迫和掠夺弱小者。好的家庭体现出平等、理解、合作和帮助。将这种概念扩大到包括公民的'人民之家'就意味着将公民划分为特权者与不幸者、统治者与被统治者、穷人和富人、优裕者与贫困者、掠夺者与被掠夺者的各种社会与经济障碍将被打碎。"①

"人民之家"计划的实质是在瑞典社会建立普遍福利，人民将社会视为自己的家，社会对民众提供疾病、退休、失业与生育等全方位的社会保障。"这不是一个人的面包问题，而是每一个人在更加有保障的条件下生活和工作的问题。一个组织良好的社会通过公平分配为其民众提供各种物质福利和文化产品，使得人们可以免于经济压力。如果被压迫者联合起来，通过支持一种目的在于满足所有合法利益的公共政策而互相帮助，这将会是世界上最自然的事情。"②汉森所倡导的"人民之家"计划通过建立普遍性的社会福利，以缩小阶级差别，达到平等、互助与民主，在瑞典建立公民享有充分的生活保障与民主平等的社会。所以"人民之家"建立的途径是以普遍福利为基础的阶级合作。汉森认为，各种社会力量的合作而不是对抗是实现"人民之家"的重要途径。"将我们的国家建设成为一个好的人民之家，使生活与工作其中的人们获得生存保障，使每个人为了共同的利益而紧密合作。"③

在"人民之家"的口号下，瑞典社会民主党提出一系列在年金、社会救助、医疗保障和教育等方面的激进改革方案。1934年，对住房建造进行补贴，并建立了失业保障制度；1936年，扩大了对家庭的福利补贴，规定年轻夫妇在建立家庭时可申请到国家贷款；1938年，规定全体职工每年享

---

① 转引自：丁建定. 瑞典社会保障制度的发展. 北京：中国劳动社会保障出版社，2004. 52
② 杨玲玲. "人民之家"：瑞典社民党60年成功执政的理念. 科学社会主义. 2005，4
③ 丁建定. 瑞典社会保障制度的发展. 北京：中国劳动社会保障出版社，2004. 54

有 2 周的带薪假期。

"人民之家"计划实践了社会民主主义福利思想的平等、自由、互爱的基本价值取向,成为 20 世纪 20~30 年代瑞典社会民主党的基本纲领,奠定了瑞典社会民主主义社会保障模式的理论与实践基础。

四、"里根革命"的政策改革——自由主义的复兴

第二次世界大战后,美国政府以凯恩斯主义为主要依据,运用货币政策与经济政策对经济进行大规模的政府干预,以调节社会的总需求。到了 20 世纪 70~80 年代,西方资本主义国家经济普遍衰退,随着经济增长的放慢以及财政赤字的不断扩大,社会保障支出额开始出现收不抵支的现象。大多数发达国家开始尽力减少社会保障开支,并改革原有社会福利制度。资本主义社会的矛盾和问题被归结于国家干预太多,破坏市场机制,促成反对国家调控的大潮兴起,"市场万岁!打倒国家!"的口号甚嚣尘上。以美国为代表的西方国家摒弃凯恩斯主义,抨击"政府失灵"和"干预失灵",强调市场机制和自由企业,曾经败在凯恩斯主义手下的哈耶克等人的新自由主义思想则"胜利归来"。

20 世纪 80 年代的美国,老龄化的加剧以及失业人数的急增导致社会福利开支压力不断增大。里根总统入主白宫时,美国的社会福利开支将近 5 000 亿美元,联邦财政赤字更是从第二次世界大战后的几十个亿猛增至 5 000 多亿。在提高社会保障和社会福利水平与削减联邦财政赤字的问题上,矛盾逐渐开始尖锐化。1983 年,社会保障信托基金的储备下降到最低点,仅有 197 亿美元,只够支付一个半月,美国历史上首次出现了社会保障支付危机。

面对如此严峻形势,在哈耶克、弗里德曼等人的新自由主义福利观的影响下,在格林斯潘的建议下,1983 年,里根总统颁布了社会保障改革法案,推行了一系列大刀阔斧的福利改革措施,具体包括:(1)扩大社会保障的覆盖范围,提高社会保障税的税率,对社会保障保险金征税,并拟在 21 世纪初期逐步提高退休年龄。消减政府在大部分社会保障计划和项目上的开支,并鼓励大力发展私人退休金计划。社会保障财政计划由当时的现收现付制逐步向建立部分积累制转变。(2)社会救助以代用券(voucher)代替实物或现金补贴。在之前一直使用的食品券基础上,将代用券的使用扩大到其他方面。如住房券可以用来支付房租,医疗券可用来支付医疗保

险费，就业券使持有者一旦被雇用可用来作为对雇主的补偿。此项改革的目的是使受益人在食、住、医、就业等基本生活需要方面得到保障，以免救助款被用于奢侈性消费。(3) 鼓励贫困者积极劳动和就业，有劳动能力的受助者必须参加义务劳动，以迫使他们减少对社会保障的依赖。如1988年国会通过的家庭援助法案（AFDC）中规定：在1995年以前，各州发布使至少1/5的受益者参加发展就业能力的计划项目。这一项目包括帮助寻找就业机会，为没有高中文凭的人提供学校教育的机会，提供职业教育和训练等。对AFDC家庭中父母均无工作的，其中1人必须参加每周16小时的义务劳动，劳动的内容除了社区服务项目外，还可以包括寻求就业机会的活动。(4) 从1986年起，冻结和延缓1年因通货膨胀而增加的社会福利生活费用。仅此一项，每年就可削减财政开支约70亿美元。[①] 里根的社会福利改革措施在缓解社会保障支付危机方面取得了较大的成功，日益亏空的基金开始出现盈余。

里根的福利政策改革是在维持社会福利保障和维护经济秩序的基本法规的基础上，以"放开"和"紧缩"为主要特征进行的一次所谓的"里根革命"。"放开"即是解放市场，在经济调控中大幅度"松绑"，实行市场准入。民营化向众多社会福利与公共服务领域扩展，包括养老、住房、教育、医疗等各个方面。"紧缩"主要是要反对"大政府"，严格控制财政支出，压缩政府赤字，于是实行了削减社会福利和教育开支、放弃充分就业等系列措施。"里根革命"实际上是践行了新自由主义福利观，反对将一切福利的重担都压在政府肩上，极力推行志愿主义，并突出市场和职业福利的作用。20世纪80年代里根政府的福利改革鼓励穷人通过自立而脱贫，减少了财政赤字，降低了通货膨胀率，促进了经济增长，是美国自由主义福利体制的典型政策体现，并且成了美国现代社会保障制度的"分水岭"：以提高工作能力和自救能力、强化社会保险为特征的美国现代社会保障制度的基本轮廓已经成型，剩余型福利渐渐取代了制度型福利，政府在福利领域中逐渐退位，以市场化、民营化为主要取向的社会福利体系日益完备。

---

① 牛文光. 美国社会保障制度的发展. 北京：中国劳动社会保障出版社，2004. 189

五、中国福利体系的政策构架

20世纪80年代以来，新自由主义的福利思潮在全世界范围流行，西方的社会福利改革方向是市场化与多元化，政府削减公共服务和福利开支，非国有部分提供的福利急剧增加，为对外开放的中国的社会福利政策构架提供了非常新鲜的经济标准和市场经验。改革开放以来，自由主义的福利观深深影响着中国社会福利政策体系。如政府仅仅提供最低层面的最低生活保障制的社会救助，就体现了自由主义的剩余型福利的基本原则；个人账户的建立、个人缴费制，权利与义务相对等，则体现了自由主义思潮下的自我责任精神；社会福利服务的投资主体多元化和经营机制的市场化，也都体现了自由主义下的自由竞争的思想。

另一方面，中国传统文化中的家庭自助和邻里互助的福利哲学继续发挥着不可替代的作用。中国古代的社会福利的哲学基础是："相信命运和依靠天意；官方提倡的节俭价值；依靠私人慈善团体；信仰传统的平等大同的福利观；信赖家庭作为中国福利的基础；政府最少介入社会福利。"[①] 2000年2月，由国务院转发的民政部制定的《关于加快实现社会福利社会化的意见》中提出的社会福利社会化的主要目标是："在我国基本建成以国家兴办的社会福利机构为示范，其他多种所有制形式的社会福利机构为骨干，社区福利服务为依托，居家供养为基础的社会福利服务网络。"为此一方面削减政府开支，另一方面弘扬中国传统的尊老爱幼、邻里互助的社会道德风尚，并且可以减少由于机构照顾隔离于熟悉社区所产生的不适应心理情绪问题。

以市场化为取向的新自由主义和强调个人自助与互助的家族和社区责任的保守主义相结合，对当前中国社会福利政策体系的改革走向产生着基本的影响。在政府之外，将市场、家庭和社区纳入中国社会福利的政策体系的确是一种正确思路，但关键是政府如何实现对家庭和社区照顾的支持和对市场的监督，进而把家庭、社区、市场、社会、政府连接成一个互相支持、互相补充的既满足社会成员的福利需要，又充分体现中国传统文化价值与现代福利理念的社会福利政策体系。

所以，中国福利体系的政策构架的基本原则应是政府、市场、社区、

---

① 郭伟和. 中国社会福利政策演变的文化价值基础. 中国民政. 2003, 4

非政府组织、家庭等各种社会单位合理分担社会福利照顾角色。结合前一章所述的将中国社会福利体系构建为制度化、政策性的社会保障，专业化、职业化的社会工作，专门化、多元化的社会服务，中国福利体系的政策构架则可以对应为：社会保障领域的政府的社会政策，社会工作领域的非政府组织政策，社会服务领域的社区政策。

（一）社会保障领域的政府社会政策

政府在社会保障中始终处于主体角色的地位，在社会保障领域，政府主导型社会政策有三个层面的含义：一是在社会保障基金的收支流量上，国家财政和地方财政居于主导地位，扩大社会保障在财政支出中的比重，使财政成为弥补社会保障基金严重不足的主要提供者；二是在社会保障基金的运营管理上，政府为社会保障基金的运行制订宏观政策，成为社会保障事业可持续发展不可替代的管理者，国家财政肩负制定社会保障财务政策的使命，并负责监督、管理社会保障基金的运营。三是政府以立法的形式将自己的责任固定下来，在社会保障领域承担法定的具体的责任，并且形成一个单独而统一，自上而下的行政执法与组织运作体制。

（二）社会工作领域的非政府组织政策

近年来，社会工作在中国的发展突飞猛进，作为社会工作的重要载体，非政府组织有了突破性的发展，境外的非政府组织也日益活跃地参与。国内新兴起的或由原先准政府的组织逐步转型而来的组织也开始出现，并在当前政府职能转变中发挥着提供社会福利等公共及准公共物品的积极作用。从政策层面看，一方面，规范对非政府组织的监管，积极建立有关非政府组织登记、管理较为完备的法律制度框架；另一方面，政府减少干预和规制，使非政府组织形成自己的资金来源和渠道，独立运作，成为一支强有力的社会力量。政府后退，市场回归，非政府组织在真正意义上行使政府的部分公共职能，以社会工作为主要形式提供社会福利。这对中国社会福利长远的发展有利无弊。因此，我国政府需要尽快地明确自己在这方面的政策，采取有力措施促进非政府组织，特别是社会工作领域的非政府组织的发展。

（三）社会服务领域的社区政策

在由单位制向社区制转型中，我国政府已经认识到了社区政策的关键性，积极倡导建立以社区委员会为主体的社区福利政策，有意识地强化社区的福利功能。所谓社区服务是指运用社区组织的专业方法，推行社会服务，解决全体居民的生活需要，并预防问题的发生。在2006年《国务院关于加强和改进社区服务工作的意见》中，规定了在社区中应该开展的九项服务：社区就业服务，社区保障服务，社区救助服务，社区卫生和计划生育服务，社区文化、教育、体育服务，社区流动人口管理和服务，社区安全服务和体现政府观念更新的"一站式"服务。并界定了政府在社区服务中的主导地位，社区居委会在社区服务中的福利功能，民间组织在社区服务中的辅助性作用，个人与企事业单位在社区服务中的积极作用。[1] 从长远来讲，为进一步推进社区服务，增强社区能力，需要社区政策在这两方面进行调整，即管理体制的民主化和社区工作的专业化。

当然，各领域的政策主体不是唯一的，我们所列举出的只是该领域中的居主导地位的政策。我们所建构的社会福利政策体系实际上可以说是以一种"多元主义"福利思潮为指导，政府不再包揽一切，而将其责任界定在有限的领域，并在其他领域起组合协调作用，大量的具体服务功能要由政府之外的其他社会部门承担。政府逐渐不是社会福利中的唯一提供者，福利市场化、地方分权化及社区化的趋势显现。高度的国家责任辅之以社区、非政府组织等社会资源与力量的充分动员与参与，构建出一个形式多样、主体多元、领域宽泛的福利政策体系。

第三节 社会福利模式比较

社会福利模式是对不同社会福利的内在规定性及主要运行原则的理论概括，反映了一国在一个特定历史时期内福利制度的战略方向。社会福利思想基础的影响积淀与社会福利政策实施的叠加，形成了各国内容不同、特点各异的社会福利模式。国内外学者基于不同标准对福利模式做出了不同的分类，目前最著名的当属丹麦学者艾斯平-安德森在《福利资本主义的三个世界》一书中对该问题的探讨。艾斯平-安德森以经济合作与发展组织中的18个国家为研究对象，以"非商品化"为主要的分析比较维度，进行福利模式的分析。所谓"非商品化"，即"个人福利相对地既独立于其收

---

[1] 国务院关于加强和改进社区服务工作的意见. 中国民政. 2006，6

入之外，又不受其购买力影响的保障程度"①。另外，他将"社会权利"作为自己福利体制研究的起点，认为社会权利的扩展与非商品化程度呈正相关变化，即社会权利扩展程度越广，非商品化程度越高。在这样的研究框架下，艾斯平-安德森将福利划分为"自由主义""保守主义"与"社会民主主义"三种理想类型。②

一、"自由主义"福利体制

"自由主义"福利体制（Liberal Regime）的思想渊源可以追溯到古典自由主义政治经济学，并以当代的新自由主义福利思想为基础。即"公共责任只能进入市场失灵的领域，商品的逻辑是至高无上的"。强调个人在市场中的权利，寻求市场解决的方式，认为国家的介入愈少愈好。"自由主义"福利体制可以追溯到英国古典的"济贫法"传统，该体制的主要代表国家是美国、英国、加拿大和澳大利亚等盎格鲁－撒克逊国家。

基于"劣等处置"原则调整基础上的收入调查或家计调查式的社会救助与基于契约原则和保险精算原则基础上的社会保险方案相结合，构成了"自由主义"福利体制的主要内容，以"处理劳动力商品化的困境"。这种社会政策的主要对象是收入较低、依靠国家救助的工人阶层，以此"避免社会权利的无条件扩张，确保将非市场收入保留给那些没有任何能力参与市场的人"。③在"自由主义"福利体制中，"社会底层的团体主要依赖于羞辱性的救助；中产阶级是社会保险的支配性主体；最后，特权集团则有能力从市场中获得他们的主要福利"④。"由市场培育的竞争性的个人主义"成了自由主义福利国家的分层化理念的核心。

"自由主义"福利体制以较高的就业率、较低的税赋、较低的社会支出规模以及较高的工资差异与所得不平等为主要特征。该体制的非商品化程度是最低的，社会权利的扩展受到了有力地抑制⑤，其社会分层的结构几乎按照市场化和货币化的原则形成。这种福利体制实际上是属于"剩余式福利制度"。

---

① 郑秉文. 社会权利：现代福利国家模式的起源与诠释. 山东大学学报. 2005，2
②③④⑤ [丹麦]考斯塔·艾斯平-安德森. 福利资本主义的三个世界. 北京：法律出版社，2003. 6~37、41~61、66~79，47，74，29

二、"保守主义"福利体制

"保守主义"福利体制（Conservative Regime）的思想基础是保守主义传统的"君主政体的福利国家"主张。个人的利益应服从于公认的权威和主流制度，建立家长式的国家，使父权制与极权主义永久化是"保守主义"的理想。该体制的主要代表国家是欧洲大陆国家，包括德国、法国、奥地利和意大利等。德国俾斯麦以来的家长式权威主义传统是"保守主义"福利体制的历史渊源。

出于扼制自由与民主发展的考虑，保守主义对劳动力商品化发起了有计划、有准备的冲击。在保守主义福利体制的国家，由中央统制的"合作主义"与"国家主义"是解决商品化问题的基本模式。合作主义社团将缴费与社会福利联系起来，并以成员的团体身份划定范围。国家统治阶级利用合作主义社团将个体整合为一个有机整体，保护社会免受个人主义和市场竞争的冲击，合作主义政制几乎完全取代市场而成为福利提供者的国家工具之一。保守主义福利体制对臣民的福利义务是以一种家长制国家主义的专制模式来体现的，并且强调社会权利的赋予应基于忠诚与道德。所以，"保守主义"福利体制的主要内容是各项社会保险计划，此类保险计划是以工作业绩为计算基础，以参与劳动市场和社保缴费记录为前提条件的。通过这种阶级和地位分化的社会政策形成阶级结构，将工人牢固地束缚在家长式的君主权威之下，确保劳工阶级的忠诚。另外，合作主义政制强调成员身份与群体界线，导致欧洲大陆福利国家出现社会阶层差别较大、等级制度较严和特权势力较强的分层化结果。[①]

在"保守主义"福利体制中，一方面国家通过"合作主义"模式取代市场作为福利供应者，例如，提供基础公共年金以及以社会保险方式提供的职业附加给付，但另一方面，由于合作主义与教会有着传统的渊源关系，传统的家庭关系在"保守主义"福利体制中占有重要地位。国家赋予家庭承担与提供福利的责任，让家庭取代福利国家来提供各种服务。只有在家庭服务能力耗尽时，国家才提供辅助性的福利与服务，即依赖并极大化家庭主义所扮演的福利服务功能。[②]

[①②] ［丹麦］考斯塔·艾斯平-安德森. 福利资本主义的三个世界. 北京：法律出版社，2003. 42～45，30

"保守主义"福利体制国家的就业率水平、税赋率、社会支出规模水平以及工资差异与所得不平等程度在艾斯平-安德森所列举的三类福利体制中都处于中间水平,其非商品化程度比较高,公民的社会权利问题几乎从未受到过质疑,社会分层强调"合作主义"。该体制体现了蒂特马斯所列举出来的"工作能力—成绩模型"福利模型基本特点。

三、"社会民主主义"福利体制

"社会民主主义"福利体制主要源于社会民主主义福利思想的平等、公正、自由和团结的基本价值与平均主义的基本目标,政府通过收入再分配政策为全体公民建立充分的、普遍性的社会福利制度。左翼劳工组织与小农广泛联盟所形成的阶级基础,并伴随着社会民主党的执政基础,使得社会民主主义制度成为社会改革与社会发展的主要推动力。该体制存在于瑞典、挪威、丹麦、芬兰等几个斯堪的纳维亚国家,而瑞典的"人民之家"计划则是该体制的主要政策体现。

"社会民主主义"福利体制力求克服国家与市场、工人阶级与中产阶级之间的二元分化状态,试图建立最高平等标准的福利国家。所以,普救主义原则和非商品化的社会权利扩展到了新中产阶级,高水平的福利服务与给付一方面满足了中产阶级的品味,另一方面也使工人阶级充分地分享境况较佳者所享有的权利。"社会民主主义"福利体制以统一定额式为给付原则,给付条件的确定主要取决于公民资格或长期居住资格,而几乎与个人需求程度或工作表现无关,所以该福利体制的社会政策的实施对象是全体公民。在这种中产阶级的"普救主义"的社会政策下,社会分层中的"卑微者"消失了,取而代之的是新的白领阶层与比较富裕的工人阶层,并且实现了社会的普遍团结。[1]

"社会民主主义"福利体制除了强调将市场排除在外,建立了一种普遍而广泛的共享权利与共同责任,即去商品化之外,还强调去家庭化(de-familiarization),即在传统的家庭方面,福利国家承担起了家庭的照顾责任,提供大量的社会服务以及与社会服务相适应的工作机会。这不仅满足了家庭的需求,而且鼓励了妇女选择就业而不是操持家务,使个人拓展其

---

① [丹麦]考斯塔·艾斯平-安德森. 福利资本主义的三个世界. 北京:法律出版社,2003. 78~79

独立能力，从而将家庭成本社会化。①

"社会民主主义"福利体制国家有较高的就业率，较高女性劳动参与率，较高的税率，较高的工会组织率，以及较大的社会支出规模，这就决定了社会安全体系以相当慷慨的社会服务为主，收入不均与工资差异表现得很不明显，而其非商品化程度则是最高的。在这类福利国家，社会权利得到充分扩展，社会福利以"普救主义"为显著特征，政府不再是社会福利最后的出场人，而是确保人们的福利需要得到满足的基本机制。所以，社会民主主义福利体制基本对应于"制度性再分配型"的福利模式。

四、社会福利模式的比较

比较艾斯平-安德森所分析的福利模式的三种类型，除了通常所说的阶级基础、合作主义程度、阶层分化程度具有不同点外②，在以下三个方面仍存在着差异：

（一）国家、市场与家庭在福利提供中的地位不同

国家、市场、家庭三种不同的机制在福利产品提供中扮演着不同的角色，由此构成了一种"福利三角"。三者各自发挥的不同作用以及彼此之间的互动，不仅仅表现了社会福利产生的动力机制，而且支持了社会福利政策的制定。"福利三角的互动过程中的福利提供是多元的，福利提供的份额是相互影响的，它们之间此消彼长地进行补充。"③ 在艾斯平-安德森的《福利资本主义的三个世界》中，一个重要的理念贡献就是对福利制度的分析，从公共支出研究转向了国家、市场、家庭三维度的政治经济与社会制度研究。三种福利模式中的国家、市场与家庭的地位与角色不尽相同。

在"自由主义模式"中，市场在福利提供中扮演核心角色，家庭与国家角色均处于边际性的地位。个人的福利应通过自身的努力在市场中获得。"国家运用消极的和积极的手段，促使市场机制发挥作用：消极手段

---

① [丹麦] 考斯塔·艾斯平-安德森. 福利资本主义的三个世界. 北京：法律出版社，2003. 31
② 郑秉文. 社会权利：现代福利国家模式的起源与诠释. 山东大学学报. 2005，2
③ 彭华民. 福利三角：一个社会政策分析的范式. 社会学研究. 2006，4

是只保证最低限度的给付，积极手段是对私人部门福利计划予以补贴。"[①]国家只是福利的最后出场人，提供通常带有羞辱性的并且数额极其有限的社会救助。

"保守主义模式"则是以家庭角色最为重要，国家扮演辅助性角色，而市场的作用只是边际性的。"保守主义"福利体制国家十分重视保护传统的家庭关系，充分的家庭给付鼓励妇女在家中恪尽妇道，操持家务，家庭承担了主要的福利责任。国家提供福利遵循"辅助性"原则，即"只是当家庭满足成员需要的能力耗尽时，国家才会干预"。市场是福利提供者的角色被剥夺，"私人保险和职业性额外给付只能充当配角"。[②]

"社会民主主义模式"是以福利国家的角色为核心，而市场与家庭的作用只是边际性的。一方面，国家提供了高水平的惠及全体公民的普遍福利，所有阶层都被纳入到一个普救式的福利体系中，将市场排除在外。另一方面，福利国家提供大量带有女性化偏向的社会服务，承担起照顾儿童、老人和孤寡者的传统家庭的责任，而不是坐等家庭扶助功能的衰竭，从而将家庭的照顾功能向国家与社会转移。

（二）由三种福利模式所发展而来的就业路径不同[③]

作为一种从广义角度的研究方法，就业、工资以及整个宏观经济调控等都是福利国家体系之密不可分的组成部分。福利国家中的劳动力市场不是独立自主运行的，而是在一定程度上受到福利国家体制的约束。以美国、德国和瑞典为代表的三种不同的福利模式对劳动力市场产生不同的影响，从而形成了三种不同模式的就业路径：以美国为代表的"自由主义模式"形成的是二元化的就业路径；以德国为代表的"保守主义模式"较少发生"后工业化"变迁，产生以传统就业模式为主的合作主义占统治地位的就业路径；以瑞典为代表的"社会民主主义模式"创造了社会福利主导型后工业化的就业路径。[④]

在以美国为代表的"自由主义模式"中，政府承担的社会福利项目少，服务业较为庞大，就业增长也比较强劲。那些处于"保守主义"和

[①②④] ［丹麦］考斯塔·艾斯平-安德森. 福利资本主义的三个世界. 郑秉文译. 北京：法律出版社，2003. 29，30，250

[③] 参见：［丹麦］考斯塔·艾斯平-安德森. 福利资本主义的三个世界. 郑秉文译. 北京：法律出版社，2003. 216～247；郑秉文. 社会权利：现代福利国家模式的起源与诠释. 山东大学学报. 2005，2

"社会民主主义"模式中的职员,在"自由主义模式"中属于企业管理人员、商业服务领域和大多数私人部门的社会服务领域人员,也就是说"在国家干预之外的'剩余'领域形成了一个庞大的服务体系,从而也形成了一个就业资助体系",形成了蓬勃的尤其是在服务业方面的就业增长。传统生产服务、商业服务和"休闲"服务竞相发展共同繁荣的产业结构,管理型白领职业等所谓的"好职业"占据相当的规模,甚至导致了"过度管理"的现象。另一方面,低技能的职业即所谓的"坏职业"也具有很大的市场潜力,并得到最大程度的吸纳,甚至呈现爆发之势,于是形成了"好职业"和"坏职业"共存现象。"过度管理"和"垃圾职业"同步快速发展,一方面使就业增长显著,另一方面导致了比较严重的"二元化"职业分层状态:少数民族和妇女等弱势群体等多数占底层的人口,被禁锢于"垃圾职业"部门,成为社会福利的目标群体;而男性白种人则独占管理和专业职业领域,这样便形成了严重的"职业隔离"。

在以德国为代表的"保守主义模式"中,欧洲大陆较浓厚的合作主义形成了"局内人—局外人"的分裂:一方面,"局外人"被排斥进入就业市场,另一方面,"局内人"不得不提高其劳动生产率,导致伴随着生产效率提高的劳动大军逐渐缩小。另外,中央统制型的"政府一向追求的紧缩财政政策和货币政策体制,不仅阻碍了公共部门的扩张,而且也妨碍了私人部门的发展"[①],专业性就业机会增长微弱,传统服务业的就业机会也一点没有增加。保守主义福利模式中的合作主义与国家主义严重制约就业增长,不论是政府还是市场,都缺乏创造新的就业形式的能力,所以其就业规模呈缩小倾向。德国以庞大的传统工业为主,其私人部门和公共服务部门都发展不充分,对应这样的产业结构,其职业结构没有提升和专业化。另外,三方伙伴的"合作主义"机制抑制了"垃圾职业"的发展,结果是:在其劳动人口的比重不断下降的同时,被排除在市场之外的家庭主妇、老年人、失业者等几乎完全依赖于社会福利津贴的人口比重也日益增长。日益庞大的"剩余"经济人口的成本必须要依靠日益缩小的经济活动人口的劳动生产率的提高来承担和"买单"。

在以瑞典为代表的"社会民主主义模式"中,政府角色发挥绝对的作用,大部分人受雇于政府设立的劳动力服务部门,庞大的公共部门最大程

---

① [丹麦]考斯塔·艾斯平-安德森. 福利资本主义的三个世界. 北京:法律出版社. 2003,251

度上缩减了私人部门服务的规模。其就业的增长偏向于高度专业化的社会福利性就业,新就业机会的提供主要依靠公共部门,并且主要向妇女提供。严格的共同责任式的工资政策在很大程度上削弱了"垃圾职业","垃圾职业"极少,专业化程度极高。强烈的"福利服务"偏向使国家社会福利体系以外的服务业职业处于欠发展状态,"管理"职业最少。公共部门向妇女提供就业机会,而私人部门被高度男性化,一方面极大提高了妇女的就业率,另一方面却形成了以"女性化的公共部门"和"男性化的私人部门"为主要特征的严重的"职业性别隔离"。

(三) 三种福利模式的改革战略不同[①]

20世纪70~80年代,福利国家危机在全球爆发,经济全球化与一体化带来的全球竞争缩小了国内政策选择的领域;人口老龄化带来了深重的支付危机;家庭结构的变化,如单亲家庭等新家庭类型的出现,产生了一系列新问题。这一系列变化带来了新的生活风险,福利国家处理新生活周期危机的关键在于它如何处理就业、家庭、养老等生活风险。福利国家的改革战略与其本身的福利模式密切相关。艾斯平-安德森在其主编的另一本著作《转变中的福利国家》中,论述了三种福利模式所对应的不同的改革战略[②]:

"自由主义模式"的代表国家如美国、澳大利亚、新西兰等的福利改革主要是采取解除国家管制,由市场驱动的战略。其改革政策的要旨是要用较大的劳动力市场和较大的工资弹性来处理国内的经济衰退和失业问题。这意味着国家必须解除最低工资的限制,首先降低社会工资和法定的或事实的最低工资政策,放宽解雇条件,降低雇主的附加成本。这样一个低工资的就业市场才能形成,"非工业化"的庞大失业问题才能获得解决的途径。然而,这种弹性工资战略必须与积极的培训计划联系起来,以减小潜在"贫困陷阱"危害性。[③]

"社会民主主义模式"的代表瑞典等北欧福利国家面对经济全球化时,采取了斯堪的纳维亚模式,即将福利国家的资源从消极的收入维持转移到就业和家庭发展上,即进行一种"社会投资"战略。积极的劳动市场政策与家庭政策是其主要的策略。在福利改革中,斯堪的纳维亚国家仍遵循福

---

①②③ 参见:[丹麦]考斯塔·艾斯平-安德森. 转变中的福利国家. 重庆出版社,2003. 17~28,21~24

利国家的扩大就业战略,其中的变化是,引入了"工作义务"的概念。施行以"工作福利"(workfare)为口号的,更加"职业友好化"的积极的劳动力市场政策,鼓励成年再培训和终身学习,大力推进地区性流动和工作流动,使优先考虑事项向着有利于青年和成人的转移。另一方面,越来越慷慨的家庭计划与全面的公共服务网络相协调,不但有助于对家庭财政的资助,降低有孩子家庭和无孩子家庭之间差异性,而且鼓励妇女就业,实现了较高的女性就业率,使妇女就业与家庭构成达到和谐。①虽然经过激烈的改革,"社会民主主义模式"的"非商品化"程度在改革中减弱了,但同时,这个福利体制中的福利国家依然还是非常慷慨的,福利国家的典型性并没有由于其激烈的改革而受到根本动摇。改革的趋向是边缘性的调整,而不是示范性地脱离福利国家的基本原则。

"保守主义模式"的代表国家德国等欧洲大陆福利国家改革则采取了劳动力减少的战略。虽然"社会民主主义模式"中的国家通过再培训和创造工作岗位,对过剩的"非工业的"、大多是无技能的群众进行了安排,"自由主义模式"中的国家也采取削减工资的办法进行了安排。但是由于高度发达的社会保险提高了劳动力成本,而不发达的社会服务又减弱了其他领域吸纳劳动力的能力,"保守主义模式"中的欧洲大陆各国仍然选择了对他们离开工作岗位进行补贴的办法,而提前退休方案则成为处理"非工业化"问题的主要政策。这种政策进一步扩大了"局内人—局外人"之间的藩篱,并使劳动力市场更加僵化。所以,对这种由人为转移而达到的劳动力削减策略有较大争议。②

五、社会福利四类型与中国的社会福利模式架构

艾斯平-安德森的分析是以经济合作与发展组织中的18个国家为研究对象,不包括亚非拉等发展中国家,中国的福利模式也不属于其中的任一类型。由于中国有着重社会保障轻社会福利的历史与现状,并长期以广义的社会保障概念代替社会福利概念,所以我国理论界对社会福利模式或者说制度的划分是以对社会保障类型的划分为依据的。中国学者以政府、企业、个人在社会福利制度中的不同权利与义务,福利水平高低程度为标

---

①② [丹麦]考斯塔·艾斯平-安德森. 转变中的福利国家. 重庆出版社,2003. 17~21,25~28

准，将福利制度划分为四类型：福利国家型、社会保险型、国家保障型与个人储蓄型。①

福利国家型的福利模式以英国、瑞典等国为代表。在这类国家中，政府向全体公民提供范围广泛的福利，并强调福利供给在政府职能中的首要地位。这种福利制度按照普遍性与统一性原则，其对象是全体公民，以政府负责、全民高福利为主要特征。其社会福利支出主要出自国家税收的转移支付，并因此产生了效率危机，所谓"瑞典病"就是其典型表征。

社会保险型的福利模式以德国、美国、日本等国为代表。这些国家通过采用保险技术解决生活风险，充分体现互助互济，风险共担原则。社会福利费用由国家、雇主、个人三方分担，强调了个人在福利方面的责任。其保障对象是"选择性"的，与个人的劳动与缴费记录相挂钩，主要对象是劳动者，而非全体公民。相对于"福利国家型"模式，"社会保险型"模式强调权利与义务相对等，一定程度上体现了效率原则。它提供相对较低水平的福利，强调保障而不是高福利。

国家保障型的福利模式的代表国家主要是前苏联，第二次世界大战后建立起来的实行计划经济的社会主义国家大都采用这一模式。该福利模式以社会主义公有制为基础，社会福利支出由政府和企业承担，个人不承担任何费用和责任。该模式坚持普遍主义原则，保障的对象是全体公民。国家在福利制度中发挥着决定性的主导作用，各级工会广泛参与社会福利事业的管理与决策。但由于财政能力有限，国家保障型的福利水平较低，并且存在着质量差、效率低的问题。

个人储蓄型的福利模式的主要代表国家是新加坡。该模式通过立法强制个人储蓄，采取完全积累模式筹措社会保险基金，除公共福利和文化设施由政府提供资助外，福利费用由雇员与雇主承担，其给付水平取决于个人账户的积累，而不是社会福利计划的承诺。它不再强调公平性，不具有再分配性质，也没有共济性，实际是一种强制性自保。这种模式减轻了政府负担，但难以发挥社会共济作用。

从以上的福利模式划分角度看，改革开放之前中国的社会福利制度显然是属于"国家保障型"，这是一种与计划经济体制相适应的高度集中的大一统模式，形式单一，社会化水平低。经过20多年的改革探索，我国的福利模式有逐渐向"社会保险型"模式转变的趋势，已经初步建立了现代

---

① 陈银娥. 社会福利. 北京：中国人民大学出版社，2004. 47~50

性的社会福利体制架构,即"国家—社会保障"制下以社会保险为主体的包括社会救助、社会福利、社会优抚等制度安排,并发挥商业保险的补充作用。然而这一架构仅局限在"保障"而非"福利":水平低,主体单一,内容不完整,城乡、地区、行业、阶层差别难以平衡,社会平等与公平的目标难以实现。如何完善中国社会福利模式的架构,促进福利制度的发展,可谓任重道远。

我们认为,新时代中国社会福利模式的架构,必须遵循以下几点基本原则:(1)福利水平与生产力发展水平相适应;(2)国家、市场、家庭合理分担福利角色,政府始终是社会福利的主导,政府与企业、个人之间实行"合作主义";(3)权利与义务相结合;(4)合理划分公平与效率之间的边界,在社会福利领域更加强调社会公平;(5)坚持福利多元并协调发展,充分发挥社区、非政府组织、企业、家庭和个人在福利领域的积极作用。

在坚持上述原则的基础上,中国社会福利模式的架构应该以福利多元主义思潮为指引,以多维度的福利政策的实施为基础。简单概括为"四大支撑体系""三种供给方式"和"三项保障措施"[1]:

"四大支撑体系"即社会福利体系应包括制度化、政策性的社会保障;专业化、职业化的社会工作;专门化、多元化的社会服务以及政府的公共福利四个部分。四者既相互区别、相互独立,又相互联系、相互补充。这一点在上一章已经做了详细论述,在此不再赘述。

"三种供给方式"指福利的传送通过实物或货币供给、服务提供和福利凭单三种方式进行。(1)实物发放与货币供给,这是福利提供的最常见的方式,这基本上是在社会保障体系中执行的,比如高替代率的养老保险金的给付,救灾物资的发放,最低生活保障金的给予。这实际上是一种经济主导型的福利。(2)在正确引导、规范管理原则的基础上,倡导社会力量举办福利服务。一方面,可以将丰富的人力资源转化为福利资源,促进就业;另一方面,可以满足人民日益增长的福利需求。服务的提供应是多方面的,可以包括家务料理、老人照顾、心理辅导等各个层面。服务的提供可以在社会工作与社会服务体系中执行。(3)除了以上两种供给方式外,可以考虑西方发达国家的"凭单制"的福利提供方式。这是一种由国

---

[1] 部分观点受窦玉沛先生的启发。参见:窦玉沛. 构建面向21世纪的中国社会福利制度. 载:重构中国社会保障体系的探索. 北京:中国社会科学出版社,2001

家补助券发放进而向民间营利性机构购买服务的方式，意味着政府通过发放带有现金性质的兑换券，让接受公共服务的人在限定金额内获得所需要的服务，以食品券或教育券制度为代表，这样一方面引入了竞争机制，保证了福利服务的质量，另一方面增强了公民的自主选择权，保证了公民平等地享有福利权利。自2003年秋季起，浙江省开始全面推行"教育凭证"制度，说明在我国已经出现了凭单制的萌芽。

"三项保障措施"即通过健全法制、财政支持和社区落实切实保障全体公民享有福利的权利。(1)在改造传统福利制度时，应首先对已有的法律、法规、政策进行改造，实现社会福利法制的系统化、专门化与清晰化。在法律中明确公民的福利权利，明确政府与社会的义务，明确各福利项目的管理与监督机制。(2)加大政府的财政支持力度，作为社会福利实践和主导的力量，政府的财政体系应建立面向大众福利的灵活反应机制，加快由建设财政、吃饭财政向公共财政转变的步伐，增加对福利设施、福利事业的投入，财力主要用于提供公共物品，满足公共需求。(3)切实做好社区动员与落实。充分发挥社区基层组织在福利工作中的组织协调与桥梁纽带作用，在社区平台上落实福利政策，动员社区成员参与和反馈，并积极开展社区服务，使社区服务系统化、类型化、多样化、专业化，切实保证广大社区居民的福祉。

第六章
社会福利体系中的专业社会工作

在现代化进程中,人的发展是最为基本、也是最为重要的目标。无论是个人、家庭还是社会,都会在社会生活中遇到各种各样的问题,而问题的解决,最终也是人的问题的解决。社会工作在发达国家和地区产生发展已有100多年的历史,它是一门专业性和职业化的助人工作。在我国港台地区,这一专业的优势功能已得到政府和社会各界的支持与认同,为社会问题的预防和解决发挥了很好的作用。20世纪80年代中期以来,特别是90年代末期以来,社会工作专业在中国内地也得到了迅速推进与发展,成为社会福利体系中的重要组成部分。

本章重点介绍专业性社会工作的特征及功能,分析社会工作与社会福利在哲学基础与价值体系一致性的基础上其专业方法在社会福利体系中的运用,以及福利功能的充分发挥。

第一节 专业性和职业化的社会工作

社会工作是适应工业化社会的发展而逐渐形成和发展起来的旨在帮助他人的一项专业性和职业化的工作,从发展的历史和现实看,社会工作的推行过程就是社会福利的形成与供给过程。

一、社会工作的由来与发展

社会工作由英语"Social Work"直译而来,它产生于西方发达国家,是伴随着工业化和城市化进程而出现的,是适应近现代工业社会的需要而发展起来的,是解决城市化、工业化过程中的社会问题的重要手段。社会工作的早期可以追溯到人类因生存互助而兴办的慈善服务，包括政府、民间、私人以及宗教团体所举办的各项助人活动。在19世纪末20世纪初，社会工作被纳入学术研究的领域内，成为一门学科。同时，社会工作在不断回应社会需要的过程中成长与发展，逐渐孕育并丰富了其科学内涵，成为一种专门性的服务方法，亦即现在所称的"专业社会工作"。专业社会工作在现代社会福利体系中具有十分重要的功能与地位。

社会工作专业的产生和发展大致经历了四个大的发展阶段。[1]

（一）作为社会救助实践活动的社会工作（19世纪末至20世纪初）

在19世纪末至20世纪初，面对众多社会问题，欧美一些国家通过政府、社会慈善组织、民间机构、社会志愿者以及少量接受过培训的受薪人员，实施推动的各种社会救助活动开展得如火如荼。一系列的社会救助实践活动表明，专业社会工作正处于萌芽阶段。在此之前，专业社会工作的出现有一个较长的孕育过程。西方发达资本主义国家在工业化、城市化的过程中遇到了大量的社会问题，一些国家政府为缓解社会矛盾，依赖政府力量制定实施有关社会救助、社会保险方案。英国的济贫立法尤其是1601年的伊丽莎白济贫法主要对穷人进行救助，1788年德国汉堡制、1852年德国爱尔伯福制，规定了社区在社会救助中的责任和作用，并规定了社会救助工作中的赈济员岗位职责。随后英美等国也分别建立了有关的社会保险制度。这些都对社会工作产生了巨大的影响。

工业革命产生了大量社会问题，也促进了民间社会服务组织的产生，这是社会工作产生的重要源头。第一个社会福利机构开始于19世纪早期，是由牧师和宗教团体率先倡导而形成的私人机构。这些人都未受过正规的专业训练，他们工作的重点是满足案主诸如食物、居住的需要，并带有宗教色彩。到19世纪70年代，才逐渐在早期慈善救助的基础上发展起有组织的慈善服务机构以及受薪的社会工作者，此时，服务的内容日趋复杂，也更具连贯性。在英国、美国先后出现的一些慈善组织、社区组织、民间团体、社会志愿者组织开始自发开展针对失业者、穷人、患病者、孤儿、身体和智力方面的残疾者的社会救助工作，弥补了政府人力物力的不足。1869年在英国伦敦、1877年在美国布法罗出现了旨在联系各种慈善组织

---

[1] 参见：范燕宁. 社会工作专业的历史发展与基础价值理念. 首都师范大学学报. 2004，1

机构使其合理发挥作用的慈善组织会社（COS）。在慈善组织会社中，私人机构联合起来向个人和家庭提供服务——社会个案工作和家庭咨询模式的先驱者；计划并协调私人机构的努力来应对城市中日益紧迫的社会问题——社区组织和社区计划模式的先驱者[①]，慈善组织会社的出现对社会工作的专业化进程发挥了很大的作用。与慈善组织会社运动几乎同时兴起的是19世纪睦邻组织运动。1884年，英国牧师巴涅特（Barnett A. Samuel）在伦敦东区开设汤恩比馆，提供了社会志愿者依靠自身力量及社区力量救助当地贫民的范例，后在英美两国普遍流行。这一阶段各种类型的社会救助实践活动的实施和发展，为社会工作走向专业化、科学化阶段奠定了社会基础。

（二）职业化和专业化助人实践活动的社会工作（20世纪初至20世纪50年代末）

一般认为，社会工作走向职业化、专业化、科学化的阶段是在20世纪初至20世纪50年代。在这一时期，社会工作、社会救助实践活动转变为一种以科学理论为指导、借助于专业科学方法为手段、以专业教育为依托、以权威机构为代表、以受过专业培训的受薪人员及专门化的社会机构为主要实施者的高等教育专业和专业化的社会救助职业。其间，几个特殊的推进过程，标志着社会工作在这一历史时期已经成为一种专业性和职业性的助人活动：

一是在原有的志愿性工作基础上，19世纪末社会工作开始向职业化阶段发生转变，出现了受过培训专门解决各种社会问题的受薪人员。这特别表现在美国的慈善组织会社和睦邻组织运动中的专业性和专业性活动的过程中。二是随着对专门解决社会救助、社会保险等社会问题的工作人员进行专门培训的社会需求的增加，逐渐形成了以社会工作理论和方法为教学内容的高等教育模式。这主要表现在美英等国的有关学校开办社会工作专业，设立社会工作课程，进行专业性的社会工作培训和教育，奠定了社会工作专业的教育地位和社会地位。三是形成了以社会工作专业为研究对象的专门性的理论学说和工作方法。主要表现在个案、小组和社区工作的社会工作三大方法的运用，以及社会工作独特的研究领域、理论体系。四是

[①] [英]查尔斯·H·扎斯特罗. 社会工作与社会福利导论. 北京：中国人民大学出版社，2005. 47

形成了社会工作专业的行业权威部门。这主要表现为 20 世纪后，美英等国纷纷建立了形式多样的社会工作协会，分别负责对社会工作者的训练、评估、资格认证工作，以及审核社会工作课程标准、颁布社会工作专业证书等等。行业权威部门的建立和运作，无疑进一步推动了社会工作的专业化、行业化的进程。

（三）作为社会保障、社会福利制度要素的社会工作（20 世纪 50 年代末期至 80 年代）

第二次世界大战结束后，随着社会工作的功能发挥越来越明显，随着战后重建对社会问题解决的需求越来越迫切，社会工作被发展成为一些国家和地区解决社会问题的特殊的制度化手段，成为国家或地区实施社会保障、社会福利、社会救助的重要的制度性措施，被纳入了社会福利体系并在预防解决各种社会问题、保障人民生活质量、维护社会稳定、促进人类发展等方面发挥着重要的社会功能。为此，社会工作专业的发展也越来越受到一些发达国家和地区政府的高度重视，将社会工作纳入政府的重要工作内容，甚至在政府部门直接设立社会工作机构，负责各种社会工作事务，这样就极大地提升了社会工作的专业化和职业化的地位。社会工作及其机构就和社会保障、社会福利、社会救助体系完整地结合在一起。由政府、社会工作代理机构、社会志愿者三方面所组成的社会工作网络，使社会工作触角伸入到社会各层面，成为国家或地区社会福利与保障制度的重要体现与组成部分。

与此同时，社会工作教育也和社会保障、社会福利密切的联系在一起，社会保障、社会福利制度成为社会工作的理想和灵魂，同时也是社会工作之所以具有社会吸引力和专业地位的合理性源泉。

（四）20 世纪 80 年代至现在——作为社会变革与后现代主义思潮的社会工作

20 世纪 80 年代以来，在经济全球化背景和新自由主义思潮影响下，世界各国的社会福利和社会工作体制发生了很大的变化。一些国家和地区纷纷对原有的社会保障、社会福利政策进行变革，其结果是一方面使社会工作的运行和发展逐渐从纯粹的"需求导向型"机制向"需求导向"加"预算约束"机制转变，另一方面也迫使社会福利机构和社会工作者更加注重开发"社会服务市场"，提高服务质量和效率。

随着后现代主义文化社会思潮影响的日益扩大，这些思潮也深刻地影响了80年代以来社会工作的发展趋向。社会工作专业领域内出现对了对社会公平、社会秩序、社会权利、社会制度、社会问题、社会失范、社会矫正、社会工作价值、社会工作方法、社会工作过程的深刻反思，一些社会工作机构和专业社会工作者在其价值理念和工作方法上，更加倾向个人与社会的多元公正，强调案主与社区参与，重视边缘性社会群体利益，社会工作者与案主语言及行为互动，否定传统社会工作的一元真理论和价值观，后现代主义社会思潮对的社会工作的影响越来越大。

我国的社会工作起步较晚，20世纪80年代后，随着各高校纷纷开设社会工作专业，社会工作才逐渐在社会上得以推进。但是，由于多方面的原因，我国的专业社会工作还远远没有为整个社会所认识，还没有被纳入到社会福利体系中发挥其独特的功能。要改变这种状况，在加快社会工作专业本身的教学、科研和实务的同时，还必须从社会福利体系的高度来认识和推进社会工作。这是一个事关我国社会福利事业发展，涉及社会多领域、多方面的重要问题。

二、社会工作的基本要素

由于各国政治、经济、社会与文化背景各不一样，社会工作的发展状况参差不齐，所以，也很难对社会工作有一个统一的界定。概括起来，学术界对社会工作的界定大体有以下几种：

第一，社会工作是一种具有知识与技能体系的，协助个人满足其社会生活需求、解除个人发展障碍的专业服务工作；第二，社会工作是一种助人的过程；第三，社会工作是一种艺术，一种科学的专业助人方法和技术；第四，社会工作是一种协助个人与其社会环境更好地相互适应的专业性助人活动；第五，社会工作是一种协助人们去预防和解决社会问题，恢复并增强他们社会生活功能的社会制度化方法。[1]

现代意义上的专业社会工作，是指以利他主义为指导，综合运用社会工作专业知识和方法，为有需要的个人、家庭、群体和社区提供专业性社会服务，帮助其纾缓、预防和解决社会问题，恢复和发展社会功能的职业活动。在有些国家和地区，社会工作被称为社会服务或社会福利服务。

---

[1] 徐震，林万亿. 当代社会工作. 台湾：五南图书出版有限公司，1999. 4～6

之所以说社会工作是社会福利体系中的重要有机组成部分,是因为社会工作的实施和推进及其功能的发挥,能够帮助服务对象提升其社会功能,解决、预防社会问题,满足服务对象的需要,最终促进社会的公平和公正。而在社会工作的开展过程中,正是由于其各要素作用的发挥和各要素之间的互动,才使得社会工作的福利功能得以很好地发展。

社会工作的基本要素包括:

(一)案主

案主(Client)即社会工作的服务对象,也称之为"受助者""当事人""福利使用者"等。"由于社会工作与社会福利有密切的联系,被认为是社会福利的发送器,因此,社会工作的服务对象也被称为福利受益者或福利使用者。"[1] 案主可以是个人、家庭,也可以是团体、组织机构或社区等,案主通常有各种各样的问题与需求要加以解决和满足。根据案主是否已在接受服务,可以将其分为"现有案主"和"潜在案主"。"现有案主"是指已经在使用社会工作服务的案主,"潜在案主"是指可能需要社会工作服务或者有权接受社会福利和社会服务而尚未提出要求的案主。有时候,案主并非就是社会工作要去改变或服务的目标人口,而可能是受目标影响而求助于社会工作机构的人。[2]

并非每个社会工作的案主都是工作的目标对象,也不是每一个案主都必须有社会工作者直接与之接触,非治疗对象的案主与社区资源都可以成为社会工作的协同工作者。随着社会工作的发展,其案主对象也在不断发生变化,早期西方社会工作的受助者主要是个人及家庭,以后逐渐扩大到小组和社区,到20世纪70年代后,宏观的社会系统也成为社会工作的对象。除传统社会工作的个人、家庭、社区等案主对象之外,当代的社会政策、社会福利行政等也是社会工作的特定对象。

(二)社会工作者

社会工作者是由英文"Social Worker"直译而来。又称"助人者"或"社会福利专家",是指受雇于公、私立社会福利机构或设施中从事社会工作职业活动的专业技术人员,简称"社工",主要活跃在社会福利、社会

---

[1] 王思斌. 社会工作导论. 北京: 高等教育出版社, 2004. 151
[2] 徐震, 林万亿. 当代社会工作. 台湾: 五南图书出版有限公司, 1999. 13

救助、社会慈善、残障康复、优抚安置、医疗卫生、青少年服务、司法矫治等社会服务领域。不同于一般民间的从事社会服务的志愿者及在政府社会福利相关部门工作的社会服务或社会福利人员，通常社会工作者都会强调自身的专业性。一名合格的社会工作者应该是受社会工作价值伦理的约束，具有社会工作专业教育背景，具备社会工作资格证书，以及将社会工作视为一种职业生涯的人。

社会工作者的主要特征是专业性和职业性的助人者或助人群体，这是区别于其他职业或行业的最为重要之处。因为，"社会工作是一个助人的专业，专业的宗旨是为有需要的人提供帮助，通过社会工作者的帮助，使受助者恢复和提升社会功能，解决问题，克服困难，满足需要，获得自我实现"[1]。为此，社会工作者必须具备专业知识和技巧，要有专业伦理和价值，要有服务于他人、服务于社会，为社会大众创造福利、提供福利的理念和精神。

20世纪80年代以来，我国一些高校设置了社会工作专业并呈迅猛发展的趋势，但是社会工作的专业化和职业化及其实际的社会应用一直是没有得到很好地解决。社会工作的社会认知度还不高，社会工作者至今还没有完全发展成为一个独立的职业，以至于长期以来"社会工作者"这一概念在中国是泛指那些从事"本职工作之外的工作的人"。按照这样的理解，社会工作及其社会工作者就是一些在业余时间帮助别人或帮助社会做"好事"的工作或工作者。另外，人们对社会工作的认识还往往局限在民政部门的工作、群众团体的工作等方面。这无疑制约了我国专业社会工作的发展，影响了专业社会工作在社会福利体系中的地位和功能发挥。

在社会转型的过程中，社区已成为解决社会问题的平台，因此需要大量的专业社会工作者。在这种形势下，2004年7月，劳动和社会保障部颁布了第九批国家职业标准，"社会工作者"被正式认定为我国的新职业。上海市政府首先推进社会工作职业化，已经建立起社工的职业资格认证制度和注册管理制度——"社会工作师"制度，打造"专业社工"这一"新行当"。2006年10月11日中国共产党第十六届中央委员会第六次全体会议通过的《中共中央关于构建社会主义和谐社会若干问题的决定》指出，建设宏大的社会工作人才队伍，是构建社会主义和谐社会的迫切要求，必须充实公共服务和社会管理部门，配备社会工作专门人才，完善社会工作岗位设置，通过多种渠道吸纳社会工作人才，提高专业化社会服务水平。

---

[1] 王思斌. 社会工作导论. 北京：高等教育出版社，2004. 151

这就为专业社会工作施展才能提供了良好的平台，表明我国社会工作的春天已经来临。

(三) 资源系统

人的本质就在于其社会性，人在社会环境中生活，总要与他人结成一定的社会关系，生活在一定的社会网络之中，需要在社会中获得物质、精神等社会资源。社会资源系统就是社会工作实践过程中的基本要素之一。

有学者认为，社会资源系统可以划分为三类[①]：

第一是非正式的或自然的资源系统，主要包括家庭、朋友、邻居、同事、亲戚等。它能够提供物质与精神的帮助，同时还能提供具体的服务和资源。这是人们生活中首要的社会资源，也往往是人们遇到困难时首先求助的资源系统。

第二是正式资源系统，包括党派、专业团体、群众组织及各种协会等。这些组织致力于提升成员的福利和利益，直接提供资源给成员，并帮助他们与各种社会系统打交道。

第三是社会性资源系统，是为适应社会公共生活与活动建立起来的满足人们短期或特别需要的机构，是人们社会生活的重要支持系统，包括学校、医院、各种社会服务机构、派出所等。在现代社会中，人们与社会资源系统的联系越来越密切，从社会资源系统中得到的帮助也越来越大。

在社会工作过程中，案主的问题经常与其所处的环境及环境中的资源存在着密切的联系。大多数案主遭遇困难都是由于周边相应资源的缺乏。这种缺乏可能是因为在案主所处的环境中没有其所需要的资源，也可能因为案主无从得知可利用资源的存在，还可能因为某些原因使案主尽管知道有资源却无法获取。无论哪种原因，都会给案主的生活造成困扰，影响案主及其家庭成员甚至其相关团体的正常发展。

而当一个人或家庭的社会关系和社会网络中具有强大的社会支持力量或众多的社会资本时，就可以较好地解决问题，战胜困难。社会工作是以个人及其环境互动所形成的社会关系为切入点展开工作的，主要为个人或群体提供社会资源以增强个人或群体的社会功能。社会工作者可以联系某些社会资源，为人们寻求或提供合法、积极的社会支持，帮助有需要的人充分认识和利用社会资源系统，不断运用和扩大社会资本。

---

① 参见：王思斌. 社会工作导论. 北京：高等教育出版社，2004. 152~154

(四) 社会环境

虽然人的生存环境包括自然环境和社会环境，但由于社会工作更为关注人的社会环境，所以这里我们重点讨论人的社会环境。

社会环境是与人的生存和发展有关的所有外部社会因素的总和，包括人际关系环境、社会生态环境、社会文化环境。人际关系环境即是指与人们的生活、工作、学习等活动有密切关系的人际关系的总和，如亲属关系、邻里关系、同事关系、朋友关系等；社会生态环境是指社会中的人们在环境中的生活、生存状态，如社区成员或群体的共生关系和竞争关系等；社会文化环境是指构成人们生活的基础和背景的知识、价值观念、风俗习惯、法律法规体制等形成的体系，是人们生存和发展的一种特殊背景。

人们从社会环境中获取资源，社会环境向个体和群体提供物质和精神的支持。社会环境不同，社会环境所拥有或提供的资源不同，对人的生存和发展的促进作用自然不同。社会工作者就是要掌握案主所处的社会环境，充分挖掘和利用该环境中的一切资源来帮助案主，否则单凭社会工作者一己之力是无法使问题发生多大改变的。

(五) 专业关系

专业关系被描述成社会工作的灵魂或基石，它不同于日常生活中的人际关系。这种关系发生在社会工作者和案主对象之间，是为某种专业目标而建立，是为了协助案主，即通过工作者与案主的工作能解决案主的问题与困难，或者发展案主的潜能。而当社会工作的目标实现后，专业关系就应该终止。专业的形成基于客观与自我了解，要求祛除社会工作者的个人偏见，不以社会工作者自身的利益为前提。

在社会工作过程中，为了达成工作目标，有必要建立良好的工作者与案主的专业关系。专业关系的好坏，在很大程度上影响整个服务的成败，关系到社会工作目标的实现与否。良好的专业关系是双方信任的基础。良好专业关系的建立与维护，是发挥社会工作在社会福利体系中重要作用的基本前提。

三、社会工作的特征

社会工作从个人与环境互动所形成的社会关系入手开展工作，寻求增强既包括单独的人,也包括群体中的个人之社会功能,这是社会工作专业区别于其他专业的特色。一般说来,社会工作自身的助人宗旨、理论基础、专业要求等决定了它具有以下几个方面的特征[①]:

(一)社会工作职业的服务性和利他性

社会工作是一门助人的专业,其基本任务和职能是对有困难、有需求的社会成员提供有效的服务,帮助他们走出困境,使之能够正常地生活并谋求发展。社会工作是以利他主义为指导,以受助者为本的专业性服务,它不以社会工作者的自身利益为前提,不以营利为目的,社会工作讲究的是价值理念和服务精神,社会工作人员的满足在于助人工作的完满实现以及人类幸福美满的生活状态。因此,社会工作成果不为任何单一社会工作人员所独享,社会工作制度亦不为任何社团而单独存在。

(二)专业工作的客观性

社会工作是一门实用性很强的工作,这就要求社会工作者要面对现实,具有实事求是的工作态度。社会工作者不应以个人的好恶来对待所面对的任务,也不应该凭个人感觉主观臆断地处理问题,而是要撇开个人情感因素与偏见,以对救助对象本人遇到的问题的分析了解为基础,去探究问题的症结之所在,然后有计划、有根据地运用科学的方法来解决问题。因此说,社会工作不是一种感情冲动行为,而是以客观精神或科学精神为指导的理性行为。

(三)崇尚专业的伦理精神

除学习基本理论知识和积累工作经验外,社会工作者还应该严格遵守社会工作专业体制所规定的伦理守则,以保障案主的权益,维护社会工作者自身及其组织的专业价值与形象。对社会工作来说,专业的伦理精神不是外在的东西,而是内在的、不可或缺的东西。社会工作人员能否遵守专业的伦理精神,不只是一个工作或优或劣的问题,而是直接影响到社会工作职业存在的正当性。社会工作者若违反专业伦理守则,除受到道德良心的谴责外,还要受到社会工作体制的制裁。

---

① 参见:周湘斌,田绪永. 中国社会工作. 郑州:河南人民出版社,2002. 10~15;徐震,林万亿. 当代社会工作(第一章). 台湾:五南图书出版有限公司,1999

(四) 讲求助人自助与民主参与

社会工作开展工作的假设前提是,当人们找出了问题,并明白了问题所在,大多数人本身就有解决问题的能力和力量。因此,社会工作并不是单方面的施予,而是与案主一起工作,在工作过程中是以协助工作对象自我决定为主。社会工作的精髓就在于给工作对象以希望、信心和决心,充分调动对象的主动性、积极性和创造性,鼓励工作对象参与认定问题、思考解决办法,合力解决社会问题,最后达到求助者自助并在自助中得以发展的境界。

(五) 要求团队协同工作

社会工作者特别擅长建立团队和运用团队工作方法,擅长协调各种服务和活动。社会问题的解决需要运用多种专业知识来消除多方面的不良因素,社会工作者并不是全能者,所以在一般情况下单个社会工作人员是难以单独解决社会问题,完成社会工作的全过程的。因此,分工以及各种具有不同专长的人员的介入就成为社会工作所必需,同时又是社会工作助人过程之特质。分工以不同专长的工作人员的合作为前提,要求大家共同来帮助同一个对象或解决同一个问题。

(六) 注重运用社会环境资源

个人与社会环境的分离、隔膜、异化导致了社会问题,因此,社会问题的解决过程恰恰就是调节个人与社会环境的关系的过程。社会问题经常不是由社会工作人员、社会工作体系或者工作对象单独来处理解决的,而是依靠社会资源共同解决的,其中最基本的就是依靠工作对象与其自助系统,工作对象所生活的社会环境资源是他们最基本的自助系统。所以,社会环境资源、社区资源的发掘与运用是社会工作的主要特征之一,社会工作人员必须熟悉社区资源,而且要善于激发与协调,善于运用各种社会环境资源,使之产生自助与助人的功效。

(七) 重视个人与环境的关系

社会工作注重个人的整体性,包括注重个人、环境和行为三方面的因素。社会工作从人与社会环境的相互关系中理解个人和社会,充分重视人的尊严、权利和人格的完整性,认为个人生活受环境影响很大,许多个人问题是由社会环境造成的，解决个人问题不能脱离社会环境。强调家庭在塑造和影响人的行为中的重要作用，许多个人问题都是由家庭而起，把家庭作为改善社会功能的基本单位来开展工作。

（八）独特的社会工作督导制度

社会工作督导是随着社会工作专业化发展而建立起来的一项重要制度。在学习和实践两个方面，社会工作都有合格的专业人员作督导。一方面，社会工作督导通过一定的程序传授社会工作的专业理论知识和工作方法，协助专业人员或非专业的社会服务人员执行社会工作的计划和方案，交流经验，对计划方案的实施进行评估，以确保社会工作的质量，对工作对象负责。另一方面，社会工作督导也是社会工作专业训练的一种方法。它由机构内经验丰富的专业工作者负责，通过定期的和持续的督导程序，向机构内新的工作者传授专业服务的技术和方法，以增进工作人员的专业技能，提高社会工作专业人员的素质和工作能力。督导的方式一直在不断变化，参与性督导、自我督导和同伴督导正得到广泛运用。

四、社会工作的功能

社会工作的主要功能是解决人与环境互动过程中所产生的社会问题，提高人的社会功能，使个人公平地从环境中获得自己生存和发展的机遇和条件，以增进个人和社会的福利，并以此来促进人的发展和社会进步。当然，社会工作发展到今天，其社会职能绝不仅仅局限于消极地解决已有的社会问题，它还通过改变某些条件和问题产生的基础来预防问题，因此，社会工作的功能表现是多方面的。一般观点认为，社会工作的功能可以简单分为以下几个方面[1]：

（一）解决困难和问题，恢复受损的社会功能

解决困难和问题是社会工作最初产生的直接目的，也是社会工作最基本、最重要的功能，可以进一步划分为治疗功能和重建功能。治疗是指对

---

[1] 参见：周湘斌，田绪永. 中国社会工作. 郑州：河南人民出版社，2002. 15～17；[美]威廉姆·法利，拉里·L·史密斯，斯科特·W·博伊伦. 社会工作概论（第一章）. 北京：中国人民大学出版社，2005

个人、团体和系统的直接服务，消除导致社会功能失调的因素，重建是指对失去的社会功能的重新建造或找出一种替代模式以恢复常态的社会生活功能①，也称为"康复"或"复健"。举例来说，社会工作者会帮助一个丧失部分听力的儿童获得助听器，或帮着把一个遭人遗弃的孤儿安置到寄养家庭里，这就是社会工作的治疗功能；重建功能方面则可能是帮助那个获得助听器的孩子在心理上接受这一器具，并习惯在生活中佩戴它，帮助那个孤儿适应新的家庭。这类功能的发挥之同时，也就是社会福利的形成和提供的过程。

（二）发掘和提供资源，促进人与社会的发展

谋求发展是每个社会成员的权利，包括社会中的困难群体、弱势群体的成员。正是由于后者在社会中所处的弱势地位，社会工作者应当帮助他们实现发展的愿望。社会工作应该充分发掘社会资源，有效地利用社区资源，建立健全社会成员的自助系统，发挥个人和制度的潜能，促进社会的发展。

社会工作提供与配置资源的功能有三个方面的含义。"其一是社会工作设置本身就是一种社会资源，它通过机构的设置、人员的配置、社会政策的制定、社会服务的计划与发送等一整套健全、完善的制度体系，调节个人与个人、个人与群体、个人与社会的关系。其二是社会工作调节社会资源的分配，使之得到充分利用，特别是为困难人群、弱势群体所用。这具体又可分为两个方面：一是社会工作者通过自己的工作协调社会现有的各种资源，向案主提供可资利用的福利资源的信息，并具体帮助他们了解申请社会救助的方式、方法或途径。如通过向特困者介绍如何申请和领取困难救济，使其从社会中获得必需的生存资源。二是社会工作者应通过自己的工作，对社会弱势人群的基本权利给予保护，积极为他们争取资源，促使国家和政府积极修正、调整社会政策，完善社会福利制度，使之有利于弱势人群；应当积极动员并争取社会、社区、民间组织、慈善机构、富裕阶层等各种力量对弱势群体的关心，增加物质、资金和设施的投入，以改变他们的生存状况。"② 其三，要秉承社会工作助人自助的宗旨，着重开发受助者个人的内在资源，包括智力及其他能力，以及将外来援助转化为

---

① 吴中宇. 社会保障学. 武汉：华中科技大学出版社，2004. 31
② 李迎生. 社会工作概论. 北京：中国人民大学出版社，2004. 30

自我发展的动力的能力等。

　　提供资源既包括提供个人资源，也包括提供社会资源，目的是获得更佳的社会功能。它也可以再划分为发展性和教育性两种类型的资源提供方式。发展性方式是使现有的社会资源得到更有效的使用，或是使个人的能力得以充分发挥已获得更佳的社会互动。例如提供家庭服务的工作者通过个别会谈和联合会谈帮助夫妻双方更好地相互理解，并敞开心扉进行有意义的沟通。教育性方式是让公众了解为什么需要提供新的社会资源或改变社会资源的分配方式，以及这样做需要具备的前提条件，使人们理解当前社会转型的特征，认识正在发生的社会变迁，从而调整心态和行为，适应新的社会环境。社会服务的工作人员所做的公开演讲则是这类工作的例子。

（三）及早发现与控制问题，预防社会功能失调

　　社会工作能够及早发现、控制、减轻甚至消除有可能损害社会功能有效发挥的条件和情况。它分为两大类：一类是预防损害社会功能的个人和群体互动中的问题。以婚前辅导为例，这一服务希望通过辅导让准夫妇预见到婚姻生活中会出现的问题，对婚姻深思熟虑并充分了解，避免缺乏这方面的知识所引发的问题。另一类是预防社会疾患，一般用于社区组织工作领域。如社会服务委员会调动所有社区组织和经济资源，以减少青少年越轨行为。包括建一个新的青少年活动中心，聘请受过专业训练的人员来中心工作，帮助那些处于越轨边缘或是住在"越轨行为多发区"的男孩女孩。

　　社会工作的预防功能一般通过两方面的工作来实现：首先是预警，即对可能出现的问题做预先警报；其次是应变，即社会工作者通过自己的工作来预防问题的发生。社会工作者的工作开展可以强化个人或群体的功能，提高他们对面临问题的认识能力和思想准备，并进行必要的资源积累。[①] 同时，可以发展有效的社会福利支持体系，包括个人的自助系统与环境的支持体系以及社会工作助人体系的健全，形成社会支持网络，以便及时、有效地应对可能出现的问题。

---

① 李迎生. 社会工作概论. 北京：中国人民大学出版社，2004. 31

(四) 维护社会公平和正义，保障社会稳定

人们对社会的不满随着社会问题的不断增多和加剧而不断增长，当相当数量的社会成员的正当需要不能得到满足时，就有可能引起社会的动荡与混乱，从而威胁社会的稳定。随着财富的增加和分配不均，社会的各个阶层尤其是贫困者和富裕者阶层之间的利益冲突日益尖锐，矛盾更加复杂，而采取高压手段只会激化矛盾，导致更严重的冲突乃至动乱。因此，现代社会一般主张通过疏导的方式来处理矛盾，解决问题，而这正是社会工作之主张，也是社会工作之专业所长。社会工作者在日常生活中常常扮演调和及疏导者的角色，其在化解社会矛盾方面起着不可忽视的作用。这也是社会工作能够不断发展的原因之一。维护弱势群体的合法权益是政府和社会的责任，也是一个社会公平度的体现。社会工作追求社会公正，通过服务、宣传和影响社会政策等途径来帮助弱势群体，争取和维护其合法权益。其潜在目的就是减少困难和问题对社会的危害，从而保障社会的稳定，促进社会的进步。

随着改革的不断深化，现阶段我国的社会矛盾比较突出。其中，下岗失业及退休金的发放、医疗费用问题、职工伤残补偿问题、农民工的劳动保护问题、失地农民的权益保障问题都是社会关注的焦点问题，积压了不少矛盾和纠纷。这些都凸显出在我国加快发展社会工作事业的必要性和重要性。社会工作者对社会贫者、弱者施以援助，协调、化解各阶层之间的矛盾，给人们的正常生活创造了条件。他们的工作既帮助了受助者，同时也起到了稳定社会的作用。

第二节 社会工作与社会福利哲学基础与价值伦理的一致性

哲学基础与价值体系是社会工作实践的重要思想基础，它们决定了这门专业注重科学与道德的双重特征，前者强调的是科学的推理，后者强调的是道德的推理。[①] 同样，社会福利的哲学基础和价值伦理与社会工作具有相同的内容，二者之间存在着一致性。

---

① 王思斌. 社会工作导论. 北京：高等教育出版社，2004. 73

一、社会工作与社会福利的哲学基础

社会工作是一门助人自助的专业,其目的在于改善个人和群体的社会功能与福利状况,解决并预防个人和社会问题,维护社会正义并促进社会的和谐与发展。为此,社会工作就必然有其特定的哲学基础与价值伦理。而宏观意义上的社会福利,其目的就是通过多种方式提升人们的生活水平,其本身也有特定的哲学基础和价值伦理。社会工作和社会福利的最终目的及功能的一致性决定了二者的哲学基础和价值伦理的一致性。

(一)社会工作的哲学基础

哲学是关于自然界、人类社会以及人类思维最一般规律的科学,是人们对整个世界的根本看法,是关于世界观的学问。社会工作的哲学基础就是社会工作的基本理念,是社会工作者对案主对象、对人类生活以及人类追求的最为根本、最为基本的认识和看法,也是社会工作专业性的基本前提,是始终贯穿在社会工作展开和推进过程中的基本理念。有国外学者认为,社会工作的哲学思想主要来源于三个假设:第一是对人的尊重;第二是相信人有独特的个性;第三是坚守人有自我改变、成长和不断进步的潜能。[①] 社会工作哲学基础包括道德哲学和政治哲学两部分,是促使专业人员在实践中理解和解决各种问题的智慧和经验总结,也是社会工作服务理念的具体体现。在王思斌教授等看来,社会工作哲学基础具体表现在宗教理念、人文主义和人道主义、实证主义和实用主义、"乌托邦"与理想主义、集体主义等几个方面[②],这些要素构成了社会工作者对社会工作对象及社会工作本身之最为基本的看法并影响和决定着社会工作者的行动。

(二)社会福利的道德和政治哲学基础

"当我们视社会工作为一种制度时,其实已涉及另外一个概念——'社会福利'"[③],如果把社会工作、社会福利、社会服务加以比较,可以看到社会福利无疑是处于最为抽象、最为上层的理念。而作为一种社会制度,社会福利又与群体的道德判断和国家的政治机制密切相关,社会形态

[①②] 王思斌. 社会工作导论. 北京:高等教育出版社,2004. 77,78~84
[③] 徐震,林万亿:当代社会工作. 台北:五南图书出版公司,1999.

不同，福利所反映的道德和政治哲学基础也不同。社会福利的哲学基础涉及道德哲学要素主要是个人品德与价值在社会中的判断，而涉及福利的政治哲学要素主要是自由、平等与正义。①

1. 社会福利的道德哲学基础

社会福利从个别领域和私人领域的关爱或照顾活动形成与发展而来，随着社会的发展与变迁，国家开始介入公共福利领域，社会福利渐渐发展成为一种社会制度，成为人们解决社会问题，提升民众生活质量的方式，由此也决定了国家在社会福利的供给和提供中的责任主体与主导地位。对于社会福利的施予和提供，必然会受到一定的道德哲学基础的影响，比如给什么人提供、如何提供福利、接受福利者的认定有什么社会道德标准等。如对于贫困现象，19世纪西方主流的社会观点是把它视为一种个人的错误和道德的失败，个人必须对自己的福利负责。反映在社会福利的道德哲学基础上就是将穷人分为"值得帮助的穷人"和"不值得帮助的穷人"。除了把值不值得同情的贫困者作为是否救助和帮助对象之外，还有些国家把种族、性别和年龄作为标准来确定对象。如美国历史上，有色人种向来获得的帮助就少于白种人："如果你是白人，一切都好；如果你是棕色人种，呆在旁边；但是如果你是黑人，对不起老弟，靠后、靠后、靠后。"② 从这里可以较为清楚地看出福利救助和福利提供中的道德标准影响。"当福利成为一种有组织的社会资源的时候，福利的分配不仅要考虑到个人和群体的生存价值，同时也必须考虑到它对政治和社会秩序的影响……20世纪上半叶发生的经济危机和第二次世界大战，极大地改变了政府和公众对社会福利与政府责任的看法，福利不再和道德失败及个人的错误联系在一起，建立福利国家成为普遍的政治共识。"③ 所以，在现代社会，福利已经被人们广泛地认为是一种权利，是一种基于利他主义的互惠关系和照顾责任，同时，也是公民的一项社会责任。

社会福利道德哲学基础的内容及对其理解在不同的时代和不同的国度有可能不同，但是总地说，其经过了从个人到群体再到社会的发展演变过程。从福利接受者看，早先是从个人和群体的福利需求和满足，到后来的是社会普遍福利。从福利的供给道德或供给理由看，早先还有"值得不值

---

①③ 王思斌. 社会工作导论. 北京：高等教育出版社，2004. 79，52，52～53

② [美] 威廉姆·H·怀特科，罗纳德·C·费德里科. 当今世界的社会福利. 北京：法律出版社，2003. 108

得"帮助或救助的分类与争论,而到现代社会,福利的供给则被看成是公民的权利赋予,是公民之间的相互义务关系和社会关系。从福利的供给主体看,早先是宗教团体、慈善机构的"行善"和赐予,发展到现代,政府则成为社会福利供给的最大责任主体。这一发展演变过程较为清楚地反映了福利施予背后的道德哲学的发展。

2. 社会福利的政治哲学基础

事实上,作为一种社会制度,社会福利是和国家或政府的政治活动、社会政策有着紧密的联系。社会福利是一种政府分配资源的方式,它通过不同的制度安排来满足公民的不同需要。在现代社会福利制度内部,有时是在西方福利体系内部,社会福利的分配与获得不仅与国家的责任和社会正义联系在一起,也同公民的自由和权利联系在一起。按照王思斌教授的观点,福利的政治哲学基础主要表现在福利与权利、福利与平等、福利与正义三个方面[②]:权利是针对公民而言,即公民是否有权利或通过什么样的权利来获得福利,"在当今的现实世界,福利权利经常是和工作联系在一起的,也就是说公民通过就业来获得福利"。平等是指人们获得相同的对待,这种相同的对待是与分配原则联系在一起的,"在社会福利资源的分配中,平等是一个衡量社会正义的重要尺度",体现在公共开支的平等、最终收入的平等、使用服务的平等、福利津贴的平等等方面。正义在很大程度上说就是保护弱势群体的基本利益,这是资源分配核心的主题。"对任何一个负责任的和民主的政府来说,通过特定的社会政策来保证社会中弱势群体得到基本的福利,是维护社会秩序、保障社会公平的最基本措施。为实现这一目标,相应的社会政策包括基本的社会救助、医疗保障、住房补贴、教育费用和税收减免等,从而使得处于不利地位的社会人士能得到基本的参与和发展机会"。

福利的政治哲学基础还表现在对社会福利制度的认知、争论以及制度的推行模式上。一旦把社会福利与社会治理、社会发展联系起来考虑,政治哲学基础就在背后支撑和左右着社会福利的基本理念和制度形成。我国古代的"大道之行也,天下为公"的社会福利构想,其背后的政治哲学基础就是要做到"大同"社会,其思想就连"近世福利思想,并未能越其境界……足见大同思想之卓越与对社会福利构想之完整"[①]。在现代社会,发达国家社会福利模式各不相同,无论是福利型、保险型还是个人储蓄型,

---

① 徐震,林万亿. 当代社会工作. 台湾:五南图书出版公司,1999. 64

抑或是如艾斯平-安德森所说的"自由主义"福利制度、"保守主义"福利制度及"社会民主主义"福利制度,在很大程度上都是由该社会的政治哲学基础所决定的。

二、社会工作价值观和社会福利价值观的一致性

(一)社会工作的价值观

社会工作既是一门以实践为基础的社会科学,又是一种强调伦理约束和道德准则的专门职业,可以说,在所有的职业中,社会工作最具价值取向。其道德的力量来自于对社会上弱势群体的深切关注,以及其对更广泛的社会福利事业的承诺。在这个意义上,社会工作是有着深厚的价值基础的、有使命感的专业。综观整个社会工作的发展历史,它的基本使命是追求社会正义、蕴含集体主义思想、主张社会中的个人对他人负有责任。社会工作的价值基础蕴含了社会工作对社会正义、社会公平的持久承诺。

目前社会工作使命与价值较为完备的记录,是1996年发表的《美国社会工作者协会伦理守则》,有的翻译为《全美社会工作者协会伦理准则》。此守则中所包含的使命宣言清楚地强调社会工作对个人福祉和更广泛的社会福利问题的双重承诺,并使社会工作对社会公平与正义问题的不懈追求更为显著。兹摘录如下[①]:

> 社会工作专业的首要使命在促进人类福祉,协助全人类满足其基本人性需求,尤其关注弱势族群、受压迫者及贫穷者的需求和增强其力量。社会工作的历史传统和形象定位皆着重于促进社会中的个人福祉和社会福祉。社会工作的基础即是注重在那些制造、影响和引发生活问题的环境力量。社会工作者协同或代理案主来促进社会正义和社会变迁。
>
> "案主"包含个人、家庭、团体、组织和社区。社会工作者要敏感于文化及种族的多元性,并致力于终结歧视、压迫、贫穷及其他形式的社会不公义。这些活动的形式包括:直接的实务工

---

① 参见:[美]查尔斯·H·扎斯特罗. 社会工作与社会福利导论. 北京:中国人民大学出版社,2005. 641~645

作、社区组织、督导、咨询、行政、倡导、社会和政治行动、政策发展和执行、教育、研究与评估。社会工作者尝试去增进个人表达自我需求的能力。社会工作者也尝试去促进组织、社区和其他社会制度对个人需求与社会问题的回应。

社会工作专业的使命是深深扎根于一系列的关怀价值之中的。这些伴随社会工作走过专业历史的核心价值是社会工作独特的目标与远景的基础。这些核心价值的整体架构反映了社会工作的独特性。核心价值和由此衍生出的原则必须配合不同的人类社会环境及其复杂性而定。以下广泛的伦理原则也是立基于社会工作的核心价值。

价值一：服务性

伦理原则：社会工作者主要目标是帮助有需要的人，以及解决社会问题。

社会工作应在自身利益之上为他人提供服务。他们利用自己的知识、价值和技术向有需要的人提供帮助，并解决社会问题。鼓励他们能自愿地贡献出自身的专业技术而不图大的经济回报（公益服务）。

价值二：社会公正性

伦理原则：社会工作者应向社会的不公正挑战。

社会工作者追求社会的改变，特别是与弱势和被压迫的群体一起，并代表他们追求社会的改变。他们改变社会的努力主要集中于社会贫困、失业、歧视和其他不公正现象。他们的活动旨在促进提高社会对压迫现象、对文化和民族多样性的敏感度和知识。社会工作者努力确保全体人民的机会平等，确保获得信息、服务、资源和有意义地参与决策制定。

价值三：人的尊严和价值

伦理原则：社会工作者尊重个人与生俱来的尊严与价值

社会工作者以一种关怀与尊敬的心态对待每一个人，留意个别差异和文化及种族的多元性。社会工作者促进案主对社会责任的自我决定。社会工作者尝试去增加案主表达他们自我的需求和改变的能力与机会。社会工作者意识到自己对案主以及广大社会的双重责任。他们寻求能够在符合专业的价值、伦理原则和伦理标准下，实践社会责任，解决案主和广大社会间的利益冲突。

价值四：人际关系的重要性

伦理原则：社会工作者要认识到人际关系的核心重要性。

社会工作者了解到人与人之间的关系是改变现状的重要原动力。社会工作者在助人过程中扮演案主伙伴的角色。社会工作者在有目的的努力之下尝试去增强人际间的关系，以增强、恢复、维持和增进个人、家庭、社会团体、组织和社区的福祉。

价值五：完整性

伦理原则：社会工作者要有一个值得信任的行为举止。

社会工作者要能持续的察觉专业的使命、价值、伦理原则和伦理标准，并能以一贯之地实践。社会工作者应诚实且负责任地行动，并促进其所属组织实践符合伦理的实务工作。

价值六：能力

伦理原则：社会工作者要在其专业能力范围内履行职责，并提升自己的专业知识和技能。

社会工作者应持续地致力于增加自己的专业知识和技能，并在实务工作中运用。社会工作者应期望自己对专业的知识基础有所贡献。

（二）社会福利的价值理念

社会工作的实施与社会福利密切联系在一起。社会福利是指对一国的社区或社会的满意状况做出贡献的社会福利计划的总和，是一种由社会福利计划、社会福利津贴和社会服务构成的，帮助人们满足对维持社会运转必不可少的社会需要、教育需要和健康需要的国民制度。[1] 和福利的道德哲学基础紧密联系，福利的价值理念也就是社会福利制度的建立和社会福利推行的必要性、意义以及价值判断与价值选择。社会福利的提供方式和内容，一方面反映出社会发展水平之高低，另一方面也深刻地揭示出一个社会所隐含的价值观念。社会福利在实施过程中，必定会受到其内在的理念与价值之制约和影响。

在古希腊罗马时期以及希伯来时期，人们就对社会福利具有的明确的

---

[1] [美] 威廉姆·H·怀特科，罗纳德·C·费德里科. 当今世界的社会福利. 北京：法律出版社，2003. 29

观念，古希腊的幸福论认为幸福是与别人共享得来，富人要想获得快乐与赞美就应该提供一些财富给穷人。古罗马时代则强调责任感，认为富人为穷人解决痛苦是一个重要的宗教责任，富人也因此而以显尊贵；同时还强调要维护受助者的尊严。希伯来人认为人们应该公平享有物质，这是社会公平与正义的思想基石。宗教的利他、奉献、博爱与救人救世的福利精神，以及以爱心助人和与人为善的思想，都是社会福利价值观的重要表现。在我国古代，先哲们对社会福利有着明确的观点和思想，比如儒家的"天下大同"思想，道家的"无为"思想的理想社会模式，墨家"兼爱天下"的思想，都是我国社会福利的价值判断的源泉。

对于社会福利价值的看法和态度就是社会福利价值观，福利价值观一般表现为较为宏观的和较为深层次的思想，是对社会福利的价值选择和基本理念的哲学概括。在近现代社会福利观上，主要表现为个人福利观与集体主义福利观的对立，也就是社会福利价值是偏向于个人还是偏向于集体之争论。个人主义福利观把福利看成是有关个人动机与需要的东西，因而反对为了平等和社会公正的目的而采取的福利措施。个人福利观认为，追求平等和公正必然会使一部分人的所得被另外一些人所占有，这是以损害一部分人的利益来满足另一部分人的需要的做法。集体主义的观点是把福利看成是集体的责任，认为个人在应对各种自然的和人为的不测时常常是无能为力的，因而对于其一切需要，集体有不可推卸的责任来帮助其满足，社会需要发展社会福利的功能，以保证每一个社会成员之基本社会生活需要的满足。"不同的社会福利思想形式是人类对自己的福利理想和福利状况的不同表达，使基于人们在处理个人和社会这一基本关系上所做出的价值选择。当人们在价值观上选择集体主义或个人主义时，他们是要表明自己的基本立场……在实际生活中，一方面，出于利益的考虑人们最可能选择个人主义的价值观，而另一方面，人们也需要彼此的合作和友谊来满足一些非经济利益的需要。"[①]

尽管有关福利价值的观点不尽相同甚至相去甚远，尽管我们很难把社会福利的价值体系勾画得十分清楚，但是，社会福利理念的确立和制度的形成与福利价值观具有密切的联系，社会福利价值观对于社会福利实施的重要性是毋庸置疑的。

由以上的简要分析我们可以清晰地看到，社会工作和社会福利的哲学基

---

① 钱宁. 现代社会福利思想. 北京：高等教育出版社，2006. 12

础在很大程度上是一致的,社会工作的哲学基础和伦理价值观也是社会福利的基本出发点。社会工作的专业追求和社会福利的目标追求也是共同与共通的,社会福利的目的就是帮助人们在其社会环境中更有效的发挥作用,包含满足人们的基本生存需要和满足人们心理的、精神的、社会交往的需要。这些与社会工作的专业目标和功能在最终目标追求和本质上是一致的,都是为了达到人类更美好的生存状态的一种政策主张、制度安排和专业手法。

第三节 社会工作在社会福利体系中的作用

社会工作的直接作用和最终功能就是为服务对象提供了福利——在案主对象问题解决的过程中,而使之得到的一种服务和相应的满足,以及物质生活和精神生活条件的改善与提高。社会工作是社会福利的"发送器"和"桥梁",是社会福利体系中的重要组成部分。

一、社会工作方法

作为应用社会科学,社会工作的核心是在一定理论指导下的一套因时因事而异的工作方法。随着社会工作专业研究的不断深入与拓展,社会工作者在借鉴其他学科理论知识、方法技能的基础上形成了一套独特的工作方法,为社会工作更好地进行社会服务奠定了坚实的基础。社会工作方法指社会工作的实施方法,也就是"如何去助人的过程,包括为了达成目标所采取的有目的的计划和结构性的活动"[①]。

人们通常把社会工作方法分为两大类:一类是直接服务的方法,也就是社会工作者直接为案主提供服务的方式,亦即社会工作者直接提供社会资源给求助者,面对面解决案主的问题为主的社会工作服务。直接服务的方法通常又分为社会个案工作、社会团体工作、社区工作等。另一类是间接服务的方法,即影响到社会工作服务的实施,但又并非社会工作者直接对案主提供的服务,包括为直接服务提供所需要的各种协助与支持过程,也可以说间接服务是为社会工作者直接对案主进行服务的服务。间接服务方法通常又分为

---

① 徐震,林万亿.当代社会工作.台北:五南图书出版公司,1999. 27, 177

社会工作行政、社会工作督导、社会工作咨询、社会工作研究等。①

(一) 直接服务方法

1. 社会个案工作（Social Case Work）

是现代社会工作中最先发展的一种社会工作服务方法。社会个案工作的对象是个人或家庭，社会工作者运用有关人类社会关系和个人发展的各种科学知识和专业技能，通过对个人或家庭及其所处的社会环境进行有效的调适，透过一对一的工作过程，帮助案主认识并解决所遇到的困难或问题。并通过发掘个人潜能，增强其适应能力，达到预防问题的目的，从而保障和促进个人或家庭的生活幸福。

2. 社会团体工作（Social Group Work）

亦称社会小组工作，"社会团体工作被作为一种社会服务方法，最早是在19世纪的教会活动里"②，这是以一个团体或小组为案主对象而进行服务的社会工作方法。社会团体工作是以科学的知识来了解团体成员，并运用专业技术以有组织有计划的团体活动引导团体成员相互联系，培养团体成员合作的能力和习惯，使团体或团体中的个人正常地、创造性地发展，从而促进团体成员健康成长，提高解决问题的能力。对于存在着社会及心理问题或生活处于不利地位的人们所组成的团体，主要是进行预防、治疗、康复等服务；对于一般儿童、青少年、成人所组成的成长性、教育性团体，则是提供教育与娱乐服务，其主要目的是预防并解决社会问题。

3. 社区工作（Community Work）

也称社区组织或社区发展，是随着工业化、城市化过程中发展起来的一种专业工作方法。这种方法是以整个或部分的社区为对象（包括地理社区和功能社区），了解案主的问题或需要，注重社区自助，动员社区内的一切资源，调整居民的社会关系、改善权力与资源的分配，避免社会冲突，寻求社会福利需求与资源的有效配合，解决社区问题，满足社区需要，以增进社区的福利，促进社区全面均衡发展。相对于个案工作和小组工作方法，社区工作显得更宏观，涉及面更广，更侧重于社会环境与制度的变迁。

1962年，美国社会工作教育课程委员会正式承认社区工作为社会工作

---

① 周湘斌，田绪永. 中国社会工作. 郑州：河南人民出版社，2002. 100
② 徐震，林万亿. 当代社会工作. 台北：五南图书出版公司，1999. 27，177

的基本方法之一①，这样，个案工作、团体工作和社区工作就被美国社会工作界并列为社会工作的三大基本方法。

（二）间接服务方法

1. 社会工作行政

社会工作行政又称为"社会福利行政"。可以认为是转化社会政策成社会行政的过程，并在此过程中利用转化社会政策为社会服务所获得的经验，对社会政策的修改提出建议，以便有效为社会成员提供最佳的帮助。社会工作行政"是以整体社会工作机构、组织、制度为基础，运用行政的动态程序，包括管理、组织、预算、计划、评估等手段，来达成社会福利政策和社会工作实施的功效"②的一种方法。它由社会工作行政人员实施，协调和整合社会工作机构内部资源，同时充分发掘、运用所有的资源，为直接社会工作提供支援，以更有效地开展社会工作，在社会工作实务中具有很重要的作用，是间接服务方法的主体。

2. 社会工作督导

社会工作督导是指社会工作机构对实习的学生或在职的社会工作人员所实施的定期和深入的指导工作。督导工作强调对接受者的启发和塑造作用。通过督导者对实习学生和在职工作人员的督导，提高他们服务的效果、增强他们的专业技能和专业认知，通过督导提高社会工作者的业务水平和工作能力。社会工作督导有助于实现社会工作机构的工作计划，充分发挥社会工作的功能，有效地训练和培训社会工作者。社会工作督导也是社会工作专业教育过程中重要的一环。

3. 社会工作研究

社会工作研究是目前社会工作方法中发展非常缓慢的一个，以至于有些社会工作专家在讨论社会工作方法时并不把它作为一种社会工作方法对待，在国内社会工作界也很少触及这一的领域。社会工作研究是以科学的方法从事对社会福利政策、措施与实施方法的研究评估工作，"包括资料收集、抽样、验证、推论、解释、建立理论与模型的过程"③。社会工作研究的目的是发现社会需要、验证社会福利政策、评估社会工作的功效、提升社会工作理论、提高社会工作专业品质。社会工作研究是为社会工作顺

---

① 甘炳光，梁祖彬等. 社区工作理论与实践. 香港：香港中文大学出版社，1998. 1
②③ 徐震，林万亿. 当代社会工作. 台北：五南图书出版公司，1999. 29

利开展而实施的一种实践性研究,是介于研究和社会工作实践之间的一种方法。其研究结果为社会工作机构制定计划、策略和工作内容、实施方法提供科学的依据和重要的参考。

4. 社会工作咨询

社会工作咨询是对社会工作从业人员或其他有关人员提供资料或技术,解答他们的问题,提供他们的工作能力的一种工作方法。社会工作咨询一般是由社会工作专业知识渊博、实际经验丰富的社会工作者或社会工作专业的专家学者对专业知识较浅或实际经验并不丰富的从业人员或其他有关人员提供专业帮助的活动,其目的是提高社会工作从业人员的专业知识、技术技能和伦理道德,以提高他们的服务能力和水平。[①]

社会工作间接工作方法共同的目标是:整合资源,为社会工作服务直接提供支援和补充,以提高专业社会工作者的服务水平和社会工作的专业品质,促进切合实际的各种社会政策的制定,帮助人们按社会政策管理、规范自己的社会生活,提高人们的社会生活能力和社会功能。

值得注意的是,上述各社会工作的方法并不是各自分立的,它们之间存在着种种联系,不能彼此分割。随着社会工作需求的进一步发展,社会工作所面临的问题和困难更加复杂多样,综合运用多种方法的社会工作整合模式正在形成与发展。在具体的社会工作实务中,需要在熟练掌握各种社会工作方法的基础上综合运用社会工作的几种方法,使它们巧妙地相互配合,以更有效地帮助案主解决问题,发挥案主的潜能,达到使他们正常地生活、提高其生活质量、增进其社会福利之目的。

二、社会工作与社会福利

(一) 作为社会福利体系重要组成部分的社会工作

对于社会福利概念的理解,国内学界和实际工作者一般是从狭义的角度来加以理解的,即认为社会福利是社会保障框架下的一个子系统。如也有学者将其定义为是国家、社区组织和企事业单位为保障社会成员或本单位职工的基本物质文化生活需要,而提供和组织实施的带有福利性的收入

[①] 周湘斌,田绪永. 中国社会工作. 郑州:河南人民出版社,2002. 103

保障和服务保障。① 狭义上界定的社会福利之覆盖范围很窄，水平也较低，缺乏制度化和专门化的社会服务做支撑。

随着社会经济的发展和人们福利意识的提高，人们的福利需求将会不断增长，福利服务的内容也将日益丰富，这种界定必然适应不了社会实践的要求。在英美等发达国家，福利所包含的内容和范围都要比社会保障广泛得多。广义的社会福利有两个层次的含义：一是指一个社会共同体的集体的幸福和正常的存在状态；二是指一种帮助人们满足社会、经济、教育和医疗等需要的国家项目、待遇和服务制度。广义的社会福利也可以把体育、文化娱乐、交通设施包括在内，实际上凡是可以增进国民的物质文化水平的措施和事业，都可以列入广义的社会福利范畴。

在实践的层面上，与社会福利联系最为密切的当属社会工作。例如社会工作的理念和社会福利最终追求目标之间的一致性，社会工作专业方法在社会福利领域的有效运用，以及社会工作者在社会福利领域的广泛从业等，都能充分说明这一点。正因为如此，社会工作和社会福利两个词常常被人混淆，有时还被人当作同义词使用。而实际上，社会福利是比社会工作更为广泛的概念。

广义上讲，社会福利包含了社会工作、公共福利和其他相关的社会服务项目、方案和活动等，社会工作是现代社会福利制度的一个重要组成部分。虽然从社会工作的发展趋势看，社会工作和广义社会福利的覆盖对象是逐渐重合的，但二者还是存在一定的差别：社会福利是最抽象与最上层的社会政策与理念；社会工作则是将社会福利政策、项目转化为现实的具体的服务，是实现社会福利的手段，社会工作方法是实施社会福利的主要工作方法之一。社会福利只是从政策上规定了服务对象、标准以及所要达到的目的，但如何实施这一制度，如何确定具体的服务对象，如何从精神上帮助他们克服生活困难或生理、心理障碍，达到社会的协调，如何提供福利设施并且帮助人们特别是有困难者享有这些设施，这就需要社会工作具体而深入地工作开展。

社会福利包括了与应对社会问题有关的基本机制和流程。这些社会问题影响了很多人，需要社会各界群策群力来解决。从这个意义上来说，参与社会福利事业的不仅包含合格的社会工作者，还包括受聘于公共福利和其他与实现人类福祉相关领域的工作者，如医生、律师、教师等。许多专

---

① 童星. 社会保障与管理. 南京：南京大学出版社，2002. 300

业的人都提供社会服务,但社会工作者一直是这一领域的生力军。在西方发达国家,在各种类型的社会福利场所和机构都有聘用的社会工作者,几乎所有的社会工作者都工作在社会福利领域。"社会工作专业的工作处境是社会福利机构"①,社会工作者是社会福利服务的传递者,涉及的重要领域有:精神病、医疗、婚姻和家庭辅导工作;学校工作;康复工作;矫治工作;公共福利;企业工作;滥用毒品和儿童福利。② 他们通常接受处理比较困难的工作,而且许多人被委以管理和督导的职位。他们还担当顾问,帮助指导那些只受过少量培训的社会福利助理人员和辅助工作人员。大量的地方福利部门聘用了许多有社会工作本科或硕士学位的人工作,这些机构所做的事都被视为专业性工作。

回顾社会福利的发展历程可以看到,社会上一直都存在向弱势群体和个人提供的服务。比如,早期基督教堂经办的对穷人和病人的照顾,以及16世纪和17世纪实施的伊丽莎白济贫法。社会服务在先,社会工作方法是从社会福利中发展出来的,存在于特定的社会福利系统内,"社会工作的发展必须依赖于社会福利的土壤"③。社会工作的范围随着社会福利的发展越来越广泛,使社会工作成为一种由政府或私人社团所举办的广泛性的社会服务。经过长期的专业化发展,社会工作越来越成熟,成为社会福利体系中专门化的重要组成部分。

(二)社会工作与社会福利制度的关系

社会工作是社会福利制度中必不可少的一个组成部分,它存在于特定的社会福利系统内,是完成社会服务、实现社会控制和社会发展目标的重要手段。社会工作和社会福利是相辅相成的关系:"一方面,社会福利的发展和完善会使福利资源增加,同时有利于专业工作人员素质的提高,因此,它将进一步推动社会工作专业的发展。另一方面,社会工作专业本身的发展,又可以提高社会服务的素质,改善社会福利的管理和资源配置效率,进而使社会福利制度本身得到完善。"④

社会工作专业是判断社会福利制度成熟与否的一个重要标准,同时,社

---

① 刘继同. 中国社会工作发展状况与社会福利政策处境. 首都师范大学学报. 2005,1
② [美]威廉姆·法利,拉里·L·史密斯,斯科特·W·博伊尔. 社会工作概论. 北京:中国人民大学出版社,2005
③④ 王思斌. 社会工作导论. 北京:高等教育出版社,2004. 59

会福利制度本身的完善与发展,对社会工作专业化的进步也有积极的影响。

第一,社会工作在社会福利制度中具有重要的地位。具体表现在:社会工作的推进就是社会服务的组织和推行过程;社会工作专业是社会福利体系一个重要的知识基础;社会工作是社会福利制度具体化的一个过程,它通过社会福利服务的策划、推行和评估等一系列专业活动保障整个福利制度功能的正常发挥,同时也有助于改善社会服务的管理。

第二,社会工作是社会福利制度中的服务传递者和发送体系及必要的中介。社会福利体系是一个较为抽象的社会制度,这一制度必须依赖于社会工作、社会保险等来加以支持和落实。在社会福利体系内,社会工作过程通过专业人员、服务机构等来解决相应的个人、家庭与社会层面的问题。具体表现在:社会工作在福利体系中确定受助者和服务对象的范围和种类;社会工作是一个解决问题的过程,能够帮助受助对象提升社会功能;社会工作作为一个提供资源和满足需要的过程,在确定问题和受者对象后,需要确定干预计划筹措资源以满足受助对象的需要;社会工作在其推进中不断改善专业方法和服务管理模式,从而提高社会福利资源的利用效率和效果。①

第三,本书认为,社会工作的实施和运作过程,本身就是一种社会福利的形成与提供。社会工作以"助人自助"为基本理念,以预防和解决问题为基本目标,以改善和提升案主对象的生活状况和环境为基本追求,在社会工作者专业性功能发挥中,案主对象必然会在多方面得到改变和改善,包括能力也得到极大地提高以达到自助。随着案主对象的问题包括社区问题的解决,随着案主对象能力建设后的能力提升,他们无疑接收到了福利——无论在物质上还是在精神上抑或在能力上。因此说,社会工作的推行及其功能的发挥,其结果就是社会福利的形成与提供。

(三) 我国未来社会工作的实施领域

在我国,传统意义上的本土社会工作有绝大部分内容和实施与实现社会保障联系在一起,然而这些社会政策的实施或社会福利的提供带有较为浓厚的行政性和政治性色彩,其方法也未必是专业的,与现代意义上的专业社会工作还存在很大差异。中国经济的快速发展和社会的急剧转型必将

---

① 社会工作与社会福利的关系部分借鉴了熊跃根博士的观点。参见:王思斌. 社会工作导论. 北京:高等教育出版社,2004. 63

带来社会福利的较快发展，与之相适应，中国社会工作也必将走向科学化和专业化，并将得到突破性发展。

社会工作在西方国家已发展成为注重个人需要与成长的一种文化趋势，这是由西方国家社会福利政策所带来的。我国在制定社会福利政策时，不仅要考虑到物质上的帮助，还应从社会工作的角度考虑其实施效果。社会工作除主要提供基本服务以外，也涉及发展性服务和享受性服务，这就是一种广义上的福利提供，而不仅仅是对基本生存需要的保障。社会工作与社会福利的有机结合，使人们不仅在生活上获得物质的保证，而且在精神上也能保持健康向上的心理状态。通过社会工作者多方面的服务提供，能更好地实现社会福利，使社会上的老年人、残疾人、贫困者、精神病患者等弱势群体均能享受到经济增长和社会发展带来的利益，以促进个人、家庭、组织、社区之间的协调，从而实现社会的和谐发展。

根据中国的国情和现有社会工作实践情况，中国社会工作服务内容与实践范围具有独特界定，社会工作领域与实践内容界定取向多种多样。就实施的范围来讲，社会工作将主要运用于以下福利领域：

1. 社会救助保障工作

主要运用社会工作行政和社会工作咨询等间接工作方法，通过各级社会工作机构、国家与社会的福利保障单位，把城乡居民最低生活保障等社会政策转化为社会服务，通过将社会保障制度的政策贯彻落实到实处，帮助人们摆脱由物质原因带来的困境。

2. 狭义社会福利社会工作

这是社会工作最广泛的一项内容，主要包括：企业福利、老年人福利、儿童福利、残疾人福利、妇女福利、优抚安置、社会成员生活补贴、改善公民居住条件、各种集体福利事业等。

3. 医疗卫生社会工作

是增强全民体质的社会福利服务，社会工作者运用个案工作方法帮助遇到生理和心理问题的个人及其亲属消除心理障碍与创伤，还可以将遭遇同样困难的个案组成团体，进行积极的自助与互助。社会工作者还可以提供咨询服务，帮助案主更好地了解和获得福利服务。包括：各种医院、诊所和医学康复机构的社会服务，公共卫生设施与卫生行政的社会服务，心理卫生机构和精神疾病防治医院的社会服务等。

4. 司法矫治社会工作

是违规与犯罪者的改造和挽救工作，指对因违法犯罪失足者及其家属提供的社会服务，以处理因犯罪而带来的个人和家庭的心理障碍和生活难题，预防产生新的问题，达到矫治犯罪心理和行为的目的。在我国一些大城市的社区，近年来已经出现社区矫治的服务。这项社会工作服务尤其对预防青少年犯罪，帮助其更好地成长和发展具有重要意义。

5. 城市社区服务

指通过社会工作机构的组织和社会工作者的努力所形成的群众性服务活动。它通过建立系统、完整的社会服务网络，为社区居民的物质生活和精神生活提供各种社会福利和社会服务。包括社会调解、社会教育以及街道居委会工作等方面的工作。

6. 农村社会工作

指在政府指导下，运用各种社会力量所进行的农村社会服务。其工作内容包括：农村社会救济、农村社会福利、农村计划生育、农村养老保险、生产自救、移风易俗等社会改造工作等。

7. 学校社会工作

它主要指通过专业性的个案心理辅导、成长团体等服务，帮助学生完善自我发展，改善学习环境，完善教育功能，促进学生正常成长。

8. 军事社会工作

指在军人、军人家属、部队所在社区中搞好部队建设和军人退役后的安置所开展的各项专业服务。[①]

9. 社会调查咨询、民政部门社会行政工作、工青妇等群众团体组织工作

社会工作运用社会工作行政手段在这些政府部门与机构中开展工作，同时促进民主改革，参与并影响社会福利与社会工作政策的制定，以使社会政策更具公平性和正义性。

随着社会经济的快速发展，中国社会工作服务内容将会不断增多，工作领域将会不断扩大，而且社会工作服务实践范围将逐渐与欧美社会福利、社会政策与社会服务趋同，其社会福利形成与提供的功能也会越来越明显。随着专业社会工作的逐渐深入，我国社会福利体系也将越来越丰富，越来越完善。

[①] 吴中宇. 社会保障学. 武汉：华中科技大学出版社，2004. 35～36

三、社会工作推进过程就是社会福利的提供与提升过程

社会工作是社会福利制度具体化的一个过程,它通过社会福利服务的策划、推行和评估等一系列专业活动而保障整个福利制度功能的正常发挥,同时也有助于改善社会服务的管理。① 社会工作作为一种专业方法,就是社会福利实现的方法与途径。社会工作作为一个助人过程,就是社会福利的提供过程,社会工作工作目标的实现就是受助者社会福利的提升。

(一)社会工作的过程模式

1. 建立契约

这是社会工作的开始阶段,也称为约定阶段。这个阶段实际上就是社会工作者帮助求助者逐渐成为案主并接受案主角色的过程。这个阶段包含几个要项:了解案主的来源、初步评估案主的问题、接案(或转介)、建立专业关系、助人契约形成。

2. 情境评估

也就是评估问题阶段,是透过各种技巧初步获得有关受助者的基本资料,清楚而又具体地了解案主问题和需要的时期。这个阶段也包括几个要项:会谈与沟通、收集资料、分析和解释资料、诊断、预估。

3. 服务设计

即计划与合约阶段,这时期是在分析预估的基础上,透过协商,与案主达成解决问题的共同看法,制定社会工作目标和计划,并以合约的形式与案主取得共识,明确工作者和案主同意的目标和责任。计划的内容包括目的和目标、介入行动中加以改变的对象、介入的策略等。

4. 干预行动

即工作介入阶段,也称行动阶段、执行阶段或改变阶段。这是社会工作者运用专业知识、方法和技巧,协助案主完成预定的计划与合约目标的阶段。工作者在这阶段更要与案主进行良好的配合,善于运用案主自助体系的所有资源,及时正确地对案主的危机状况进行适当干预、调试。

---

① 王思斌. 社会工作导论. 北京:高等教育出版社,2004. 63

5. 结案评估

这是社会工作实践过程的最后阶段。结案并非一定是问题完全解决，也可能是将案主转介给其他社会工作者或社会工作机构。结案包括成果评估、回馈、方法推广、记录处理以及新的助人关系的建立等。

通过以上五个阶段的社会工作助人过程，社会工作就可以在专业基础上满足案主对象某一方面的需求、传递社会服务，从而解决案主的全部或部分问题，提升案主的福利状况。经过多次社会工作过程的开展，社会工作者与案主共同致力于案主的问题的解决，改善案主的生活状况，增强案主的自助能力，使案主达到更好的福利状态。从整个社会角度看，所有社会工作过程的累积和福利提供，就必然会提升全社会的福利水平。

（二）生命周期中的社会福利需求与供给

从社会工作角度看，人的生命周期中的任何一个时期都各有其特点，具有不同的服务要求，而对处于不同生命周期的个体进行专业性服务，也就使得服务对象的社会福利需求得到很好的供给与满足。

台湾学者徐震、林万亿根据国外学者西柏龄、梅约的研究，介绍了个人与家庭生命循环中的需求、问题、危机等及社会福利体系的功能，见表6—1。①

表6—1

发展阶段	职责（T）需求（N）	问题与危机	福利服务制度
阶段一：婴儿期0～3岁	T：信赖——不信赖 自律——羞耻与怀疑 N：亲情，照顾，学习，语言与概念技巧	教养不当；不期望有孩子；疏忽与溺爱；父母之间婚姻冲突；生理残障；心理残障	所得维持方案；家庭式照顾中心；医疗照顾、亲职教育；医院与诊所；健康婴儿中心；家庭服务、儿童福利服务（家庭助理、日间托育、领养、安置、保护）
阶段二：学龄前3～6岁	T：启蒙——罪感 N：学习，社会化，游玩	不当的社会化，缺乏监护，偏差行为	育幼园照顾；团体照顾服务；其他相当的服务

---

① 徐震，林万亿. 当代社会工作. 台北：五南图书出版有限公司，1999. 23～24

续表

发展阶段	职责（T）需求（N）	问题与危机	福利服务制度
阶段三：小学 6~13 岁	T：勤奋——自卑 N：智慧与社会刺激	学习失败，集体不良行为	学校辅导、休闲活动服务；发展性团体服务；其他相当的服务
阶段四：中学 13~18 岁	T：身份认同——身份混淆 N：成就，独立	认同危机、疏离；药瘾、少年犯罪；学校适应不良	青少年服务、职业咨询；矫治服务、戒毒服务；其他相当的服务
阶段五：青年期 18~21 岁	T：亲情——孤独 N：成人角色的自我实现	未婚亲职；学校与工作适应不良；婚姻冲突、药瘾、犯罪	婚姻服务；观护制度；其他相当的服务
阶段六：成人期 21~65 岁	T：生产——停滞 N：扩展自我发展的机会	家庭破碎或离婚；财务匮乏或家管不当；亲职冲突、职业失败、残障、人格解组；亲友死亡	家事法庭服务、医疗服务；心理卫生服务、急难救助；收容服务；其他相当的服务
阶段七：老年期 65 岁以上	T：整合——绝望 N：生活安全；生理照顾；实现老人角色	鳏寡、慢性疾病；退休适应不良；社会疏离	饮食服务；所得维持方案；老人收容照顾；其他相当的服务

通过表6—1可以看到，人的生命周期的每一个阶段都有不同的需求与危机，而解决危机的方式常常有赖于外在的社会支持体系的配合，这就是，任何个人在不同的年龄阶段都需要社会福利服务，这也是社会工作产生的原因之一，是社会工作方法细致化、具体化的原因之一。解决社会问题是社会工作的最基本的功能，在"问题与危机"一栏中的每一个问题都有专业的社会工作者从事相关研究与实践。在"福利服务制度"一栏中，每一个服务领域都有社会工作者或工作机构在发挥着重要作用。"社会工作是整个社会福利体系的一个资源发送体系"[①]，它透过各种渠道，以直接或间接的方式，通过社会工作者协助在不同生命阶段遭遇不同问题与危机的人们，将社会服务资源传递到受助者手中，帮助处于不利地位的人们解决困难，改善生活状况，实现生命的完整性。

---

① 王思斌. 社会工作导论. 北京：高等教育出版社，2004. 63

(三) 社会工作与社会福利职业的联系

按照美国学者威廉姆·H·怀特科与罗纳德·C·费德里科的观点，社会福利是一个职业体系，由众多的职业或行业所构成，如社会工作、医疗、教育、精神康复业、法律业等等。① 其中，社会工作是社会福利职业中十分重要的和基本的一个子系统，与"社会福利联系最密切"。因为，社会工作者可以"努力促进人的幸福，减轻个人的烦恼，缓减人际冲突，消灭贫困"，有助于人们缓解和预防社会问题，减轻人们的痛苦，提供人们的满意度和幸福感，改变不利于个人、团体、组织和社区的社会状况，"社会工作者自始至终都在满足人们的需要，解决人们的问题"。具体说，社会工作与社会福利的联系或社会工作的社会福利功能表现在这样几个方面：

第一，社会工作运用专业工作方法帮助个人、家庭、团体、组织和社区解决和预防社会问题，调动和运用社会资源来改善、恢复、维持和促进个人、家庭、团体、组织和社区发挥社会功能。

第二，社会工作对社会政策、社会资源、社会服务以及社会福利计划进行规划、设计和实施。换言之，社会工作通过一系列的具体活动，把社会福利以及与之相联系的其他政策性和服务性的内容与项目具体化，使之成为惠及民众的社会福利。

第三，通过有组织的或者政府性的倡议以及社会或政治行动促进社会政策、社会资源、社会服务以及社会福利计划的实现，以改善处于困难之中的个体或团体的境地，实现社会公平和经济公正，最终促使社会福利的实现。

在社会福利机构中，社会工作者从事着广泛的活动，通常都是发挥着多重作用，肩负着多重责任。社会工作通过影响社会政策的制定和实施过程，强调合理使用和分配社会资源，增加社会投入及社会工作的效益；强调社会或群体执行社会价值判断的公正性与合理性，要求不断改变社会分配领域中的不合理因素，推动社会趋向公平和谐的发展。

---

①② [美]威廉姆·H·怀特科，罗纳德·C·费德里科. 当今世界的社会福利（第九章之第三节）. 北京：法律出版社，2003

通过下面的案例,可以看出社会工作在福利服务体系中的作用[①]:

> 这位社会工作者在一家老年人康复中心工作。一天,他发现一位经常来康复中心看病的老年妇女身上青一块、紫一块的。通过耐心询问,他才得知,和她住在一起的儿子十分不孝,逼迫她把大部分财产分给他,并且限制她的行动。她因此经受着生理和心理上的折磨。根据这种情况,这位社会工作者列出了解决这一问题的必需措施:
> 1. 提供法律援助来保护这位老年人的财产和权利;
> 2. 提供医疗服务来治疗其疾病;
> 3. 提供心理咨询以恢复其精神创伤;
> 4. 向她提供咨询建议以帮助她安度晚年;
> 5. 向她提供一个舒适的住处以适合她的体力和社会需要;
> 6. 向其他社会福利机构及专业团体通报情况,反映老年人受虐待这一社会性问题,并且计划适当的集体及法律行动;
> 7. 向这一家庭提供咨询以帮助解决家庭矛盾。

从这个案例我们可以看到,这位社会工作者采用了一种通常的方法把这个问题分解为若干部分来逐一解决。在这些措施中,个案工作、社区工作、社会工作咨询等直接或间接的社会工作方法都得到了运用。第六项措施体现了社会工作在影响社会政策转变中的角色。但显然,这些解决方案单靠社会工作是不能全部实现的,此时社会工作者就转变为个案管理者的角色,通过联系与监督各种专门的福利服务的提供与传送来确保全部问题得以解决,从而帮助受助者获得依靠自身力量可能难以取得的福利资源。社会工作者与其他相关行业的专业人员共同努力,确保受助者的问题得到解决,不断增进他们的满足感和幸福感。

---

① [美]威廉姆·H·怀特科,罗纳德·C·费德里科. 当今世界的社会福利. 北京:法律出版社,2003. 346

第四节 社会工作介入中的"自我提升"效果

一、以优势视角推进积极福利①

目前社会工作在评估人类行为时已把视角转向了系统模式,强调既要确定案主的劣势,又要确定案主的优势。这种系统模式使得在进行个人、小组、家庭、组织和社区工作时,社会工作者要注重强调优势视角,而非聚焦于案主的病症、缺陷和功能失调等病理学视角。

立足于案主优势的观点已经在社会工作领域获得毋庸置疑的认可。优势视角是对传统社会工作实践的一次突破性飞跃。优势视角取向的实践意味着:作为社会工作者所应该做的一切,在某种程度上要立足于发现和寻求、探索和利用案主的优势和资源,面对他们生命中的挫折和不幸、抗拒社会主流的控制,协助他们达到自己的目标。优势视角避免了将问题产生的原因归咎于个人,更易于找到社会问题产生的制度性因素。

优势视角与"增权"概念紧密相关。优势视角将案主的增权视为社会工作实践的重要目标和关键所在,这一目标要借助于改善案主的环境来达到。从事增权视角实践的社会工作者致力于提高案主的相关能力:理解自己生活于其中的环境;人际沟通;权利认知;做出适当的选择;为他们的选择负责;通过倡导和有组织的活动改善自己的生活环境。增权视角的社会工作者还致力于在不同的群体之间公平地分配资源与权利,而这正是社会工作的鲜明特色。增权的目的,一是提高案主自身各方面的能力,二是唤醒案主权利与社会参与意识,三是为社会资源向弱势群体倾斜做准备。

案主的优势是增权的燃料和能源。案主的增权体现为两个相互独立而又交错的层面:个人增权和社会增权。②

个人增权的动态过程与传统的案主自决观念相似,即案主在助人过程

---

① [美] Dennis Saleebey. 优势视角——社会工作实践的新模式(第五章). 上海:华东理工大学出版社,2004

② [美] Dennis Saleebey. 优势视角——社会工作实践的新模式. 上海:华东理工大学出版社,2004. 100

中，对个人决定承担更多的控制权，学习新的方法去思考其情景，采用那些可以给他们带来更满意、更有收获的结果的行为。① 这是一种个体自身的主动增权模式，强调个人在增权过程中的决定作用，其假设前提是权力存在于案主之中，而不是案主之外；增权的关键在于个体的主体性和主动性。将个人增权视为目标的社会工作者承认每个案主及其问题的特别之处，并协助案主以社会可接受的方式去解决问题。但当案主学习新的方法向压力妥协时，在个人层面上他们并没有得到增权。

社会增权承认个人行为和认同是"经由社会交往与他人的行为与认同的联结"。增权在与他人的互动之中得以实现，是一个在社会关系中和经由社会关系而获得权利的过程②，是一种在外力推动下的增权。强调增权过程中外部力量的推动和促进作用，主张通过外力去激活弱势群体主体，并通过客体与主体互动的不断循环和建构以达到持续增权的目的。得到增权的个人、集体或社区拥有资源和机会扮演重要角色去塑造其环境，从而影响自己和他人的生活。

个人和社会增权是相互交叉的。每一个情况或问题都是在一个更大的社会情景之下形成和解决的。通过增强自我和他人取得成功的机会，那些获得个人和社会增权的人就可以帮助创造一个更加充满社会正义的社会环境。

在具体的增权途径上，个体层面可以运用社会工作中个案和小组工作方法，唤醒案主正确的权利意识，纠正其心理和行为偏差，激起其自我的能动性；而人际关系层面可以通过社会工作机构和中介服务，帮助其扩大人际交往的范围和层次；社会参与层面可以依靠社会工作者的专业指导，运用社区工作方法和社会行动技巧，帮助其通过有序合法的集体行动，合理合法地争取自身的权力和权利，并努力影响自己所处的社会环境及社会政策。

案主增权的一个主要障碍是，在助人关系中发展出来的案主既定的传统角色。我们必须推翻和抛弃歧视性标签，要避免"告诉人们什么是好的、号召人们去做正确的事"这样一种定势，为家庭、机构和社区的资源连接提供机会，让受害者远离这种思维定势。以优势为本的评估可以经由助人关系之中的权力分享而缓和案主与专业人士之间不平衡权力关系。

---

①② [美] Dennis Saleebey. 优势视角——社会工作实践的新模式. 上海：华东理工大学出版社，2004. 100~101，101

权力不是社会工作者占有并可以随意分配的东西。因此，社会工作者的角色不是增权，而是帮助人们自己增权自己。促进增权意味着相信人们有能力自己做出决策，它意味着人类不仅具有优势和潜能去解决他们生活中的困难，而且也有能力去增加他们的优势并由此而为社会的整体利益作贡献。案主而非社会工作者，才会成为为社会工作实践带来改变的权力的拥有者。社会工作者的角色是培育、鼓励、协助、支持、激发、释放人们内在的优势；帮助案主明确其所处的环境，指出案主的环境之中可以获得的优势；探索满足案主期望的替代方法并努力去实现；在社会各个层面促进公平和正义。一个愿意为人们的增权而努力，愿意把他的知识拿出来分享，愿意帮助人们实现他们的优势、掌握他们的命运并解决他们自己问题的社会工作者，本身就是一份资源。

社会工作的优势视角与增权取向将案主视为积极的能动个体，强调扩张案主能力和优势，工作对象指向一直受到剥夺和压制的人群，帮助人们从他们的抑制中解放自己，有助于个人、团体、家庭，以及社区的能力建设，在其内部或周围探求和扩展其资源与手段，挖掘或激发人们的潜能，实现积极的福利，对解决为人诟病的福利依赖问题有重要意义。

二、"公民参与"理念的正态福利

（一）公民参与

"助人自助"是社会工作的基本理念和宗旨。社会工作强调每个人都有自己的生命潜能，都有处理和解决危机，实现自我发展的可能和要求，而且也只有调动起案主本身的力量才能达到根本的改变。因此，社会工作者在为服务对象服务的过程中，强调"和案主一起"而不是"为案主或替案主"工作。承认和尊重工作对象有自我选择和自我决定的权利和需要，对其遇到的问题可以提出解决的方案或建议，但又不是越俎代庖。同时，还要尊重当事人的自决权利，通过专业工作的过程而助人自助、助人发展。

社会工作强调每个人都是与社会相联系的独立的生命个体，都有获得社会理解、社会尊重、社会关怀的权利；社会有责任向社会成员提供条件和机会，解决困难促进个人能力发展；承认和尊重人的基本生活需求及发展需求的客观合理性，强调不断满足社会成员的各种社会需求是社会进步的重要标志。

立足于增权的社会工作实践假设：当案主获得机会分享影响其问题甚至生活决定的控制权时，案主的权力就得以增强。① 基于以上理念，公民个人社会生活状况的改变及福利水平的提高，都要求公民自身的参与，并且个人自身的能力发挥要起主导作用，服务参与者的需求决定社会工作者和案主的行为。所谓的公民参与是指"本身既非政府组织，又非专业人士的社会大众，对一些有关他们生活质量的公共政策及机构的决定做出影响的活动和行为"②。通过这一概念我们可以看到，公民参与的主体是普通公民，它特指普通大众在社区工作中的角色。

随着我国市场经济的发展，各项改革措施的深入和城市化的加速发展，社区的地位越发显得突出，城市社区中越来越多的单位人角色发生变化，同时下岗职工、流动人口、各类型经济组织的从业人员变成了社区人；城市医疗、保险、养老各项改革措施的深入，居民的社会福利提供开始依赖社区；居民权利意识觉醒，在对自身定位上从社区的被管理者上升到社区的主人，社区建设的成效直接关系到个人生活的环境与个人的利益。

"社区"是社会福利实施的核心，社区的凝聚力促进了社会成员社会福利需要的满足和幸福感的实现，社会成员社会福利需要的满足又增进了社会成员和社区的一致性。因此，社会福利是增进社区凝聚力的重要"粘合剂"。社会福利制度不仅发挥着支持和促进个人的幸福感及组织的向心力的作用，而且还起着改善社区状况，帮助预防和解决影响全体民众的社会问题的作用。③在一个社区中，居民对社区事务的参与称为"社区参与"，在这个前提下，我们认为，社区参与就是公民参与。无论这个活动是否支持政策的制定和实施，至少这种自下而上的参与行为影响了决策者的活动，而且公民有权力监督那些可能对他们的生活带来影响的社会政策和计划。从这个意义上说，公民参与也是一种政治性的活动，是对政府或其他团体行为的监督。公民参与的形式是多种多样的，可以是自发组织起来的，比如说社区里组织成立的业主委员会，也可以是由政府推动和支持发展起来的运动，比如经常出现的科普知识学习周之类的社区活动，通过公

---

①③ [美]威廉姆·H·怀特科，罗纳德·C·费德里科. 当今世界的社会福利. 北京：法律出版社，2003. 101，30

② 傅忠道. 社区工作基础知识1000答. 北京：中国青年出版社，2001. 39

民参与过程,对于社区居民而言,他们已经不仅仅是原来的福利接收者,还是福利的创造者和提供者。

(二)公民参与的层次

学术界对公民参与层次的划分,一般都是根据 Arnstein 的参与阶梯理论。该理论认为,公民参与"大约有八种参与的层次,分别是:最低的操纵和治疗,有少量参与的信息传递,咨询及安抚,高度参与的合作,赋予权力,及最高层次的公民控制"[①]。根据这份资料可以拟制下面一份表格:

参与程度	参与的层次与梯度	参与行动
高	公民控制	占有资源和行政控制
	赋予权力	拥有当局者赋予的权力
	伙伴	与当权者共同决策
	安抚	组织意见并寻求改善
	咨询	对计划进行主持或反馈
	通讯	了解所给予信息
低	治疗	社会服务使用
	操纵	无参与

我国的公民参与意识总体水平不高,几乎是处于象征性的参与阶段,在上面的表格中,仅表现为通讯、咨询、安抚三个层次。而且由于我国社区发展状况的不协调,水平参差不齐,故各城市各社区的公民参与状况有高有低。

(三)公民参与社会福利决策的方式

1. 作为一种公民权利,参与社会福利决策的制定。而当社会福利服务的使用者被看做"没有(公民)权利必须急切而卑微的恳求满足其需要"的乞求者时,他们就不可能被邀请或被希望参与社会福利政策的制定。

2. 提供多种多样的甚至带有竞争性的福利服务,供福利服务使用者自由选择。这样的做法将会大大提高福利服务的质量。

[①] 傅忠道. 社区工作基础知识 1000 答. 北京:中国青年出版社,2001. 39

3. 以自助的方式参与实际的福利服务。自助在提供服务的过程中大大提高了接受服务者的作用。

这三种参与方式能否实现,在很大程度上取决于福利服务使用者对自身的价值判断:他们是作为公民参与还是以哀求者的身份参与。

提高公民有效的社区参与可以从个人与制度两个角度入手:个人层面,如整个社会要促进对公民参与价值的肯定,这是公民参与的内在动力,提升公民的参与意愿,改变"事不关己不关心"的态度,让他们认识到自己是社区的主人,社区关系到自己的切身利益。同时还要提高公民参与事务的能力,这是公民参与的基础。制度层面,首先必须有相应的立法保障,用法律去保障居民参与社区事务的权利,这样才会有足够的代表性去影响决策;另一方面还要建立有效的途径和结构组织,作为公民参与所凭借的媒介;另外,如果条件允许,还应该考虑社区居民代表直接向居民负责的机制,如居民代表述职机制等。

公民参与意识越高,标志着社会文明程度越高。参与实际上就是权利的使用,一个社会公民对权利意识的重视程度越高,说明公民自身的素质也越高。同时,参与对于一个项目的建设实施同样具有巨大的作用,公众积极地参与福利和发展项目,一定会提高项目的成功率。因此,培养公众的参与意识,提高其自身的参与能力,会使其更清晰、更正确地分析和判断自己的情况,更好地组织自己,从而对社区项目起到创新性的作用。

三、"帮助网络"的福利扩大化

正式的社会福利制度是通过资源发挥作用的,这些资源可以为人们所用,并且以机构进行管理的社会福利计划的形式体现出来。[①] 正式的社会福利计划即有组织地满足人们的一定需要的福利计划,在公共或私立的机构赞助下实施,提供内容广泛的收入补贴和社会服务。非正式的帮助网络,也可以称为自然性帮助网络,在社会福利中也发挥着不可忽视的作用,包括家庭、朋友、邻居、地方教会组织、服务组织以及其他在需要时提供自发的慈善活动和相互支持的人们。[②] 每一个社会成员都是非正式帮助网络的一分子。这些非专业帮助者所提供的帮助实际上是最普遍的帮助形

---

①② 威廉姆·H·怀特科,罗纳德·C·费德里科. 当今世界的社会福利. 北京:法律出版社,2003. 229,31

式：父母照看孩子、子女赡养老人、朋友和亲属给予精神安慰和经济援助、邻居之间互相照顾等。在满足人们的日常需要方面，似乎非正式的帮助者比受过培训的福利工作者做得更好。但非正式的福利网络可以利用的资源往往是有限的，在更大程度和更深层次的社会问题面前，就需要专业人士的帮助。正式的社会福利计划在满足人们的需要方面更具有组织性和持续性，正式的帮助为长期问题的解决提供了必要的机构。

我们可以将正式帮助和非正式帮助有机结合起来加以运用，如波兰所采取的方法那样。[①] 从事社会福利工作的人员由经过专业培训的社会工作者和社区志愿者组成，这些志愿者负责确定邻里对社会福利的需要，然后传达给社会工作者，由社会工作者制定工作计划，提供福利服务。这种方法力求最大限度的利用社区里的非正式福利网络，社区志愿者对其工作和居住社区的人们的需要比较了解，也比较能获得受助者的信任，只需在确定人们的需要和可利用资源方面对其进行一定的专业培训即可，具体实际的福利服务仍由社会工作者提供。这样，从家庭和朋友提供的非正式帮助到受过一定培训的志愿者确定福利需求，再到由正式的社会福利工作者传送服务，就构成了一个帮助的循环圈。

这种方法也是我国社会工作的推进和发展中可以借鉴的。专业社会工作者可以和社区委员会的一般行政工作人员合作，构建正式和非正式的社会支持网络，调动社会各方面的积极性，最大可能地为社区各阶层提供福利。同时，也最大可能地让社区各阶层参与到自己"创造"福利、自己提供福利的过程中来，最终达到福利扩大化的效果。

---

① [美] 威廉姆·H·怀特科，罗纳德·C·费德里科. 当今世界的社会福利. 北京：法律出版社，2003. 159

第七章
福利社会化、福利多元化及福利社区化

社会福利体系的功能发挥，不仅取决于体系内部各子系统的协调发展和相互补充，也依赖于福利体系外部的运行条件和福利实施的特征，这就是福利的社会化、福利的多元化和福利的社区化。

第一节　福利社会化

福利的主要特征之一是其社会化。我们可以从两个方面对福利的社会化加以理解：第一，相对于个人，凡跨越个人和家庭之外的福利供给就是社会性的，即他人、他家及他群体、他机构提供的福利，均是社会性的福利；第二，相对于政府，针对政府提供的福利，凡政府福利以外的，由社会各界组织和实施的福利，就是社会化的福利。福利社会化是现代社会福利的发展趋势，福利社会化的主要切入点主要是改革政府福利体制，扩大福利的供给主体，完善福利的实施机制。

一、福利社会化释义

2002年，国务院办公厅转发了《关于加快实现社会福利社会化的意见》。该"意见"指出，推进社会福利社会化，要探索出一条国家倡导资助、社会各方面力量积极兴办社会福利事业的新路子，实现社会福利事业的投资主体多元化、服务对象公众化、服务方式多样化和服务队伍专业化，建立与社会主义市场经济和社会发展相适应的社会福利事业管理和运行机制。在我国基本建成以国家兴办的社会福利机构为示范、其他多种所有制形式的社会福利机构为骨干、社会福利服务为依托、居家供养为基础的社会福利服务网络。强调对社会力量投资创办社会福利机构，各级政府及有关部门应给予政策上的扶持和优惠。

国务院把政府及社会各方面的力量作为福利社会化的主要组织协调者，把"投资主体多元化、服务对象公众化、服务方式多样化和服务队伍专业化"作为福利社会化的主要特征，为福利社会化指明了基本方向。

"社会化"是社会学的基本概念，本来是指个人从自然人到社会人的转变过程，即个人不断学习社会知识和规范，自觉维护社会秩序和价值观念与行为方式的过程。这里所讨论的"福利社会化"特指福利的供给主体、服务对象、服务方式以及服务队伍等是动员全社会的资源和力量，调动和发挥全社会的积极性，把福利放在社会系统中加以运作的过程。从实际运用角度看，"社会福利社会化"的命题，其前提条件是承认我国现行的福利体制有一定的缺陷和弊端，与社会福利需求系统存在着矛盾和冲突，因此，必须对现行的福利体系进行改革和调整，使之适应社会福利系统的结构原则和发展规律。

民政部政策研究中心的朱勇先生认为，福利社会化是指通过现行福利体系的改革和调适的过程，逐步建立起与社会主义市场经济体制和现代社会运行机制相适应的社会化的福利体系。从这一意义说，社会福利社会化，既是改革和调适现行福利体系的一个实践过程，也是由这个过程达致改革目标——社会化福利体系的一种发展状态。作为一种实践过程，社会福利社会化是有其内在的发展规律的：其一，社会福利社会化是以社会需求为动力，随着社会成员的福利需求的变化而启动和推进的，这也是社会福利社会化的现实依据，是推进社会福利社会化的动力源泉。其二，社会福利社会化受一定时期和地区的经济和社会发展水平所制约。其三，社会福利社会化的进程一直处于不断的发展之中。作为一种发展状态，社会福利社会化有其特定的构成要素：其一，服务对象，即社会福利所"惠及"的社会成员；其二，服务提供者，即凭借一定的资源向服务对象提供福利的机构和组织；其三，福利资源，包括福利设施、福利资金和人力资源；其四，规范系统，即依据一定的法律、法规和政策形成的管理体制和运行机制。①

本书认为，福利社会化概念的重点是福利的"社会化"，即相对于我

---

① 朱勇. 福利的社会化与社会化的福利. 中国社会工作. 1998，4

国原来的"国家福利"体制,福利的供给主体、服务对象、服务方式以及服务队伍的专业化等都需要从社会的角度加以重新审视和重新"再造"。正如国务院的"意见"所表述的那样,是"要探索出一条国家倡导资助、社会各方面力量积极兴办社会福利事业的新路子,实现社会福利事业的投资主体多元化、服务对象公众化、服务方式多样化和服务队伍专业化,建立与社会主义市场经济和社会发展相适应的社会福利事业管理和运行机制"。鉴于此,我们试定义福利社会化如下:

所谓社会福利社会化,是指在政府倡导、组织、支持和必要的资助下,动员和运用社会资源,发挥非政府组织和专业社会工作者的积极性与作用,建设社会福利设施,开展社会福利服务,在福利主体、福利客体以及福利提供方式上走社会化和多元化的道路,以满足社会对福利服务需求的一种社会福利运行模式。

二、我国福利社会化的动因及兴起

在计划经济时代,我国的社会福利体制实施的是"一体化"模式,即由职工所在的企事业单位包办个人的所有福利,而社会边缘群体("三无""五保"对象、老人、儿童、残疾人、精神病患者等)的福利则由政府职能部门的福利事业单位承担。这种社会福利体制在传统计划经济时代为维持社会的稳定发挥了重要的作用,然而,在社会主义市场经济的发展过程中,其内在缺陷也逐渐暴露出来。

其一,社会福利的需求与政府所能做到的社会福利供给之间存在着很大的矛盾。由于下岗失业人员的存在、贫困现象的出现、老年人的增多等客观事实,以及改革开放以来人们对社会福利的不断追求,整个社会的福利需求相对于计划经济时代有了很大的提高。问题的另一方面是,面对不断增长的福利需求,政府的福利提供并没有相应地得到增加和提高,在福利的社会需求和福利的政府供给之间存在着巨大的矛盾,传统的以政府为主的福利提供模式对之显得捉襟见肘,力不从心。

其二,庞大的福利供给支出对政府的财政形成沉重的负担。在计划经济时代,城镇职工"生、老、病、死"的福利都是由政府和单位包揽,个人无需承担任何经济责任,因此,庞大的福利支出是财政开支的一个重要负担。在市场经济条件下,面对各种社会问题导致的"福利需求"与"福利冲击",以及随着社会进步而带来的"福利浪潮",传统意义上的国家福利或政府福利的供给负担越加沉重。以至于有些观点认为，在经济依然落后的情况下，我国现在发展社会福利还为时过早。[①]

其三，现有的社会福利提供格局导致社会力量的闲置。随着我国经济的快速成长，一些从改革开放中获益较多的阶层开始出现，他们手中拥有大量闲散资金却投资无门，而政府主导的社会福利管理体制又不允许他们涉入该领域。由此产生了一方面社会福利事业由于资金缺乏而长期不能发展，停滞不前；另一方面社会上大量的闲散资金被浪费却不允许他们投资的怪现象。这无论是对于我国社会福利事业的长期健康发展还是对正在寻找出路的巨额社会资金都是不利的。

由此可见，引入社会力量弥补国家福利供给的不足、调整国家直接提供福利服务的角色、建立多元化的社会福利体系、实现社会福利的社会化是我国福利体制改革的趋势。1983年第八次民政工作会议以后，民政部门开始探索我国城市社会福利的改革，提出国家和社会力量相结合，采取多种形式兴办社会福利的新思路。这便是我国社会福利社会化发展的开端。1990年，在北京召开的"中国内地与香港社会福利发展第一次会议"上正式提出了社会福利社会化的核心内容，即服务对象的社会化、资金来源的社会化、管理的社会化、服务设施的社会化、服务队伍的社会化。社会福利社会化改革方案由此基本确定。到2000年，国务院办公厅在其发布的《民政部等11部委关于加快实现社会福利社会化意见的通知》（国办发[2000]19号）中明确指出：社会福利服务在供养方式上坚持以居家为基础、以社区为依托、以社会福利机构为补充的发展方向，探索出一条国家倡导资助、社会各方面力量积极兴办社会福利事业的新路子，建立与社会主义市场经济体制和社会发展相适应的社会福利事业管理体制和运行机制，促进社会福利事业健康有序地发展。

三、社会福利社会化是我国社会福利发展的必然趋势

随着我国改革开放的不断深入和社会主义市场经济的逐步建立，随着

[①] 针对这种观点，郑功成教授认为，不能以所谓的经济落后来对社会保障严重不足而视而不见，因为追求社会公平正义和人民的福利需求增长是不可逆转的。参见：郑功成. 这样看待社会保障制度是不妥的. 新华文摘. 2007，1

我国社会保障事业的不断完善和社会工作及社会服务的不断发展，随着社会福利水平的不断提高，社会福利社会化的必要性和迫切性也更为突出，是我国社会福利事业发展的一个具有全局性、方向性的变革趋势。[①]

首先，在宏观层面上看，经济体制改革及其引起的管理格局的变化要求实行社会福利社会化。在计划经济下形成的"单位"是一种具有中国特色的社会组织，是高度集中的政治、经济和社会管理体制的产物。"单位"具有政治、经济和社会三位一体的功能，它不仅是就业场所和生产场所，而且还具有提供社会福利保障的功能。但是，单位具有垂直管理的特征，即其只对自己的直属部门和上级部门负责，因此，单位形成了一个个相对封闭和独立的社会团体，这就把本应有机联系的社会分割成无数个孤立、互不相干的个体，社会管理也因此分散、封闭，不能得到整合。随着经济体制改革、社会主义市场经济体制的逐步建立，我国的社会保障制度逐步建立，单位办社会、企业办福利正逐步改变，单位人向社会人转变，一种新的社会管理格局也随之逐步确立。为了适应这些改变，政府对与此相关的社会行政管理工作进行了改革。而作为社会管理工作的一个重要组成部分，社会福利工作必须随着社会管理格局的变化而变化，要注重社会力量的参与和社会组织的作用，积极承担社会整合和社会服务的功能。

第二，政府行政管理体制改革要求社会福利社会化。在计划经济体制下，我国实行的是"大政府、小社会"，政治权力和社会权力高度集中在政府手中，从而形成了高度集权、职能广泛和功能万能的政府机构。随着经济体制改革的不断深化，政府的行政管理体制也相应地进行了体制改革以及职能转变。在社会管理职能上，政府要实现由直接、微观到间接、宏观的转变，把相应的职能向社会力量和社会组织转移，实行"小政府、大社会"的社会管理模式。因此，社会福利社会化不仅仅是适应经济体制改革的需要，而且是适应政府行政体制改革、职能转变的迫切的需要。

第三，在个人层面上，经济体制改革中原有"单位"制的解体要求社会福利社会化。在计划经济体制下，"单位"必须承担所有的职工人员从政府获得各种福利保障的重要功能。在这种制度下，个人只要有职业，就有所属的单位，相应地，个人就能够从单位中获得垂直分配的各种福利待

---

① 陈银娥. 社会福利. 北京：中国人民大学出版社，2004. 263

遇。由此可见，个人能够享受政府的福利与其从属于某一个单位是高度相关的。但是，经济体制改革之后，原来由国家集中统一分配的社会福利的"单位"制逐渐瓦解，提供福利的单位越来越少，由单位提供的福利也越来越少。同时，社会中对社会福利的需求日益增长，这就形成了单位提供的福利日益萎缩和社会成员对福利的需求不断增长的矛盾。在这种情况下，社会福利社会化就成为必然的发展趋势。社会福利的社会化，能够承担起原由单位提供社会福利的功能，为社会成员提供单位不能提供的社会福利。

20世纪80年代中期，社区服务异军突起并蓬勃发展，这直接导致了社会福利社会化政策的形成。社会福利社会化就是充分调动国家、市场、社区和家庭的力量，多层次、多形式、多渠道兴办社会福利事业，改善民众生活状况，及时满足人民群众不断增长的物质文化需要，提高他们的福利水平。多年的实践表明，社会福利社会化的发展在总体上表现为六个方面[①]：

第一，国家、市场、社区、家庭、个人共同承担社会福利责任，形成了中国版的福利多元主义；第二，社会福利政策目标是效率优先，兼顾公平，结果平等让位于机会平等；第三，社会福利服务对象由老弱病残扩大到所有公民；第四，广开门路，多渠道筹集社会福利资金，促进福利投资主体的多元化；第五，提供物质保障、收入保障、服务保障和精神心理保障，扩大社会福利服务范围，发展内容广泛的福利服务；第六，改革社会福利事业管理体制与政策模式，加强社会福利与社会政策领域的国际合作。

第二节 福利多元化

福利的社会化是社会福利发展的趋势，也是福利水平提升的必由之路，而福利社会化的必然现象和辅助条件就是福利的多元化。福利多元化和福利社会化同是社会福利发展中重要和必要的过程，是社会福利发展的趋势和方向。从社会福利实施过程的关键要素看，福利多元化主要表现在福利主体的多元化、福利客体的多元化、福利服务的多元化等几个方面。

---

① 刘继同. 中国社会政策框架特征与社会工作发展战略. 新华文摘. 2007，4

一、福利主体的多元化

从传统的福利供给看,福利的主体经过了从家庭(家族)——宗教慈善团体——非营利组织——国家或政府为主这样一个过程。在当代社会,与工业化、城市化和现代化相适应,与市场经济相联系,社会化是福利发展的一个必然趋势,而福利社会化的一个基本前提条件就是福利主体的多元化。福利主体的多元化,从福利的供给角度和责任角度,为福利社会化的发展奠定了良好的基础。

(一)家庭福利主体

家庭是社会的细胞,人类社会的发展也是以家庭的健康发展为基本条件的。如果家庭的抚养和赡养等可以叫做福利的话,那么,家庭就是最早的福利供给主体。家庭的生存和发展过程,也就是家庭福利保障的筹划和实施过程,正是由于家庭的福利主体作用,才使得家庭能够健康发展而成为社会的基本单元。千万年来,家庭承担着哺育子女、赡养老人、维持生计以及情感慰藉等关乎家庭生存和发展的重任。在相当长时间内,家庭是福利的主要供给主体,就是在现代社会,家庭的福利主体作用还是十分明显的。

在血缘关系、姻缘关系、地缘关系以及业缘关系和情缘关系的"网络化社会"中,家庭的福利功能得到了扩大化,这就是家族、亲戚、朋友和邻里之间的社会互动圈的形成。社会互动圈不仅提高了以家庭为单位的福利水平,而且还使得家庭福利逐渐具有"社会化"性质,使得家庭福利主体得到进一步的扩大。

家庭福利供给主体的意义在现代社会也不容忽视与低估。首先,家庭在现代社会依然是社会的细胞和基本单元,人们的童年和少年时代要在家庭中度过,其社会化过程在很大程度上要在家庭中完成,而大多数老年人的赡养也在家庭中进行,家庭的情感港湾是不可或缺,家庭具有不可替代的特殊功能。因此,即便在现代社会,家庭的福利主体作用仍然发挥着很大的作用。其次,家庭福利是对社会福利的补充和补偿。现代社会是福利高度社会化的时代,生产的社会化和交往互动的社会化决定了家庭福利已经不能适应社会发展的需求,社会成员的福利满足需要社会的力量加以组织和实施,社会福利是人们最大的福利保障。但是,由于社会福利体制本身的原因以及受社会经济发展的局限,不是每个人在每个方面都能够享受到全面的福利关怀,这就在客观上为家庭福利发挥其补充和补偿功能提出了现实要求。最后,在广大农村及落后地区,社会福利水平依然很低,不少人处在福利的"盲区",家庭福利的主体意义就显得更为突出。

当然,随着工业化、城市化以及现代化程度的不断提高,以及福利社会化进程的加快,家庭的福利主体角色及其福利功能也在逐渐弱化。这是因为家庭保障虽然可以比较顺利地实现现代代际之间及成员之间福利资源的纵向或横向的供应,但是其确实存在着难以抵御市场经济条件下家庭成员必须面临的风险的弱点。更何况,随着社会化程度的提高,传统家庭的各项功能,如生产功能、经济功能等也在弱化,福利功能的弱化被社会取而代之也是一个发展趋向。因此,在社会主义和谐社会构建中,我们一方面要继续发挥好家庭的福利主体作用,另一方面,要积极动员社会资源的力量,最大可能地寻求福利主体的多元化发展道路。

(二) 宗教慈善团体的福利主体

在中世纪,随着宗教慈善团体对社会救助和社会工作的介入,宗教慈善团体也就开始扮演了福利主体的角色。在教会组织的支持和配合下,英国伊丽莎白济贫法、德国的汉堡制和爱尔伯福制、英国和美国的慈善组织会社等都得到很好地推行与运行,使得慈善组织成为当时重要的福利主体之一,对贫民和需要帮助的人发挥了很好的社会福利作用。

在现代社会,宗教慈善组织更是通过其非营利机构和非政府机构等网络,对社会福利的普及和福利水平的提升做出了极大的贡献。随着福利事业的日益壮大以及宗教慈善团体本身的发展,在世界很多国家和地区,宗教慈善团体在社会福利事业中起到了十分重要的作用,很好地发挥了并继续发挥着社会福利主体的作用,成为仅次于政府的一个重要的社会福利主体。

由于历史的和意识形态等方面的原因,宗教慈善组织在我国内地的发展受到一定的限定,但是,由宗教慈善组织的非营利机构提供和实施的福利举措在农村和城市还是起着很好的作用,发挥了明显的福利功能。特别是在农村救灾、特殊人群的救助和教育、地方病防治等方面有较为显著的贡献,从一定意义上看,宗教慈善团体组织的非营利组织也是目前我国社会福利主体之一。

（三）非营利组织主体

活动于民间的非营利组织和非政府组织的发展状况，直接影响和决定着一个国家和地区的社会福利水平与福利机制的运作状况。非营利组织是社会福利的重要提供者，作为政府和民众的中介角色，它不仅具有熟悉民众需求、开放福利资源和提供多样化服务的功能，而且在化解社会矛盾、整合社会利益、维护社会稳定、促进社会和谐等方面，具有重要的社会建构功能。

非营利组织是对应营利组织而言，具有非政府性、民间性和公益性等属性，又称之为非政府组织、社会团体、民间组织、第三部门等等。参照非营利组织的法律地位、资金来源、组织运作模式、组织的价值取向和社会功能等要素，可以把非营利组织界定为：由一定的社会成员自愿组成的、具有稳定组织形式和法律地位的、独立于政府机构和企业而独立运作且发挥社会功能的、不以营利为目的的社会公益组织。[①] 非营利性组织具有非营利性、非政府性、民间性、自治性、志愿性及公益性等特征，从社会福利供给主体的角度看，其最主要的特征当为公益性。无论是非营利性、民间性还是自治性抑或志愿性，其最终的目标无疑是公益性。非营利组织的宗旨就是公益性，其运作的结果也是公益性的具体体现，应该说，公益性是非营利组织的唯一目标追求。

在欧美发达国家和我国港台地区，非营利组织为社会福利的供给和实施以及福利水平的提高做出了十分重要和重大的贡献。即使在英国、瑞典等福利国家以及其他福利投入很大的国家和地区，非营利组织的独特运作方式和功能发挥为社会福利的发展起到了极为重要的作用。例如在香港特别行政区，专业性的社会服务联合会把众多的非营利组织整合在一起，保证了香港地区社会服务和社会福利的顺利实施和社会福利水平的不断提高。截至2004年5月，香港社会服务联合会（社联）的非营利机构达到300个，其中139个机构正式接受政府资助，114个同时为香港公益金会员机构，53个接受香港赛马会慈善信托基金的周年捐款。会员机构中，有36个自助组织、7个专业人士团体、6个社工训练院校。会员机构中，年度经费超过5 000万的大型多元化志愿服务机构共有61个（约为20%），而年度经费在1 000万~5 000万之间的中型机构共有47个（约为16%），年

---

① 范斌. 福利社会学. 北京：社会科学文献出版社，2006. 173

度经费在 1 000 万以下的小型机构共有 192 个（约为 64%）。① 香港社会服务联合会认为，福利服务是社会福祉所依，其历史使命是建立一个关怀互爱的社会，让人人尽展所长，社会维持繁荣安定。其福利制度着重支持个人及家庭，协助真正有需要的人并提供机会，使他们可以自力更生，力争上游，从而促进社会团结和谐。香港的社会福利服务十分多元化，除家庭、社区、儿童、青少年、康复等服务外，近年更与不同界别合作，发展各类型创新服务，如雇员再培训课程、长期病患者支持服务、艾滋病教育、市区重建社工队等，范围涉及劳工、就业、教育、医疗、健康、房屋、市区重建、交通、扶贫、国际救援等。可以看到，非营利组织确实在香港的福利服务活动中起到了重要的主体作用。

目前，随着专业化解决社会问题以及专业化社会服务越来越被人们所认识，非营利组织也得到了社会各界的重视并取得了长足的发展。随着其功能的逐步体现，非营利组织的福利主体作用也越来越得到显现，在福利供给中的作用也越来越明显。在我国内地，无论是非营利组织、民间组织还是第三部门的发育和发展都不是很理想，这种状况无疑影响和制约了社会服务和社会福利事业的发展。就社会的现代化发展而言，客观上亟须非营利组织提供福利性的社会服务。一个迈向公平、公正、进步、和谐的社会需要非营利组织的发育和发展，在很大意义上说，非营利组织的数量多少、成熟和发达程度，是一个社会福利体系是否健全、福利水平是否高涨、社会是否和谐的重要标志。我们认为，当前我国非营利组织的发育和发展与政府职能的转变，和非营利组织本身的组织能力建设是紧密地联系在一起的。

就政府职能转变看，我国的历史和现实决定了社会体制改革与非营利组织健康发展的关键还在于政府社会职能的转变上，政府职能的转变，是非营利组织健康发展的基本前提和必要条件。主要表现在四个方面：第一，把政府不该管，也管不了、管不好的社会职能和社会事务剥离出去，用"购买服务"和"委托服务"的形式，转交给各类非营利组织；第二，积极主导、推动民间非营利组织的发育和发展，既依托公共财政政策给予其必要的扶持，又按照一定的法律法规对它们的运作予以适时的监督；第三，依靠积极的免税政策，鼓励企业和个人对非营利组织的慈善捐赠以增加经费收入；第四，建立有利于非营利组织发展的法制环境，以立法的形

---

① 资料来源：香港社会服务联合会（the HongKong Council of Social Service）资料简介。

式确立非营利组织的社会地位,界定政府部门与非政府部门的分工职责与合作关系,明确两者的平等关系,以及指导与被指导、扶持与被扶持的关系。[①] 我们认为,从社会福利主体角度看,政府职能转变的主要方面是把涉及社会服务和社会福利的"管理"和"实施"的职能"转交"或"移交"或"委托"给非营利组织去实行,这不仅减轻了政府部门的负担,更为重要的是,可以使得社会服务和社会福利的运作和实施更为专业化和专门化,提高社会福利的实施效果。

就非营利组织自身能力建设方面看,需要在政府职能转变、社会营造良好的外部条件的基础上,着重规范内部的管理体制和运行机制,提高专业化和职业化程度。在我国,由于长期以来本是非营利组织的工作被政府职能部门所包揽,非营利组织的发展受到很大的制约,因此,政府职能的转变、外部环境的改善、社会的认可和支持是非营利组织得以发展的先决条件。没有外部环境的改善,非营利组织的发育和发展仍然是不可能的。与此同时,非营利组织自身的能力建设则是其能否真正成为社会福利主体的重要因素。目前,最为重要的是提高非营利组织的专业化和职业化程度。非营利组织的最大特征在于其公益性,而其公益性的发挥主要依靠非营利机构中的职业性专业服务人员和专业社会工作者,以及规范的筹资方式和资金管理模式,专业的法律顾问等。

非营利组织的外部环境改善与其自身的能力建设是一个相辅相成、相互促进的关系。一方面,只有外部环境的改善,才能给非营利组织的发育和发展提供良好的社会基础,外部环境和政策环境越好,非营利组织的社会福利主体角色就越是扮演得好;另一方面,非营利组织自身建设越是得到加强,组织行为越是规范化,运行机制越是优化,其社会福利主体的作用越是发挥得好,社会对非营利组织的认可和接纳程度就越高,政府及有关部门也就会把相关职能"转变"和"移交"到非营利机构以得到专业性的运作,政府的职能转变和社会外部环境的改善之步伐也就越发加快和加大。

(四)政府福利主体

政府是当代社会福利供给中最为重要的责任主体。1601年伊丽莎白济

---

① 范斌. 福利社会学. 北京:社会科学文献出版社,2006. 179~180

贫法的颁布和推行，在一定意义上奠定了政府主持公共救济事业应有的方式[1]，意味着政府开始负起了社会救助的责任并直接参与了社会救助活动的组织工作[2]，此后，由社会救助到社会福利，政府的责任和主体作用逐渐得到加强。到19世纪，为缓解劳资矛盾和社会冲突，政府在社会保障、社会救助方面的责任也日益加强。1883—1889年德国的三次相关社会保险法律的颁布和推行[3]意味着政府在社会保障及社会福利方面较为全面的介入，到了20世纪中期以后的福利国家时期，政府开始全面介入社会福利过程，成为社会福利供给中最为重要的责任主体。当今世界，无论是福利型国家还是非福利型国家，政府在社会福利中的主体地位是毋庸置疑的。

政府在社会福利中的主体作用主要表现在责任主体、供给主体以及组织主体三个方面。

1. 责任主体

主要指政府要把积极干预社会事务、保护公民的公共安全、保护社会成员包括社会弱者的"生存权""发展权"及"福利权"作为自己义不容辞的责任，这是任何一个"责任政府"的"分内事"。从"生存权"角度看，政府必须保障社会成员"生、老、病、死"的基本需求，使之免除后顾之忧；从"发展权"和"福利权"角度看，政府必须把提升民众的生活水平、增强其"福利"作为政府工作所追求的重要目标之一，使民众能够安居乐业。因此政府的职能自然包括"为民造福"的目标和任务。现代社会保障制度的建立与发展，国家对公民基本生存权和发展权的保障责任以及"责任政府"的理念开始被普遍接受，并内化为一种具有"客观性"的国民心理。

2. 供给主体

发展社会福利事业是政府的"分内事"，就自然需要政府担当起福利供给的主要承担者。社会福利制度是一个庞大的体系，涉及的对象广泛、内容复杂、经费巨大，任何个人和群体都不可能承担起这一重任。何况，政府的"责任主体"决定了社会福利本来就是政府的责任，只有政府有责

---

[1] 徐震，林万亿. 当代社会工作. 台北：五南图书出版公司，1999. 43
[2] 王思斌. 社会工作导论. 北京：高等教育出版社，2004. 30
[3] 德国俾斯麦政府在1883年颁布疾病保险、1884年颁布工伤保险法、1889年颁布老年与残疾保险法。

任也有能力加以承担。即使为了维护统治阶级的利益，政府也有必要通过国家的强制力量建立社会福利制度，加强各种税费的征收，以增加政府的福利供给能力，将个人的风险转移到全社会共同承担。

3. 组织主体

在既定的体系框架下，社会福利需要组织实施及推进而使之具体化和对象化。表面看来，发达国家和地区的福利推进都是由各种类型的"机构"运作加以完成的，但是机构运作只是具体的实施推进工作，从根本上看，社会福利的组织主体依然是政府。社会福利制度是一个涉及方方面面的体系，它受社会的、经济的、政治的、文化的等诸多方面的影响和制约，它的组织、运作和实施过程必然受政府社会政策所左右，其组织主体最终还是政府。政府的组织主体是通过政策的制定、法律法规的颁布、监督机制的建立等举措来加以实现的。因此说，是社会福利实施与推进的组织主体。

按照以上的理解，我国政府在社会福利主体问题上还有待于进一步加强。从责任主体上看，党和政府一贯把全心全意为人民服务作为宗旨，时刻把人民群众的利益摆在重要的位置，这是由我国的社会主义制度的本质所决定的。因此说，我国政府的社会福利责任主体应该不存在着问题。但是，在具体层面上看，对于一些边缘群体和特殊群体如广大农民和下岗失业人员的社会福利问题上，政府在具体的关心上还有待进一步的加强和具体化。特别是农民的社会福利，在某些方面还存在着"真空"现象，他们还处在无福利或低福利的状况。他们十分需要和企盼政府为他们考虑和安排适当的社会福利，希冀政府能给他们带来必要的福利，最大可能地免除其后顾之忧。这是政府充当福利责任主体中值得研究和改进的地方。

从供给主体看，我国的情况较为特殊。因为在改革开放以前甚至以后的一段时间里，与二元经济体制相适应，我国社会福利体系形成了城市和农村完全隔离的二元结构格局，政府在城市和农村所承担的福利供给责任也完全不同。在农村，计划经济时代实行的是一种以家庭保障为主、集体帮助为辅的保障模式，除对少数"五保户"的保障之外，政府几乎对广大农民不直接承担保障和福利上的供给责任，农民也就被隔离在政府负担的社会保障和社会福利之外。而在城市，计划经济时代实行的是国家保障模式，社会福利供给基本是政府包揽包办，个人无需承担费用上的责任。尽管现在看来城镇职工所享受到的福利水平并不是很高，但是，其福利范围却非常广泛，涉及就业、医疗、养老、住房、教育等多方面，真正做到了

"生老病死有依靠"。这种在城市和农村之间的"厚此薄彼"的福利供给偏差，虽说是特定历史条件下的无奈选择，但却没有很好地体现社会公平与公正，政府的责任主体"偏颇"是很明显的。

改革开放以后，随着社会经济的转型，建立全国性的社会保障制度和社会福利体系已经成为时代的要求和发展的趋势，社会福利的供给主体模式开始由"国家—单位"向"国家—社会"的模式转型，政府在社会福利上的主体责任和作用越来越重要。在当前，政府的主体责任主要表现在制度的设计和规范、政策的制定和推行、监管和实施的落实、财政的支持和到位，而最为基本也是最为重要的是财政的支持和落实。财政的到位和落实不仅保证了社会福利的顺利实施，更为重要的是，从根本上体现了政府的主体责任。在发达国家和地区，政府对社会福利的投入资金占公共支出很大的份额，而鉴于国情，我国各级政府在福利支出上还不可能在短时期得到很大的改善，但是，其供给的主体是无疑的。

从组织主体上看，我国各级政府也承担着社会福利的组织实施工作。当然，政府的组织实施主体不是由政府的职能部门作为社会福利实施工作的具体组织者和实施者，而是特指政府必须通过政策的制定，鼓励和指导非营利组织和机构等第三部门的发育和发展，让第三部门充当和发挥好社会福利的组织和实施工作。第三部门的发育和发展离不开政府的支持，从这一点上看，最终的组织主体就是政府，政府在社会福利主体系统中起到全方位的作用。

社会福利在体系、范围、内容、方法等方面是一个复杂的系统工程，其主体不可能是单一的某个要素，而是由多要素构成的多元化主体，绝大多数国家和地区的福利实践莫不如此。多元化的福利主体构成了一张社会福利的供给网络，包括个人的、家庭的、慈善团体的、非营利组织的、政府的以及一切可以组织和提供福利的组织，它们各自承担着不同的角色，发挥着不同的功能，保证了整个社会福利制度的健康运作，为社会成员编织了一张社会安全网。就我国实际情况看，我们不可以企求政府作为福利实施的唯一主体，而应该从福利主体"系统"入手，发挥好主体系统中每个要素的作用。为了更为清楚地说明社会福利主体系统中各主体要素的作用，我们引用范斌教授对中西方社会福利供给网络比较见表7—1[①]，以进一步明晰福利多元化的内涵。

---

① 范斌. 福利社会学. 北京：社会科学文献出版社，2006. 195

表 7—1　　　　　　中西方社会福利供给网络比较

福利供给主体	在中国社会福利体系中所承担的功能及特点	在西方社会福利体系中所承担的功能及特点
家庭	功能： 1. 教育和文化功能 2. 子女抚养及老人赡养功能 3. 家庭成员互助功能	功能： 1. 教育和文化功能 2. 子女抚育功能，但老人赡养功能外移 3. 家庭互助功能
	特点：传统供给体制发展完善	特点：功能单一，正在进行功能扩展
社区	功能： 1. 对社区内弱势群体提供保护性服务 2. 提供提高社区居民生活质量的服务	功能：提供社会福利、医疗卫生、治疗和预防犯罪、大众教育、廉价住房建设等服务
	特点：目前社会化程度不高，内容单一，由政府主导进行	特点：社会化、专业化程度高，内容丰富，居民参与感强
非营利组织	功能：目前注重于提供扶贫、环境保护服务	功能：跨社区之间，提供各类公益服务、社会辅导，公民维权，开展环境保护
	特点：发展不完善，立法不明确	特点：发展程度非常高，分工体系非常完善，立法明确
国家	功能： 1. 财政资助 2. 监督立法	功能：制度与政策设计；监管；财政兜底；公共财政体系；向 NPO 购买服务
	特点：与其他主体的功能边界模糊，分工不明确	特点：与其他组织的功能边界较清楚，分工明确，发展比较完善

　　从表 7—1 我们可以看出，在社会福利供给网络系统中，各子系统具有各不相同的特点和功能，而对之进行系统整合，就能发挥出福利供给体系的最大效应。西方国家的一些做法也值得我们借鉴，我们必须在国家福利供给责任主体的前提下，逐渐提高福利供给社会化的程度，把过去的政府负责福利供给的模式转变为政府与市场相结合、政府与社区、与非营利组织相结合的福利提供模式，以确实做到社会福利主体的多元化。

二、福利客体的多元化

我们提社会福利客体的多元化,就是指接受和享受福利的对象之普遍性和多样性,即由过去针对部分人群提供福利逐步发展为面向全体社会成员的福利提供,变以前那种解决困难人群的"剩余性福利"和提供给城镇人员的"身份性福利"为所有社会成员都能够享受到的"制度性福利"。

在本书第二章,我们给社会福利下的定义是:社会福利是以政府及社会为主体,以全体社会公民与社区居民为对象,以制度化与专业性为基本保证,以保障性与服务性为主要特征,以社会支持网络为主要构架,以物质资助和精神支持为主要内容,以解决社会问题为目的,旨在不断完善和提升公民和居民的物质与精神需求,提高社会生活质量的社会政策和社会制度。从对象上看,社会福利的对象是社会公民和社区居民,这是由社会福利提升公民社会生活质量的宗旨所决定的,也是人类社会发展的目标和追求。为此,社会福利的客体对象也必然是多元而非单元的,即享受社会福利的是全体社会成员而不是少数成员或特殊社会群体。

社会福利客体的多元化,不仅要强调社会福利对象的最大化和普遍性,还要强调享受福利的对象之分类性或特殊性。目前,我国除机关事业单位和大企业等职工能够享受到较为丰厚的福利待遇之外,尚有很多弱势群体和特殊群体需要格外加以关注,只有把这类群体真正纳入社会福利体系,为他们解决生活、就业、医疗、养老以及相关服务等问题,才可以说我们已经建构了完整的社会福利体系并使之发挥着完善的功能。

我们这里讨论的弱势群体或特殊群体主要指城市下岗失业人员、残疾人、老年人、农民及农民工等群体,他们是社会福利的"边缘群体",是遇到问题最多的群体。解决他们的保障及福利问题,是构建社会主义和谐社会中的重要任务之一,也是社会良性发展的基本保证。

从总体上看,弱势群体面临的问题有两个层面:一个是基本生活问题,如生存需求、就业、住房等问题;一个是基本安全问题,如医疗、养老等问题。这两个层次问题的解决既是基本社会保障的内容,也是社会福利提供的内容。在此基础上,弱势群体的发展也和社会其他群体一样,有生活质量的提升问题,这就是他们第三个的福利需求层次。

弱势群体的福利需求处于较低的层次,他们首先关注的是能够满足生存的基本需求。之所以是社会弱势群体,就是因为该群体由于多方面的原因，在基本生活需求上不能通过自己的力量而得到满足。他们或是暂时或长期失去工作，没有生活来源，或是由于身体的原因和年龄的原因，不能自食其力；或是缺乏完善的社会保障而使生活十分不稳定。对于他们而言，社会福利最为重要的提供就是保障他们的基本生存和基本生活。目前国内所有城市和部分农村地区实行的最低生活保障制度就是保障弱势群体基本生存的重要社会福利制度安排。

就基本安全问题而言，社会福利对象不仅是弱势群体，而且是所有的社会成员都面临的社会福利问题。如果一个社会仅仅是对机关事业单位的职工提供基本安全，忽视和忽略弱势群体的基本安全，那么这个社会就是不公正的，其社会福利制度也是畸形的。因此，就涵盖性范围来看，社会福利对象的多元性是必要的，也是十分重要的。

就生活质量的提升目标来看，社会上的所有成员都有不断增加其福利的愿望和期求，一个健康发展的社会，绝不能允许一部分群体提高生活水准而另外的群体停留在低生活水平状态，因此社会福利对象的多元化和普遍化是无可置疑的。

三、福利内容的多元化

社会福利是一个体系，本书第三章已经讨论了该体系的结构要素。我们可以看到，社会福利的体系运作过程，也就是社会福利内容的展现过程。社会福利体系中子系统的多样性，也就决定了社会福利内容的多元化特征，因为每个子系统都有其特定而丰富的社会福利内容。

根据本书第三章讨论的内容，社会福利的内容总体上大致可以包括：社会保险、社会救助、社会安抚等社会保障举措；专业社会工作及专业化社会服务；政府公共福利；社会支持网络中的各种福利项目，等等。

从目前的福利实施现实看，人们对福利的认识和操作似乎还局限在一般的社会救助层面上，犹以最低生活保障制度的实施为标志。这种情况不仅把社会福利的内容过于单一化和简略化，而且还把社会福利的对象范围也缩小化了。社会福利的内容是多方面的，实施手段也是多样化的。社会福利不只是简单地为弱势群体解决基本生存和基本生活问题，最低生活保障制度的实施和推行只是社会福利内容的较低层面，人们的需求是多方面的，需要也是一个梯级增进和提高的过程，因此福利的内容也是多元化的。

结合上面的内容，我们认为，尽快构建一个完善的社会福利体系，建立和健全相关的法律法规，充分发挥福利体系中各子系统的作用，是由单一的福利形式向多元化的福利形式转变，由单一的福利内容向多元化的福利内容转变的重要的、甚至是唯一的途径。从这一角度考量，所有的社会成员能够充分享受各种形式的社会福利，既是完善社会福利体系的内在要求，也是社会福利体系良性运作的必然结果。

四、福利实施手段的多元化

从福利主体的多元化、福利客体的多元化以及福利内容的多元化必然逻辑性地导出：福利的实施手段也是多元化的。既然福利的供给主体有家庭、社区、非营利组织、政府等；既然福利的享受对象是社会所有成员；既然福利的内容是一切有关社会成员物质生活和精神生活的物质资助和专业性的社会服务等等，那么，社会福利的实施手段就是多种多样的。

社会福利实施手段的多元化是针对或是单纯由政府实施最低生活保障，或是由政府通过包揽机关事业单位职工的"生、老、病、死"，或是"送温暖工程"的"慰问式福利"等单一形式而言的，随着社会福利之主体、客体、内容等方面的多元化，社会福利的实施手段也必然是随之多元化。这是社会福利体系运作的必要过程，也是社会福利体系得以充分发挥其功能的必要条件。

社会福利多元化发展在本质上是为了适应经济发展与社会转型的必要调整和必然趋势，它反映了市场经济本身对福利体制的影响和时代发展对福利体系的要求，"同时，社会福利多元化发展趋势的一个重要后果，是福利责任关系重新在国家、市民社会和个人之间得以确立"[①]。社会福利多元化发展，不仅是社会经济发展的需要，也是社会福利体系本身内在发展的需要。

第三节　福利社区化

自改革开放以来企业剥离办社会的职能之后，很多人的身份经历了从"单位人"到"社会人"及"社区人"的转变，由此，社会成员对社区的

---

① 王思斌. 社会工作导论. 北京：高等教育出版社，2004. 59

依赖程度也日益加深,社区的地位和功能日益增强,社区成为我国实现社会福利社区化的最佳载体。因此,我国要走社会福利社会化的道路,就必须依靠社区,以社区作为最基本的发展平台。

一、社区

福利的社会化最终还是要通过福利的社区化来具体实施,因为无论从地域空间还是从功能上看,社区都是"地方社会"(Local Society),是社会的基本单元。近些年来,借鉴国际经验,"社区建设""社区发展"已经在我国城乡大地普遍地得到实践,为福利的社区化奠定了良好的基础。

(一)社区含义

"社区"是一个大家都熟悉的概念,在学术界,它已经被广泛应用在社会学、政治学、宗教学以及哲学等学科。也正由于被广泛地运用,不同领域的学者根据学科的性质各自提出了"社区"的概念,因此,现在对"社区"概念的理解还没有形成一个共同而清晰的定义。1955年,美国社会学家希利(G. A. Hilley)收集了有关社区的94个定义并做出结论:"除了人包含于社区这一概念之外,有关社区的性质,没有完全相同的解释。"[1]

一般认为,最早提出"社区"概念的是德国社会学家滕尼斯(Ferdinand Tonnies,1855—1936)。1887年,滕尼斯在其著作"Gemeinschaft und Gesellschaft"(英译本为"Community and Society")中首先提出"社区"(Gemeinschaft)概念,为分析欧洲社会的工业化变迁提供一个起点。滕尼斯认为人类社会的发展历史可以分为从社区到社会的两个阶段,其中,社区是指具有共同习俗和价值观念的同质人口组成的关系密切、互相帮助的人性化团体;与社区相对应的社会则是由具有不同习俗、价值观念、靠契约维持关系、彼此有分工的异质性人口组成的。社区主要强调人际之间强烈的休戚与共的关系,是持久的和真正的共同生活。[2] 滕尼斯认为,"社区"和"社会"不是以其纯粹的形式而存在的,二者之间互相渗透,但前者必然被后者取代,即富有人性化的社区被缺乏人性化的

---

[1] See G. A. Hilley, *Definitions of Community*, Rural Sociology, No. 20, 19
[2] [德] 滕尼斯. 社区与社会. 北京:商务印书馆,1999. 54

社会所取代是一种必然趋势。

随着社区研究在美国的兴起,著名的芝加哥学派将社区作为连接环境和人的生活方式的概念,用以表明城市生活的特征,从而带来了所谓的"城市社区"(urban community)在现代社会的重新发现。其中,芝加哥学派的主要代表人物帕克(Rorber E. Park,1864—1944)就是最早对社区下定义的社会学家之一。帕克指出,社区的基本特征是一群按地域组织起来的人群,这些人群不同程度地扎根在他们所生息的那块土地上,社区中的每一个人都生活在一种互相依赖的关系之中。从这个定义来看,帕克强调的是地域和人群的汇集以及人群之间的互动。

两名美国社会学者罗吉斯和伯德格在其著作《农村社会变迁》中指出:社区是一个群体,它由彼此联系,具有共同利益或纽带,具有共同地域的一群人所组成,社区是一种简单群体,其成员之间的关系是建立在地域的基础之上。他们所强调的是共同利益、共同利益和简单群体三个要素。

另外,菲利普在《概念到应用》中指出:社区是居住在某一特定区域的、共同实现多目标的人所构成的群体,在社区中,每个成员可以过着完整的社会生活。他所强调的是特定地域、共同实现的多元目标、群体三个要素。而爱德华和琼斯对社区的定义则包括人、地理空间、社会的相互影响以及相互联系。罗斯的定义则更为广泛,包括地理概念也包括功能概念。

根据美国匹兹堡大学社会学系杨庆堃教授的研究,众多的社区定义可以分为两大类:一类是功能主义观点,认为社区是由共同目标和共同利害关系的人组成的社会群体;另一类是地域性的观点,认为社区是在一定地域内共同生活的有组织的人群。① 前者强调的是社会团体,后者强调的是在地域性基础上的群体互动。另外,伯纳德(G. Bernard)和桑德斯(Irwin T. Sanders)在其1968年出版的《国际社会科学百科全书》第3卷指出社区的定义可以概括为三类:(1)社区是居住于特定地区范围内的人口;(2)社区是以地域为界并具有整合功能的社会系统;(3)社区是具有地方性的自治自决的行政单位。1979年出版的《新社会学辞典》指出,社区指人们以集体的形式占有一个地理区域,共同从事经济活动和政治活动,基本上形成一个具有某些共同价值标准和互相从属的、感情的、自治

---

① 王刚义等. 中国社区服务研究. 长春:吉林大学出版社,1990. 25

的社会单位,这里包括地理区域、互动关系和共同情感三个特征,或地域性社会组织和共同情感两个特征。①

在我国,首先引入"社区"概念的是以费孝通为首的燕京大学的一批青年学生。1933年,他们翻译美国社会学家帕克的论文集时,第一次把"Community"翻译成"社区"。从此,"社区"一词在我国社会学界被一直沿用下来,并逐渐成为我国研究领域的通用术语。

我国学者对"社区"进行定义的时候,主要从以下几个方面出发:第一,从地域性特征出发,认为社区是指聚集在一定地域范围内的社会群体和社会组织根据一套规范和制度结合而成的社会实体,是一个地域性社会生活共同体;第二,社区是指由居住在一定地域里的人们,结成多种社会关系和社会群体,从事多种社会活动所构成的社会区域生活共同体;第三,城市社区是指在一定的城市地域范围内,由一定规模的人群按照某种社会关系组成的实体,其中包括五个要素:人、地域、心理归属、传统制度与团体互动。

本书认为,对我国"社区"概念下定义应该参照国内外已有的研究成果,并结合我国的具体情况。首先,社区是人们日常生活中形成的、具有一定地域范围的体系,所以,地域性因素是必不可少的内容;其次,社区能够为社区居民满足基本需求,而这种需求是一种公共需求,而非个人需求;再次,社区是由具有共同目标和共同利益关系的人组成的;最后,社区是由社区内部人们之间互动形成的联合体,所以,人们对所在的社区在感情上和心理上具有认同感和归属感。总而言之,所谓社区,是以一定地域为基础,由具有相互联系、共同交往、共同利益的社会群体、社会组织所构成的一个社会实体。

(二)社区的构成要素

社区是一个相对完整的、由社会群体和社会组织相互联系和相互交往的社会实体,由此可见,构成社区是由多种要素共同作用的结果。那么,构成社区的主要要素包括哪些呢?根据学者对社区的各种解释,我们可以把社区的基本要素归纳为以下几点:

1. 地域要素

地域是构成社区的最基本的要素。社区是人们生活的共同体,那么,

---

① 常铁威. 新社区论. 北京:中国社会出版社,2005. 33

它就理所当然地要有一定的地域范围。一般来说，一个社区居民的主要活动集中在某一个特定的地域里，这个特定的地域就是社区的地理界限。但是，随着经济的发展，社区之间的联系越来越紧密，社区的地理界线不再固定不变，有时候，这些界线并不分明。从规模上说，社区的地域范围只是整个社会的地域范围的一部分，整个社会的地理界限往往是由若干个社区的地域结合而成。由此可见，社区的地域范围是有限的，而且并非很大。例如，在我国的社区建设中，城市大多把街道、住宅小区作为社区，而在农村，集镇、自然村或行政村被作为社区来看待。在实践层面上来看，社区的具体地域范围究竟多大，就要由该社区的经济、社会功能，以及该区的特点等因素来决定。原则上，社区的地域界限没有严格的限制，但是，从社区发展和社区工作的角度来说，社区的范围不宜过大。

2. 人口要素

社区是由以一定的社会关系为基础组织起来的、进行共同生活的人群所组成的。所以，人口是社区活动的主体，没有一定数量的人口就不可能有社区。社区人口涉及四个要素：人口的数量、质量、构成和分布。人口数量是指社区内人口的多少；人口质量是指社区人口的综合素质；人口构成指社区内不同类型人口的特点；而人口的分布则是指社区内人口及其流动在社区范围内的空间位置。在市场经济条件下，随着社会流动的加大，社区人口的数量、质量、构成和分布都发生了较大的变化，尤其在城市社区，人口的数量大、人口的异质性较大、构成复杂、分布广泛，而且，流动性也很大。社区人口结构的这些变化，直接影响社区内部的稳定和各要素的整合，并对社区的发展提出新的要求。同时，构成社区的基本要素的人口并不是孤立的、没有联系的个人的集合体，而是共同进行社会活动、彼此结成一定的社会关系的集合体。他们是社区生活及其物质要素的创造者，是社区的社会关系的承担者，也是社会福利的提供者和接受者。

3. 社会心理要素

社会心理是一种低层次的社会意识，与人的日常生活直接相连，表现为感情、风俗、习惯、成见、心理倾向和观念等等。构成社会心理的因素既有感性因素也有理性因素，但其中以感性因素为主。根据意识主体的不同，社会心理又分为个人心理和群体心理。在社区内，社会心理要素主要表现为社区成员对社区自身所在社区的归属感和认同感。这种感情上的归属感和心理上的认同感是构成社区的必不可少的条件和衡量社区的标准。任何一个社区成员都有"我是某个地方的居民"的观念，这种心理是居民对自己社区身份的认同,同时,也是社区居民对社区的个人感情的表现,即对社区的关注,对社区建设的参与等等。

4. 结构要素

社区的结构要素是指社区内各种社会群体和社会组织相互之间的关系。在社区范围内,存在着各种各样的社区群体和社会组织。通过这些社会组织,社区成员与社区相互沟通,并参与到社区活动当中。社会组织是维系社区成员和安排、推动社区生活的重要手段。这些社会组织包括党政机关、服务机构、生产单位、学校、医院、政府职能部门的派出机构、居民委员会、家庭、邻里等,而社区居民自发组织的各种群众团体有兴趣爱好协会、文艺、体育团体等等。这些社区的组成部分之间的相互关系,是人们研究社区结构所注重的对象之一。

二、社会福利社区化

社会福利社区化是指社会福利实施与服务的社区化,即把社会福利体系与社区功能相结合的一种福利提供模式。它是一个把社会福利落实到社区基层,并由社区内各方力量共同参与、共同建设及维护社区发展的过程,也就是建设社区社会福利的一个过程。具体说,它包括以下几个方面的内涵:

第一,社会福利社区化提供的是以社区为基础的服务。社会福利社区化要求社会福利的提供以社区为最基本的载体,并以社区内的所有居民为主要服务对象。也就是说,社会福利社区化要求福利服务的供给和输送以社区为单位,而需要避免过大的覆盖范围。

第二,社会福利社区化的服务内容一方面满足传统的特殊群体的福利需求,另一方面满足人们更高层次的服务需求。它包括三个层次的服务:福利性服务、公益性服务和微利性服务。福利性服务主要是以满足服务对象的基本生活需求为目的的服务,其对象是老年人、残疾人、孤残儿童、优抚对象等传统社会福利对象,是社会福利在社区的具体操作层面;公益性服务是以改善全体社区居民的生活环境和生活质量为目的的服务类型,主要指社区内的道路、绿化、环卫、社区治安建设等社区公共物品建设和服务;微利性服务是以提高社区居民生活质量和筹集福利社区化资金为目的的服务,服务对象主要是有经济支付能力的社区居民。

第三,提供人性化、个性化服务。社会福利社区化是以社区生活为基准，依据社区生活需要，辅以不同专业程度的照顾，维持个人在社区中的正常生活，尊重个人及家庭的独立性，并使其享有自主性与参与感。同时，社会福利社区化还可以使不同需求的人群获得量身定做式的服务，使服务趋向个性化。

第四，社区福利的作用并不停滞在提供福利服务上，更重要的是通过公益性的服务调节个人、家庭与社区的关系，协调社区与国家政府之间的关系，并对社区的福利、医疗、保健等社会资源的整合进行协调。同时，社区服务还通过福利性服务的方式把越来越小型化的家庭连结成一个互助网，将逐渐松散的家庭纽带进一步加固和联结起来，具有稳定家庭生活、协调家庭、邻里关系、构建和谐社会的作用。

第五，社会福利社区化主体的多元化。社会福利社区化本身与社会福利社会化是一致的，其主体是多元化的，包括市场、家庭、社会网络、会员组织及政府等。

社会福利社区化在世界各国的发展各不平衡，在概念内容上的含义也各不相同，比如英国的"社区照顾"、美国的"长期照护"、中国的"社区服务"等。但其福利的社区化取向则是一致的，如20世纪50年代英国兴起的社区照顾，最初就是针对院舍照顾而提出的。多年来，其概念的内涵发生了一些变化，由社区里的福利机构来照顾到强调由社区提供照顾。香港的社区照顾深受英国的影响，其服务内容包括社会保障、照顾老人、弱能人士康复服务、儿童及青少年照顾等。在美国，无论是"福利机构"的还是"以社区为中心"的关怀，其关注重点总是放在"长期关怀"上。台湾从1996年开始推行福利社区化，其涵义指在社区内或家庭所提供的"就近照顾"或"在地服务"，其目的是落实社区照顾，推展社区机构小型化、社区化，并提倡福利机构开拓外展服务，促使资源有效利用。在国内，随着单位所有制的逐渐解体以及"单位人"向"社会人"和"社区人"的转变，社区突现为社会运行过程中基本的又是重要的单元。在这方面我国政府认识到了社区政策的重要性，社会政策调整已在有意识地朝着强化社区功能的方向发展。1986年，民政部首先提出社区服务概念，于是在全国各地社区服务中心应运而生。虽然社区服务在理念上和其他国家大体相近，但在实践上有很大差异。

所谓社会福利社区化，是社会福利制度发展的新趋势，其主旨是福利服务的社区化，达到促成社区中"互相照顾"的模式。本书的界定涵盖了其最宽泛的含义，它不只是社会福利在社区范围内的简单实施，更为重要的是，它是在社会转型时期社区重要性日益突出的条件下，一种在含义、形式和运作方式上都有自己特点的全新的社会福利取向。其核心就是政府与其他社会组织的合作来满足社会成员对于福利的普遍性需求。社区化作为社会福利的取向，存在三种基本理由：第一，每个公民拥有享受社会福利的权利。社区是人的社会化的主要场所，居民的日常生活与社区联系最为紧密。随着"单位人"向"社区人"转变，社区也日益成为社会整合的载体和平台。社会福利社区化，能直接提高居民的生活质量，是社会成员享受社会福利的有效方式。第二，有关社会福利的选择，既可以是个人、家庭、社区，也可以是政府及其他组织。社会福利社区化，就是要充分发挥政府、市场与民间组织的福利组合功能。第三，社区福利服务是一个非常重要的服务产业，拥有很大的增长潜力。在这个领域，人力资源仅仅在很小的程度上被机器所替代，因为福利服务必须在短距离内传递，促进社区福利服务能够有利于当地的劳动力市场。①

三、社区是实现福利社会化的最佳载体

社区是有特定空间和特定功能的社会共同体，社区不仅是社会、经济发展的基本单元和基本载体，也是社会福利发展和实施的基本单元和基本载体。

（一）社区社会福利是社会福利体系的重要组成部分之一

社区福利体系既是社会福利制度中最基础的层面，又是社会福利政策的输出终端，直接面对社区成员不断变迁的社会需要，满足他们的基本需求，改善其生活状况。福利制度与社区福利体系在优化社会环境、提高社会成员的生活质量、促进社会经济协调发展与改善社会质量、实现社会现代化与人的现代化方面发挥着举足轻重的作用。更为重要的是，社会经济发展水平越高的社会，社会福利制度与社区福利体系在社会发展中发挥作用越大，满足不断变迁中的社区需要与建构现代社会福利制度的意义越大。社区社会福利的特点在于它所提供的是就地的、直接的、及时的帮助。在现代社会里，社区对居民的救助功能主要由有组织的社会福利机构和团体来承担，如政府的民政部门、卫生医疗机构、工青妇以及各种宗教

---

① 范健. 社会福利的社区化定位. 华东理工大学学报. 2005，4

团体和慈善机构，街道居委会所属的社区服务组织等等。社会福利最终要通过社区社会工作来加以落实，具体来说就是通过多种社会服务、发动和组织本社区的力量、为社区成员解决困难和提供各项福利。社区社会福利主要通过社区服务的实施来体现，包括面向老年人、残疾人以及特殊人群的社会福利性服务，面向社区居民的便民、利民服务和面向社区企事业单位和机关团体开展的双向服务等等。

随着社会的发展，无论是城市社区还是农村社区都面临着许多新的问题，如老人问题，职工下岗、失业问题，贫困问题，对残疾人救助问题，以及各种应急救助等问题，这就对社区建设和社区服务提出了新的要求，客观上提升了社区的福利功能。

目前，社区中提供的社会福利服务远不能满足社区成员的实际需要，在建设社会福利体系的同时，推进和发展社区福利，对于社区群众的福利提供是极为重要的。这就要求我们要立足社区，调动和运用一切社区资源，协调社会各方面的力量，加强政府部门、民间组织、社会团体、营利部门等多方面的合作，为社区群众提供多层次的社会服务，并提高他们的生活质量及社会福利水平。可以认为，完善社区社会福利，实现社会福利的社区化，与社会福利社会化的内涵是一致的。

(二) 建立社会工作中的社区福利

社区福利的实施要和专业的社会工作联系在一起，这样可以最大化地发挥社区福利的功能。

社会工作中的社区福利在对象上主要是相互间没有业缘关系纽带的社区居民；在福利经费供给上，社区福利主要不是通过国家财政支出或企事业单位的自有资金，而是社会工作者调动和利用社区资源，以满足社区自身多样化的保障需求；在福利实施的目的上，社区福利不是宏观上的国家和社会的安全制度，而是微观上为社区居民的基本生活权利提供安全保护、提升社区福利水平、维护社区稳定与发展的举措；在福利的具体实务运作上，社区福利不是通过政府有关机构来执行，而是通过社会工作者联系社区内各种福利机构和社会群体，通过具体的多元化、专业性的服务工作，包括专业性的心理调适、家庭治疗等加以落实。因此说，社会工作中的社区福利具有区域性、强制性、普遍性、福利性、互助性和专业性等特征。

所谓区域性，是指在具有一定的人口、地域、文化背景下的区域中推行"社区福利",这是社会工作中的社区福利与一般社会保障在空间范围上的主要区别。区域性特征决定了社区福利必须结合本社区的实际,发挥社区的各种优势,实事求是地开展符合本社区的社区福利工作。所谓强制性,主要指在社区范围内执行国家制定的有关社会保障的法律和法规,对社区居民的年老、疾病、丧失劳动能力或意外灾害等风险予以保障。作为社区居民,也必须强制性地参与社会保障。这里,社区福利是社会保障的延伸或具体化。所谓普遍性,是指社区福利的实施对象包括全体社区成员,人不分男女老幼、有业无业,社区居民的衣食住行、生老病死等方方面面,都被囊括在社区福利的范围之内。所谓福利性,是指社区福利不以营利为目的,而是造福社区居民,以较小的花费为居民提供较大的实惠和方便。对于某些对象、某些项目可以以免费的形式无偿为社区居民提供服务或方便,如特别医疗护理、职业介绍、社区照顾等等。所谓互助性,是指社会工作中的社区福利要挖掘社区资源,调动和集中社区民间的力量,鼓励社区成员互相帮助、互相支持,为社区中的弱势群体解决问题提供物质帮助和精神支持。这一点与社会保障稍有不同。社会保障的互助性是社会性的,是集中社会的力量来分担大家的风险;而社区福利的互助性则主要由社会工作者集中社区的资源和力量来解决社区成员特别是有特殊困难居民的问题。所谓专业性,特指社会工作者利用社会工作的专业方法与技巧来为社区居民解决物质、心理和精神方面存在的问题。

由社会工作中的社区福利之特征我们可以看到其主要功能:

(1)补偿功能。社会工作中的社区福利之补偿功能主要表现为社会救助。社会工作者在社区福利的推行和实施过程中,可以详细、清楚地了解社区内居民的具体困难和要求,协助有关部门,帮助社区居民解决问题,以救助和补偿某些因各种原因失去生活来源的居民。因为有社区工作者的直接参与,社区福利对社区成员来说就更为具体,更为到位,更为彻底,其救助功能的发挥就更为完善。

(2)调节功能。现代社会保障是调节收入、缩小贫富差距、缓和社会矛盾的重要手段,但是在当前的社会转型时期,大部分弱势群体已无法依附于原来固定的单位保障,许多问题以及问题的主体基本都集中到了社会,总体上的社会保障并不能保证其调节功能处处有效。为此,在依据国家社会保障政策和法律的同时,社会工作者借助于社区福利,利用社区内的资源和力量,着重在物质和精神上帮助社会弱势群体,起到调节社区收入差距、缓和社区矛盾的作用。

(3) 稳定功能。社会工作中的社区福利的稳定功能在于，结合社会保障及其他福利手段，通过社会工作者的具体实务工作，提高社区居民的生活保障感、心理平衡感、社会公平感、人际亲密感和政治上的向心力，从而达到社会的稳定。比如当前城市社区普遍存在着的下岗失业、相对贫困、养老、医疗等问题，一方面要通过建立较为完善的社会保障制度来解决，另一方面，也要运用社区福利措施来延伸和拓宽居民的保障范围，使社区成员对社区形成信任感，积极参与社区建设，起到稳定社区的作用。

我们看到，社区不仅是社会福利具体化的社会区域，是福利社会化的重要载体，而且，和专业性社会工作相结合，社区福利本身还是福利社会化中的重要内容，是福利社会化的题中应有之义。

四、福利社区化的实践途径

中国的福利社区化是伴随着经济体制改革进行的，而且最初只是作为国有企业改革的一种配套措施。在计划经济体制下，根据国家的规定，单位包办了社会福利服务，政府政策的导向是确保"高就业、低工资、高补助和高福利"，单位直接承担福利提供的责任，企业的负担相当沉重。市场经济体制的建立，客观上打破了计划体制下形成的政府包办或企业包办社会福利的格局，国家改变了传统的父爱主义角色，"单位人"逐渐向社区人回归。政府提出减员增效和建立小而廉价的政府目标，使"小政府，大社会"中的社会福利发展将依赖于广阔的社会部门（如社区、社会团体）和企业化的社会组织来承担，国家也将从资源分配者转变为政策制定者和法律监督者。

在我国，社区服务中心作为基本的福利服务机构，提供的服务有面向老年人、残疾人等弱势群体的社会福利服务，也有面向全体居民提供的便民利民服务。但是在实践中，我们所采取的福利社区化的模式与国外的发展趋势是有所不同的。首先，与国外"从机构化到去机构化"的趋势不同，我们的福利社区化的提供模式还主要是依赖社区服务中心和福利机构，政府在社区中仍然处于一种强势的地位；第二，政府政策中强调所谓"社区化、社会化"在实践中较多地针对社区内的弱势群体，事实上与过去传统针对低收入者和老年人、残障人的福利救济并无差异，政府在满足其他社区居民的福利需求方面显然投入不够；第三，社区内缺乏足够多的、成熟的民间社会组织。政府、市场与民间组织的福利组合功能还没有充分发挥。虽然各地都相应建立了社区服务中心,但在实际运行效果上难以满足广大社会成员的福利需求。

显然,中国的福利社区化还处于起步阶段,但是也具有一定的雏形。1996年,上海浦东社会发展局与基督教青年会签署了协议,将罗山会馆正式委托给青年会运营和管理,共同开创了"政府主导、各方协作、市民参与、社团管理"的模式。社区内的资源被充分整合,这也增加了社区居民对于福利的可及性和可得性。因此在社区福利服务的过程中,必须加强政府与其他社会组织的合作伙伴关系。

福利社区化可以通过许多不同的技术和方法来实现,其主要运作方式包括:

1. 合同承包

这是福利社区化最常用的形式。政府与营利或非营利性民间组织签订承包合同,由它们来提供社区福利服务。这就是通常所说的"政府购买服务"。

2. 特许经营

在特许制下,政府授予其他社会组织一种权利——直接向公众出售其服务或产品。这些组织通常也要为此向政府付费。特许有两种具体形式:资产和公共设施租赁;场域特许使用。特许经营和合同承包都应在一个公开、透明、公正的环境里进行。

3. 补助措施

为了保证社区内低收入者和弱势群体都有权享受高质量的福利服务,政府可以通过补助来鼓励民间组织从事社区福利服务。

4. 凭单制

政府通过发放抵用券,把某些公共服务集中在目标人群。通过特定的社区关怀,直接提高他们的生活质量。

5. 非正式照顾

满足社区内不同人群、不同层次服务需要的最佳途径就是在发展机构照顾的同时,发展非正式照顾,即由家人、亲友、邻里或其他志愿人员提供服务和帮助,形成一个福利服务的循环支持网络。

我们可以从四个维度来解释福利社区化的具体形式,并通过制度化的过程来实现。第一,社区福利的对象:社区成员都有权享受社区服务和资源。但实际操作中应该根据不同人群的不同需求,提供多样化的服务。采取普遍性和选择性相结合的方式。第二,社区福利的内容:一般的福利内容包括现金和实物（物品或服务）。上海罗山市民会馆服务项目包括：老人照顾、成人照顾、教育服务、健康服务、培训、娱乐等 12 个大项 41 个小项。这些服务的组合满足了社区内不同人群的需求，也促进特殊群体融入主流社会，避免他们的疏离化和边缘化。第三，服务输送：指在社区福利的提供者和消费者之间可供选择的组织安排。政府应该承担什么样的角色，其他私人的或民间组织的作用又是什么？各参与方角色和职能的责任应该得到合理的确定。政府应该成为服务的"购买方"，它应与服务提供方签订合同，把福利服务交给自发组织起来的志愿团体或私人机构，从而提高效率，对民众的福利需求做出更加有效的回应。在这个意义上，政府应该从原来的直接管理和提供者向服务的规范者、服务的购买者转变。加强对福利社区化的监管，明确责任分工，选择合适的方式，并设定清晰、透明的程序，通过竞争性招标，将福利服务承包给社会组织。第四，资金来源：如果社会福利政策被看作是在市场之外发生作用的利益分配机制，那么选择做出时就必须要考虑资金的来源和渠道。显然，如果没有资金支持，将严重影响服务提供的质量和效果。志愿组织收入的主要部分是政府拨款。非营利组织通过"政府购买服务"补充其收入来源。但同时，这些社会组织必须拓展筹资渠道，通过有效的宣传，鼓励慈善捐赠和自愿筹款，并且壮大志愿服务队伍，以节省资金和成本。

　　政府与民间社会组织的合作是成功的关键。任何社区化努力的首要目标是将营利或非营利组织引入到福利服务领域。福利社区化所期待的结果是多元部门，多级层次参与福利服务的提供。政府与市场、与其他社会组织进行更加积极的合作，整合社区内外一切资源，建立社区福利服务支持网络。非政府组织和志愿团体相对于政府机构有着自己独特的优势。非政府组织和志愿组织可以弥补政府与个人需求之间的空白，能够有效地促进社会整合和公众的社区参与。另外，志愿组织在服务提供上比较专业和职业，能够及时深入地了解社区成员的需求；而且具有广泛的社会性，能有效地调动和运用社会资源。市场是一个强大而灵活的机制，它能配置大部分的商品和服务，但是市场无法建立一个公平有效的福利体系。因此对于私营机构，在引入竞争机制的同时，政府应该做好监管工作，积极引导私营机构投入到以经济效益和社会效益并重的目标上来。在这个过程中，政府与民间机构共同合作，对福利需求者提供服务，通过分权和参与减少政府福利的过度负担。把由政府扮演服务供给的主要角色转移到民间。政府在这方面应该采取积极的政策，鼓励私营机构和社会组织参与社会福利领域的竞争。

显然,中国的福利社区化还处于起步阶段,只是具有一定的雏形,还远远不够完善。福利社区化在出发点上以社区为基础,在理念上落实社区福利服务,在资源运用上注重政府与民间组织的合作关系。但在具体的过程中,政府应该承担什么样的角色,其他私人的或民间组织的作用是什么?政府与其他社会组织最佳组合方式又是什么?理清这些关系,才能更有效地推进福利社区化的发展,保证公众对于福利服务的可及性和可得性。

中国现在实行的福利社区化在理念上与社会福利社会化取向是一致的,但在实践运行中与其他国家相比还有很多不足和缺陷。作为一种制度化的过程,福利社区化可以从这三个方面着手:第一,对社区居民的福利需求和社区可利用资源进行重新评估和分类;第二,确定政府与社会组织各自的介入角色;第三,制定相应的、具体明确的政策和法律。

现在摆在政府面前的不仅是提供多少福利服务的问题,还有提供何种服务和如何提供服务的问题。而要成功解决这些问题,就必须发挥政府的政策导向作用,正确定位,确定福利社区化的优先发展顺序,综合运用多种方式,发挥福利组合功能,加强与志愿组织和社会团体的合作关系。而且随着社会的发展和变迁,福利社区化的政策选择必须体现人们不断变化的价值和需要。①

---

① 范健. 社会福利的社区化定位. 华东理工大学学报. 2005,4

第八章
社会福利行政

　　社会福利行政是指对社会福利体系各子系统功能展开而进行的行政管理，包括管理组织构架、运行机制、人员配备、计划制定、事务管理、资金筹集和财务管理等等。由于我国没有现行和现成的社会福利体系或社会福利制度，本章仅根据本书所设计的社会福利体系的总体框架，试就社会福利行政做探究性的概要分析。

第一节　社会福利行政概念及意义

　　可以认为，社会福利行政的概念对我们是较为陌生的，究其原因，一是我们目前对社会福利概念的认识不一致，因而人们很难界定社会福利行政的内涵；其二，我们目前与社会福利有关的行政管理较为分散，有以社会保险为主要内容的社会保障管理，有民政部门的社会救济工作，有工、青、妇及特殊人群（如残疾人）的政府职能部门的管理，也有社区中的社区工作者的管理等等，致使人们很难统一对社会福利行政的认识。鉴于此，我们有必要在社会福利体系构建的框架下，对社会福利行政的概念做出定义，并探讨相关内容。

一、社会福利行政含义

　　台湾学者江亮演认为，"社会福利行政"（Social Welfare Administration）也可以称之为"社会行政"或"社会工作行政"，是现代国家公共行政的重要部门。它是结合行政学、社会工作学、社会福利学为一体的一门科学，也是政府顺应社会福利之世界潮流、参照社会现况需要所推展的各种社会福利措施与活动,以达保障人民生存、工作及财产等权利之功能与完成国家保障人民基本生活应有的责任之一种公共行政,是完成社会福利目标,确保服务功效以及用于福利机构的一种行政程序。简单地说,社会福利行政也可以看成是一个国家的政府推行有关社会福利工作的行政事务,是为了解决社会问题而"推行之政策、制度、活动等对社会有利的措施与管理"①。

江亮演等学者指出,从广义上理解,社会福利行政是指一国根据其立国精神与福利政策,顺应自己社会需要,配合社会福利的有关资源,参考各国经验,并以全体国民为对象,运用社会工作专业方法而发挥政府福利工作功能及完成国家福利工作责任,所制定社会福利计划、解决或预防社会问题、满足国民需求与愿望、调整社会关系、革新社会制度、促进社会发展的各种行政措施。

从狭义上看,社会福利行政是指所有社会福利机构工作人员,均能依照他们的功能担负其责任,发挥其才能,以及运用社会资源以期有效地为民众提供最佳服务之行政过程。

社会福利行政的范围包括政府所办的社会保险、公共救助、各种福利服务,也包括政府办理的有关民众之一切福利设施,如教育、卫生、康乐、住宅、就业辅导、伤残重建及其他服务设施等等的管理与运作。社会福利行政的内容包括计划、组织、人员配置、领导、协调、报告、预算等。

概要看,社会行政是政府推行有关社会福利工作之行政事务,一般由中央政府负责推行社会福利行政的机关来规划设计社会福利与推行社会工作的过程,辅导、监督地方政府社会行政机关之执行。各级地方政府出于推行社会福利与社会工作的需要也制定相应的实施计划、编定经费预算、规划行政权责。其总体目标是运用行政力量,增进社会福利、调整社会关系、解决社会问题、匡正社会病态及促进社会进步。②

从台湾学者的表述看,社会福利行政是政府关于以"社会幸福为目的而推行的一切措施与管理",包括与社会福利有关的所有社会保险、社会工作、社会服务等社会行政的开展。它是一个有组织构架,有工作目标,有工作计划,有成效评估的行政系统。

我国内地学者一般不使用社会福利行政概念,即使提及该概念,也是

---

① 参见:江亮演等. 社会福利与行政(第一章第一节). 台北:五南图书出版公司,2002
② 参见:江亮演等. 社会福利与行政(第一章). 台北:五南图书出版公司,2002

在讨论社会工作行政中加以涉及。如一些社会工作的教材认为，社会工作行政也称之为社会福利行政①，因为国内不大讨论社会福利概念，所以，这或许是受境外学者在谈论社会工作行政时某种观点的影响。如台湾学者徐震、林万亿就认为，"社会行政"经常与"社会福利行政"一词相互使用②，再如美国学者威廉姆·法利（O. William Farleg）、史密斯（Larry L. Smith）及博伊尔（Scott W. Boyle）指出，1944 年，"美国社会工作院校联合会课程委员会"将社会福利行政列为培训学生的"八大基础课"之一③，这里的社会福利行政无疑是社会工作行政的同义词。因此说，目前关于社会福利行政的含义，一般是和社会工作行政在同等意义上理解的。

国内有学者进一步深化认为，社会工作行政可以分为政府层面的社会工作行政和机构层面的社会工作行政两大类。政府层面的社会工作行政就是政府社会福利主管机关按照社会福利的政策和法律，在其辖区内运用各种技术和策略解决、处理和预防社会问题。机构层面的社会工作行政是服务机构按照各自功能承担职责，与民众一起工作，充分发掘和运用所有资源，从而有效地向服务对象提供服务的过程。④ 在这里，社会工作行政在具体运作过程中有两个方面的走向：一个是政府福利机关的行政操作，另一个是服务机构的具体行政操作。虽然这里仍然把社会福利行政等同于社会行政，但是，在执行主体上，已经强调了政府福利管理机关的"福利行政"，至少把"福利行政"从专门性和专业性的社会工作实施中分离了出来，从而给予社会福利行政更为广泛的含义。

我们认为，从社会工作角度看，社会福利行政和社会工作行政具有相同的含义，而从社会福利体系看，社会福利行政则有其自身独有的内涵。根据我国实际情况和本书的社会福利体系设想，我们试把社会福利行政界定如下：

所谓社会福利行政，就是在社会福利体系框架内，按照一定的组织构架和分工，运用相应的专业技术手段，对社会保险、社会工作、社会服务、社会救助以及公共福利等项目所进行的行政性事务管理。其主要目的是协调各方面的关系，发挥政府职能部门及非政府组织的积极性，最大程度地发挥社会福利体系的功能。

---

① 参见：王思斌. 社会工作概论. 北京：高等教育出版社，2001. 130；王思斌. 社会工作导论. 北京：北京大学出版社，1999. 229
② 徐震，林万亿. 当代社会工作. 台北：五南图书出版公司，1999. 286
③ 史密斯，博伊尔. 社会工作概论. 北京：中国人民大学出版社，2005. 128
④ 王思斌. 社会工作导论. 北京：高等教育出版社，2004. 201

二、社会福利行政与社会工作行政的关系

在社会工作界,绝大多数学者都把社会福利行政看成是社会工作行政,认为"社会福利与行政"也可以称之为"社会行政"或"社会工作行政"①,"社会工作行政亦称为社会福利行政或社会行政,社会工作行政又叫社会福利行政","社会行政的中心含义是实行、实施社会政策"②,等等,从而把社会福利行政完全等同于社会行政和社会工作行政。本书认为,尽管从社会工作的实施和功能看,社会福利行政和社会工作行政是同一含义的概念,但是,从社会福利体系的角度看,有必要把二者的关系做必要的区别性分析,以凸显社会福利体系的运作条件。

从本书的社会福利体系设计角度看,社会工作是社会福利体系中的一个重要子系统,二者是全局和局部、整体和部分的关系。由社会保障、社会工作、社会服务以及公共福利等作为部分的子系统,构成了作为整体的社会福利体系。没有若干子系统的运行,也就不可能有社会福利体系的整体形成。

同理,社会福利行政和社会工作行政也是整体和部分的关系。社会工作行政是作为社会福利子系统的社会工作之组织、实施和运行的过程。

社会工作行政是一个多要素的系统,首先,它是由执行主体、服务对象、工作手法和服务目标组成的概念架构:执行主体有政府福利部门和社会服务机构;服务对象是各种需要帮助的对象;其工作手法是依据行政程序,妥善运用各种资源,将社会政策转化为服务活动;其服务目标在于发挥社会福利的功能,保障人们的相关权利。其次,社会工作行政也是一个动态的过程,该过程由多个阶段构成;由于各阶段都有相应技巧,因此,社会工作行政也是策略与过程的融合。第三,社会工作行政不是直接的接触服务对象,而是一种间接的服务。③ 概要地看,社会工作行政是社会工作服务或福利机构,运用相应的社会政策和行政手段,按照一定的工作程序,把社会工作具体化的推进与实施过程。

社会福利行政也是一个多要素的系统,与社会工作行政相类似,它也

---

① 江亮演等. 社会福利与行政. 台北:五南图书出版公司,2002. 1
② 王思斌. 社会工作导论(第八章第四节). 北京大学出版社,1999;社会工作导论(第九章第二节). 北京:高等教育出版社,2004;社会工作概论(第八章). 北京:高等教育出版社,1999
③ 王思斌. 社会工作导论(第八章第四节). 北京大学出版社,1999

包括执行主体、服务对象、工作手法和服务目标等要素。无非是社会福利行政有着自身的特点。首先，在主体上，社会福利行政体系的执行主体并不是哪一个单独的福利服务机构，而是由两个部分组成：一方面，社会福利行政主体由社会福利体系中各子系统的运作主体所构成；另一方面，在社会福利体系的大框架下，从管理行政角度看，福利行政主体必须是超越各子系统的整个社会的某个或某些机构系统。在服务对象上，社会福利行政把福利体系中涉及的所有对象都作为自己的服务对象，而不是如社会工作行政一样，只是把需要帮助的人作为对象。在工作手法上，社会福利行政要比社会工作行政的工作手段复杂，它不仅需要社会工作行政的手法，而且还需要涉及社会保障、社会服务以及公共福利等多方面的行政手法。在服务目标上，社会福利行政比社会工作行政的福利目标更为全面，更为宏观。社会工作行政的福利目标是局部的，而社会福利行政的福利目标则是整体的。

从社会福利体系角度分析，无论是行政实施还是管理过程，社会福利行政处于整体的位置，而社会工作行政则处于部分或局部的位置。如果不从社会福利和社会工作之整体和部分的关系考虑，则社会福利行政和社会工作行政在运作层次上是十分相近的，因为都是福利多元化视角下的行政和管理，都具有制度的、管理的和技术的层次。本书无意在社会工作行政和社会福利行政问题上与传统的观点相左而标新立异，事实上，从行政过程的最终功能看，二者是一致的，我们之所以对其加以区分，实在是出于突现社会福利体系构建并发挥其功能的需要。

三、社会福利行政概念的理论意义和现实意义

我们借鉴境内外学者社会福利行政及社会工作行政概念并重新界定社会福利行政，一方面是和本书构建的社会福利体系相适应，从行政管理事务角度来保证和支持社会福利体系的运作；另一方面，也试图协调和整合我国目前社会福利行政，改变行政分散、政出多门、管理落后、效率低下的现状，使之能够很好地配合以社会保障、社会工作、社会服务以及公共福利为主要内容的社会福利体系，建立一套完整的社会福利行政机制，为社会主义和谐社会建设、为社会成员社会福利的保证和提高奠定良好的理论基础和实践依据。

先看我国的社会工作行政状况。尽管社会工作教育在我国已经恢复和

发展了20多年的时间，尽管目前全国有近200所高校设置社会工作专业并培养了大量的专业人才，尽管在社区发展中社会工作者也逐渐在"介入"，但是，从总体上看，我国的专业社会工作发展还是举步维艰，困难重重，社会工作及其功能在国内还没有被社会所广泛接受和认同。"人们普遍不了解社会工作和社会已有相关制度安排的背景下，如何通过专业服务赢得决策者、服务机构管理者、服务对象与普通公众的理解、尊重和支持，如何通过及时回应社会问题，有效解决社会问题，满足服务对象的基本需要是至关重要的。"[1] 社会工作本身的发展滞后，必然带来社会工作行政发展和研究的滞后，这是一个不争的事实。而在社会福利体系的框架下，包括社会工作行政在内的社会福利行政，必然会得到很好的发展。

再看我国现行的福利体制。除狭义的社会保障系统中的社会福利较为明确之外，我国内地的社会福利无论在概念还是实践上一直含糊不清。在计划经济时代，我国的社会福利结构化特征在六个方面表现出来：一是将社会福利看作是国家权威与仁惠，缺乏实质公民权；二是将社会福利等同于资本主义制度，长期敌视社会福利服务；三是将社会福利等同于社会救济，而且将社会福利看作是社会保障的重要组成部分；四是将社会福利等同工作单位的职业福利待遇和组织福利；五是将社会福利看作是市民独享的社会特权，二元福利结构突出；六是将福利工作等同民政工作，政治福利鲜明，缺乏社会政策的理念。[2]这种情况不仅模糊了社会福利内涵，降低了社会福利功能，而且长期以来还使得社会福利体系不明确，结构不清晰，导致政府许多部门都涉及社会福利但是又不能把社会福利搞好这样一个无序的格局。

与无序的福利格局相联系，在社会福利的行政管理上必然出现政出多门、相互掣肘的现象，一些由部门制定的政策法规在不同的部门和单位就相互矛盾、相互抵触，整个社会缺乏一个统一的社会福利行政。即使改革开放后随着社会福利和社会保障制度的改革，社会福利的主体逐渐多元化，覆盖面逐渐扩大化，内容逐渐多样化，但是，统一的社会福利行政仍然没有形成，各自为政的现象依然存在。

本书提出构建社会福利体系及建立相应的统一的社会福利行政，对于社会福利研究和社会福利实践与推行，必将具有十分积极的理论意义和现实意义。

---

[1][2] 刘继同. 中国社会政策框架特征与社会工作发展战略. 新华文摘. 2007，4

第二节　社会福利行政中的社会政策和立法

社会政策是社会福利体系得以构建和实施的重要政策依据，社会福利行政的管理过程，就是社会福利政策的具体化过程。换言之，社会（福利）政策是通过社会福利行政管理得以实现的。行政就是执行，也就是执行立法机关通过的法律与政策。同理，社会福利行政也就是社会福利的执行，是社会福利机构执行立法机关通过的相关社会福利的法律和政策。

目前，我国正处于史无前例的社会结构转型时期，如何正确处理经济发展与社会发展的关系，保持社会的持续稳定和协调发展，构建和谐社会，改善公民生活质量，提高民众的社会福利水平，已经成为公共政策和社会政策的核心议题。社会福利行政管理，首要的就是社会政策的制定和研究，要把社会福利纳入社会政策体系并把社会福利政策具体化。

当初西方发达国家进入福利国家或福利社会，不仅是高度发展工业化、城市化和现代化的结果，也是"社会政策时代"来临的结果。社会福利制度与社会政策研究的兴起，表明欧美社会发展已经由"公共政策时代"进入"社会政策时代"。我国改革开放以来，社会发生了翻天覆地的变化，社会的变迁、社会问题的凸显、社会福利需要的增强，在客观上也呼唤着社会政策时代的到来。

社会政策与社会福利体系的形成，对社会福利行政及管理等有着十分重要的影响，只有成熟的社会政策时代，才可能有成熟的社会福利体系的出现。没有相应的、成熟的社会政策及社会福利政策，完善社会福利体系的构建并健康运行是不可设想的。为此，作为社会福利行政管理的前提条件，加强社会政策研究，制定符合社会实际的社会政策，就是一件十分重要的前瞻性工作。

我国当前的社会政策研究还处于较为落后的状况，表现为社会政策研究机构与研究人员偏少，与火热的社会生活显得不对称；许多研究还有意无意地用经济政策取代社会政策，社会政策研究经济化倾向明显；社会政策研究缺乏政策框架或政策体系概念，导致社会政策和其他政策的关系不清；对中国社会福利制度与社会政策框架的特殊性与普遍性之实证研究不多。[1] 这些

---

[1] 刘继同. 中国社会政策框架与社会工作发展战略. 新华文摘. 2007，4

缺陷的存在对社会福利体系的建立以及社会福利行政管理无疑有很大的负面影响，为此，必须把加强社会政策研究、促使社会政策的完善作为重要的战略目标，才能够真正做好社会福利行政管理工作。

立法是把相关社会政策法律化，从法的高度、从国家的意志、从绝大多数人的愿望之角度，从制度和法律上保证相关社会政策的推行并使之具体化。在法制社会，任何决策的制定和政策的推行都需要以法律为依据，在法治的框架内进行相应的各项事务管理。社会福利行政管理也是如此，必须依靠相应的法律保证社会福利体系的健康运行。

社会福利法制是与社会福利有关的法律性评价之总称。从历史角度看，社会福利法制是从慈善事业到社会事业、再由社会事业到社会福利事业发展的事实体系，这些体系的法律性评价总称为社会福利法制。[①] 在社会福利法制框架下，应该包括对弱势群体的救助、劳动者保护、权力与福利等相应的法律和法规。比如贫困者保护、最低生活保障、儿童福利、老年人福利、残疾人保护、医疗保障、失业保障、工伤保险、灾害救助，等等。此类相关法律法规不仅是具体福利实施的重要法律依据，也是社会福利行政中推行社会福利的法律依据。从特定意义上说，社会福利法制是否完善，也是一个国家和社会之社会福利体系是否健全、社会福利行政是否顺畅的重要标志。

遗憾的是，我国至今还没有一部社会保障法，各相关福利之法律法规尚不健全，且有"以政代法""政出多门"的缺憾，社会福利还没有被置于一个统一的社会福利法制框架内来加以考虑。这一缺憾对社会福利体系的建立和完善，对社会福利行政与管理，无疑有着很大的负面影响。为此，尽快建立社会保障法已越来越成为社会各界的共识，相信随着社会保障法的建立，我国的社会福利体系以及社会福利法制系统必将得到健康发展。

第三节　社会福利行政的主要领域及管理

社会福利行政是政府相关职能部门及社会相关机构推行社会福利体系行政事务的操作过程，涉及社会福利体系中的所有福利子系统及其相应的管理。按照本书社会福利体系构想，社会福利行政主要包括社会保障、社

[①] 江亮演等. 社会福利与行政. 台北：五南图书出版公司，2002. 66

会工作、社会福利及社区等几个领域。社会福利行政的主要领域就是对纳入社会福利体系的子系统之实施及运作进行管理。从我国社会福利体系建构看，社会福利行政主要包括社会保障中的主要项目的管理与实施、社会工作中的机构管理以及社会服务的行政展开等内容。

一、社会保障系统中的社会福利行政

根据我国的社会保障制度安排，社会保障主要由社会保险、社会救助、社会福利和社会优抚四个方面所构成。在社会福利体系中，这四个方面也必然是福利行政的主要领域。

社会保险是社会保障制度中的基本层面，包括养老保险、医疗保险、失业保险、工伤保险以及生育保险等项目。这些项目涉及社会成员的生、老、病、死，以及就业和基本安全，也是社会福利体系中基本的和重要的内容。社会保障运作实施的行政工作，是社会保障管理的范畴，同样也是社会福利行政的对象领域。即，通过一系列的行政性操作和管理，推进社会保障的实施。从行政操作和管理的角度看，社会保障管理与社会福利行政管理在内容上是重合的，因为二者的对象和领域是一致的。无非是，社会保障管理是相对于社会保障制度，社会福利行政是相对于社会福利体系而言的。鉴于此，我们就可以从社会保障管理的角度来认识社会福利行政之社会保障领域。

社会救助是社会保障制度中的最低层面，目前主要表现为最低生活保障制度的推行。最低生活保障制度是20世纪90年代后，针对我国社会转型后出现的贫困等社会问题而采取的一种旨在保障社区群众能够正常生存和生活的社会保障措施。从理论上讲，最低生活保障制度的资金来源于政府，接受"低保"的人只要收入低于当地的"低保线"就可以申请低保，而不需要其他外加条件。低保的组织实施工作主要依靠基层社区来完成，因此，最低生过保障制度的管理工作主要不是社会保障管理，而是社会福利行政的管理范围。事实表明，尽管最低生活保障制度的推行没有社会保险那样有"专业性"，但是，从困难者的申请到其收入情况的调查，再到低保金的领取，最低生活保障制度的行政事务是十分繁杂的，需要社会福利行政的积极介入。

社会福利指由国家和社会按照立法或政策的规定，对社会成员提供的旨在提高生活水平和生活质量的各种设施、资金、服务等的一种社会保障制度。我国社会保障框架内的社会福利是狭义的社会福利，"被当作整个社会保障体系中的一个子系统,并将目标定位在满足社会成员的社会服务需要和改善、提高其生活质量上"[①]。在实际操作中,狭义的社会保障往往被定位在政府为主体的、特定的社会福利事业如老年人福利院、儿童福利院、残疾人福利院等福利机构上。从社会保障制度看,对这些福利机构的管理当属于社会保障管理的范畴,而从社会福利行政角度看,同样和社会福利行政管理是一致的。

关于社会保障管理,在许多社会保障的教科书中已经有相当多的讨论和研究,我们这里不再赘述。从社会福利行政角度看,社会福利行政无非是涉及社会保险、社会救助等方面的具体内容。如:社会保障的行政管理,包括社会保障法律法规的制定和社会保障组织机构的建立及管理;社会保障基金的管理,包括社会保障基金的筹集和运用,社会保障的待遇给付等等;社会保障对象的管理,等等。

简言之,由于对象的相近性和同一性,社会福利行政在社会保障制度中所涉及的领域和社会保障管理所涉及的领域是大致相近的,无非是从行政管理的层级看,社会保障管理是社会福利行政及其管理中的一个部分,换言之,社会福利行政管理是总体,而社会保障管理则是社会福利行政中的局部。

二、社会工作中的社会福利行政

与社会保障管理不一样,社会工作中的社会福利行政是一个相对独立而且是有待发展的领域。所谓相对独立的领域,是指社会工作的"助人自助"理念及服务他人的工作特性与社会保障之间存在着很大差异,因此,社会工作的运作管理不可能和社会保障管理相同,它本身就是一个相对独立的领域。同理,社会工作中的社会福利行政之内容和特征与社会保障中的社会福利行政之内容和特征就存在着很大的差别。

所谓有待发展的领域,是因为社会工作的推行目前大多还是限于社区层面,基本没有一个像社会保障管理那样的、较为固定化的运作模式和管理机构,因此,作为社会福利体系中的有机组成部分,社会工作中的运作和管理必然需要创建和创新,以开拓一个新的社会福利行政管理领域。

本章第一节我们已经提及,在社会工作专业中,一般都把社会工作行政和社会福利行政看成是同一个概念,为了突出社会福利体系意义上的社会福

---

① 郑功成. 社会保障学——理念、制度、实践与思辨. 北京:商务印书馆,2004. 24

利行政，我们对两个概念作了必要的区别，这是出于服务于社会福利体系构建的需要。在这里，我们从社会工作中的角度讨论社会福利行政，就没有必要把社会工作行政和社会福利行政加以区分，因为，面对同一个社会工作客体，无论是社会工作行政还是社会福利行政，其意义都是一样的。当然，我们还要指出，从行政管理的执行主体角度或从社会福利体系的总体角度看，社会工作中的社会福利行政是社会福利体系中宏观上的行政，而社会工作行政则是社会福利体系中微观意义上的行政，尽管二者在内容上并没有差别。

根据社会工作行政的内容推论，社会工作中的社会福利行政的内容包括：对社会问题做调查研究；实施社会政策，创制和修订社会立法；社会福利制度与标准的建立；社会福利经费的预算筹措与分配、保管及运用；研究服务机构目标，确定机构的政策、方案、程序；提供财力资源；提供并维护机构的设施；等等。概要看，社会工作行政的程序或主要内容主要表现在社会工作方案策划、社会工作的人力组织、社会工作的效能发挥、社会工作的资金运作及社会工作的评估总结等几个方面。[①] 总之，社会工作中的社会福利行政就是社会工作机构的运作管理和社会服务计划的制定和执行过程，是社会工作得以正常进行的必要内部条件。

三、社会服务中的社会福利行政

社会服务是现代社会福利制度中一个重要的环节，社会服务往往不需要政府的大量投入，不需要过多的资金，是较为"基层化""网络化""专门化"的"便民措施"。社会服务中的社会福利行政，就是通过政策性、组织性及制度化、机构化，在社会福利体系的框架下，对社会服务的开展进行管理运作的过程。

目前，我国的社会服务的主要空间范围是社区，所以社会服务又可以理解为社区服务，他们之间并没有本质的区别，从另一个角度看，社会服务也就是通过具体的社区服务来实现的。社区服务涉及社区居民和社区发展之方方面面的内容，如老年人服务、青少年服务、残疾人服务、困难家庭服务、日常生活服务、家政服务、社区照顾、机构服务等。从当前社区服务实际看，社区或居委会是行政管理的主体。一方面，社区相关组织对

---

① 王思斌. 社会工作导论. 北京大学出版社，1999. 231；王思斌. 社会工作导论. 北京：高等教育出版社，2004. 203～205

本社区的具体情况很熟悉，因而自己管理自己的服务工作就能够有的放矢，有助于社区服务行政管理效率的提高；但是另一方面，又由于社区的局限性，社区服务的行政和管理还存在着水平不高、政出多门的问题，以至于社区内的很多社会服务需求没有得到很好地解决。因此，随着社会福利体系的构建，建立相对统一的社会福利行政既是迫切的，也是必然的。

第四节 社会福利行政的组织构架

社会福利行政是对社会福利体系事务的管理工作，因此，就像现行的社会保障管理体制一样，必须有一个管理体系的组织构建。社会福利行政管理体制的合理构建，在社会福利体系中占有核心地位。

一、社会福利行政的纵向组织构架

从纵向行政管理系统看，社会福利行政组织构架应分为中央、省级、县市级及区等几个层次。

（一）中央层面的管理构架

中央政府层面的组织构架是面向全国社会福利机构和社会福利事务的管理机构，负责制定全国性的社会福利政策和法规，统一协调和管理全国的社会福利事务，指导地方层面的社会福利机构的专业性工作。目前，中央政府层面的福利管理机构实际上是劳动和社会保障部对全国社会保障工作的行政，承担着统一管理全国的劳动和社会保障事务的职责。

在劳动和社会保障部的管理框架内，设有法制司、养老保险司、医疗保险司、失业保险司、农村保险司、社会保险基金监督司、社会保险事业管理中心，等等，其行政机构主要包括社会保险事务、劳动事务和综合事务管理三个部分，而社会保险管理是该部最为重要的管理职能。劳动和社会保障部对社会保障事务的管理职责仅限于养老、失业、工伤、医疗、卫生等社会保险事务，而其他的社会保障事务及社会福利事务并不在其管理职责范围，以至于有些学者认为，或许称劳动和社会保险部更为贴切一些。[①] 实

---

① 参见：郑功成. 社会保障学——理念、制度、实践与思辨. 北京：商务印书馆，2004. 429

际上，从社会福利体系看，社会保险只是福利体系中的一个部分，因此，目前许多有关福利事务的管理并不是在一个部门就可以解决。从我国管理部门的职能分工看，民政、工会、妇联、青年团、残联等等官方和半官方机构都涉及社会福利事务的管理。这不仅说明社会保障事务管理分散、政出多门，而且还说明我国的社会福利体系还没有建构起来，社会福利事业的发展还受到很多的限制。

本书认为，社会福利体系的构建，必然要求有统一的社会福利行政管理体系，负责协调、指导和管理全国的社会福利事务的运作和实施。当然，这是一个要涉及多方面利益的系统改革工程，很难指望在短时期内做到，但是，至少从社会福利专业角度看，统一的福利行政管理机构的建立是必要的，也是可能的。

（二）省级层面的管理机构

中央层面的管理构架确定之后，社会福利行政之省级层面的管理机构就相对容易定位。总体上说，省级层面的管理框架基本和中央层面的管理构架相一致，不过，在实际操作性上，省级构架更加系统化、具体化罢了。

一方面，社会福利行政管理之省级层面构架要结合本省的实际情况，另一方面，省级层面的构架需要在管理上、特别是在基金及资金的投入、人员的培训、机构的建立、服务的开展等方面有详细的规划和实施计划。同时，省级架构还处于上层中央构架和基层县市构架的中间，起着十分重要的"承上启下"的作用。

（三）县市层面的管理构架

县市及大、中城市中的区之管理机构，是社会福利行政组织系统中的基层，承担着直接为社会成员和民众提供社会福利的重要责任，相对于中央和省级层面，其更为具体、更为实际。一方面，从中央到省的福利行政体系构架，在县市一级的层面上也需要有对应的机构，另一方面，在县市基层管理系统中，非政府机构的介入更为直接。政府机构和非政府机构，官方机构和半官方及非官方机构可以形成强大的合力，具体推进社会福利行政的开展。

二、社会福利行政的职能组织构架

从职能上看,目前国内社会保障行政管理组织有多个架构,涉及多个职能部门。如以劳动和社会保障部门为主的、以社会保险为主的职能管理部门;以民政部门为主的、以救灾救济、社会安抚、社会福利和社会事务为主的职能部门;以人事部门为主的、以公务员福利综合管理为主的职能部门,等等①,甚至,还有工会、妇联及共青团以及其他半官方部门作为社会保障的职能管理部门。这种较为分散管理的局面,是和我国社会保障体制的现状以及相应的机构设计密切相关的。

在目前的情况下,我们当然不可以设想另设置一个什么部门来替代现有的分散职能的组织构架,但是,从社会福利体系构架及其相应的职能来看,我们完全有可能整合现实的职能部门或相关组织,构建一个社会福利体系行政的组织框架(见图8—1)。

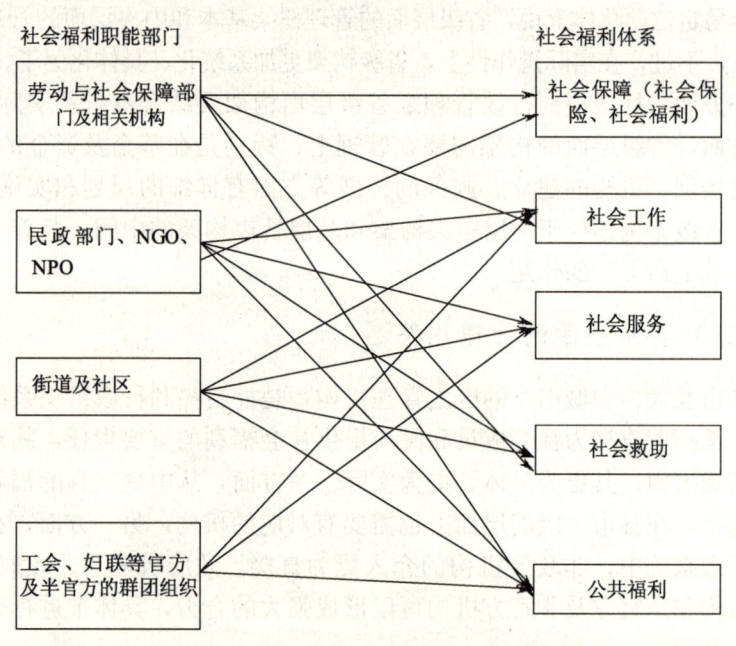

图8—1 社会福利体系行政组织框架

---

① 参见:童星. 社会保障与管理. 南京大学出版社,2002.141

从上图可以看出，社会福利体系行政职能部门是一个结合集，围绕着社会福利体系中的具体内容，行政职能部门或相关组织与机构之间存在着行政上的交叉关系。这样既打破了传统分工上的僵化局面，又能够促使多项福利事务的顺利开展，在整合各社会福利行政职能部门和组织的基础上，对于社会福利体系的运作和功能的最大限度发挥，具有十分积极的意义。

当然，以此为基础，超越社会福利行政职能部门和组织，如果有一个较高层面的部门对众多部门和组织加以统领，则问题或许会更加简单些。即，设想建立一个社会福利行政管理部门，对现有的社会保障、民政及工会、妇联等官方的群体组织及 NGO、NPO 等进行统一协调和组织管理，则社会福利体系事务将会更加容易运作和得到解决。在香港特别行政区，在不设类似的社会保障、民政等政府职能部门的情况下，一个社会福利署就足以解决社会福利行政事务问题，涉及社会福利、社会保障、社会工作、社会服务、家庭服务及儿童照顾、感化与康复等等总体上的社会福利。[①] 这样的社会福利行政构架不仅简单，更为重要的是职责明确、专业性强、效率能得到很好的保证。

三、社会福利行政的主要内容

社会福利行政的主要内容就是协调和管理社会福利体系内各子系统之间的关系，使社会保障、社会工作、社会服务以及公共福利等能够充分发挥各自在社会福利体系中的特定功能，具体表现为：

第一，社会福利体系的行政事务管理。社会福利的行政事务管理包括与社会保障、社会工作、社会服务及公共福利等相关的社会福利行政。其中包括法律法规的拟定和制定；设置高效的社会保障管理机构、社会工作机构，培养和配置专业化的管理人员，明确社会福利机构和部门的管理职责；鼓励和支持非政府组织的发育和发展。特别是在促进社会保障部门、社会工作机构以及社会服务部门的内部管理之同时，协调、整合好各部门的资源关系，使社会福利体系能够最大地发挥其系统功能和总体功能。

第二，社会福利财务行政。财务行政是社会福利事务得以正常开展的前提条件，从目前我国的社会福利现状看，财务行政管理主要是社会保障基金的筹集和使用，在劳动和社会保障部门有相关的机构和部门专门从事

---

① 郑功成. 社会保障学——理念、制度、实践与思辨. 北京：商务印书馆，2004. 430

此项工作。由于我国的社会工作还没有真正纳入职业化轨道，这在很大程度上不仅影响和制约了社会工作的有效开展，而且还使得社会工作的财务或运作资金问题成为一个较为棘手的难题。社会服务的主体大多是社区和非营利组织，其中既有免费服务，也有微利性的收费服务，因此必须制定相应的财务计划。根据社会福利体系中各子系统的特点，在社会福利财务行政中，既要统一规划福利财务中的资金筹集和支出，更要就社会保障、社会工作及社会服务等分门别类地进行相对独立的财务行政工作。

第三，组织机构和人员的行政工作。总体意义上的社会福利体系框架包括几个不同性质和不同形式的社会福利子系统，它们的运作方式各不相同，组织结构也各不一样，必须区别对待加以管理。目前，特别是要加强专业社会工作机构的建设，规范社区服务机构，培训专业化社会工作及社会服务人员，把社会福利体系中各子系统的专业人员纳入统一的管理体系，以充分发挥他们的专业化能力。

社会福利行政所涉及的内容是多方位和多方面的，部分内容在社会福利体系内各要素之间相互交叉和重叠，但更多则是相对于各子系统而具有各自的特点和特性，社会福利行政必须根据具体情况深入进行专门性的管理工作。

参 考 文 献

一、中文图书

陈红霞. 社会福利思想. 北京: 社会科学文献出版社, 2002
陈银娥. 社会福利. 北京: 中国人民大学出版社, 2004
陈银娥. 现代社会的福利制度. 北京: 经济科学出版社, 2000
常铁威. 新社区论. 北京: 中国社会出版社, 2005
丁开杰, 林义. 后福利国家. 上海: 三联书店, 2004
丁建定, 魏科科. 社会福利思想. 武汉: 华中科技大学出版社, 2005
丁建定, 魏科科. 瑞典社会保障制度的发展. 北京: 中国劳动社会保障出版社, 2004
窦玉沛. 重构中国社会保障体系的探索. 北京: 中国社会科学出版社, 2001
顾东辉. 社会工作概论. 上海译文出版社, 2005
范斌. 福利社会学. 北京: 社会科学文献出版社, 2006
费梅苹. 社会保障概论. 上海: 华东理工大学出版社, 2006
和春雷. 社会保障制度的国际比较. 北京: 法律出版社, 2001
黄威廉等. 香港社会工作的挑战. 香港: 集贤社, 1985
江亮演. 社会安全制度. 台北: 五南图书出版公司, 1990
江亮演等. 社会福利与行政. 台北: 五南图书出版公司, 2002
李琮. 西欧社会保障制度. 北京: 中国社会科学出版社, 1989
李迎生. 社会工作概论. 北京: 中国人民大学出版社, 2004
牛文光. 美国社会保障制度的发展. 北京: 中国劳动社会保障出版社, 2004
钱宁. 现在社会福利思想. 北京: 高等教育出版社, 2006
史柏年. 社会保障概论. 北京: 高等教育出版社, 2004
宋林飞. 社会工作概论. 南京: 南京大学出版社, 2002

苏景辉. 社区工作：理论与实践. 台北：巨流图书公司，1997
孙炳耀. 当代英国瑞典社会保障制度. 北京：法律出版社，2000
孙光德，董克用. 社会保障概论. 北京：中国人民大学出版社，2000
童星. 社会保障与管理. 南京：南京大学出版社，2002
汪大海等. 社区管理. 北京：中国人民大学出版社，2005
王刚义等. 中国社区服务研究. 长春：吉林大学出版社，1990
王思斌. 社会工作导论. 北京：高等教育出版社，2004
王思斌. 社会工作概论. 北京：高等教育出版社，1999
吴中宇. 社会保障学. 武汉：华中科技大学出版社，2004
杨冠琼. 当代美国社会保障制度. 北京：法律出版社，2001
徐震，林万亿. 当代社会工作. 台北：五南图书出版公司，1996
张英阵等译. 社会福利与社会工作. 台北：洪叶文化事业有限公司，1998
郑秉文，何春雷. 社会保障导论. 北京：高等教育出版社，2001
郑功成. 社会保障学——理念、制度、实践与思辨. 北京：商务出版社，2004
郑功成. 中国社会保障论. 武汉：湖北人民出版社，1994
郑功成等. 中华慈善事业. 广州：广东经济出版社，1999
周沛. 社区社会工作. 北京：社会科学文献出版社，2002
周湘斌，田绪永. 中国社会工作. 郑州：河南人民出版社，2002
朱勇等. 社会福利的变奏——中国社会保障问题. 北京：中共中央党校出版社，1995
恩格斯. 英国工人阶级状况. 见：马克思恩格斯选集（第2卷）. 北京：人民出版社，1957
麦萍施. 社区照顾与社区工作教育的初探. 载：夏学銮主编. 社区照顾的理论、政策与实践. 北京大学出版社，1996
郑功成. 和谐社会与社会保障. 公共管理高层论坛（第2辑）. 南京：南京大学出版社，2005
［美］Charles Zastrow. 社会福利与社会工作. 台北：洪叶文化事业有限公司，1998
［美］Dennis Saleebey. 优势视角——社会工作实践的新模式. 上海：华东理工大学出版社，2004
［英］弗里德利希·冯·哈耶克. 法律、立法与自由. 北京：中国大

百科出版社，2000

［英］凯恩斯．就业、利息和货币通论．北京：商务印书馆，1999

［丹麦］考斯塔·艾斯平-安德森．福利资本主义的三个世界．北京：法律出版社，2003

［丹麦］考斯塔·艾斯平-安德森．转变中的福利国家．重庆出版社，2003

［美］米尔顿·弗里德曼．资本主义与自由．北京：商务印书馆，2004

［德］滕尼斯．社区与社会．北京：商务印书馆，1999

［美］威廉姆·H·怀特科，罗纳德·C·费德里科．当今世界的社会福利．北京：法律出版社，2003

［英］威廉·贝弗里奇．贝弗里奇报告——社会保险和相关服务．北京：中国劳动社会保障出版社，2004

［美］威廉姆·法利，拉里·L·史密斯，斯科特·W·博伊尔．社会工作概论（第一章）．北京：中国人民大学出版社，2005

［英］亚当·斯密．国民财富的性质和原因的研究．北京：商务印书馆，1972

二、中文期刊

郭伟和．社区服务的性质、功能和目标之我见．中国社会工作．1998，1

郭伟和．中国社会福利政策演变的文化价值基础．中国民政．2003，4

范燕宁．社会工作专业的历史发展与基础价值理念．首都师范大学学报．2004，1

范健．社会福利的社区化定位．华东理工大学学报．2005，4

刘斌志．论社会工作在构建和谐社会中的地位及作用．北京科技大学学报．2005，4

刘继同．"蒂特马斯典范"与费边社会主义福利理论综介．人文杂志．2004，1

刘继同．中国社会工作发展状况与社会福利政策处境．首都师范大学学报．2005，1

刘继同．中国社会政策框架特征与社会工作发展战略．新华文摘．2007，4

彭华民. 福利三角：一个社会政策分析的范式. 社会学研究. 2006，4

尚晓援. 社会福利与社会保障再认识. 中国社会科学. 2001，3

宋晓梧. 社会保障体系建设任重道远. 中国社科学院研究生学报. 2003，4

孙秀艳. 和谐社会视野中的社会工作. 河南科技大学学报. 2005，4

王思斌. 当前我国社会保障制度的断裂与弥合. 江苏社会科学. 2004，3

殷叙彝. "自由社会主义"和"社会自由主义"——论霍布豪斯的新自由主义. 当代世界与社会主义. 2005，3

徐延辉，林群. 福利制度的运行机制、动力、风险及后果分析. 社会学研究. 2003，6

云秀清. 和谐社会与社会保障功能研究. 阴山学刊. 2006，2

杨玲玲. "人民之家"：瑞典社民党60年成功执政的理念. 科学社会主义. 2005，4

杨玉芝，鹿桂香. 论社会保障功能. 沈阳师范学院学报. 2000，6

熊跃根. 论国家、市场与福利之间的关系：西方社会政策理念发展及其反思. 社会学研究. 1999，3

郑秉文. 社会权利：现代福利国家模式的起源与诠释. 山东大学学报. 2005，2

资琳. 制度何以为凭？——兼评桑德尔"自由主义与正义的局限". 西北政法学院学报. 2006，4

周弘. 福利国家向何处去. 中国社会科学. 2001，3

朱勇. 福利的社会化与社会化的福利. 中国社会工作. 1998，4